U0690540

用AI重新定义组织

构建未来竞争力

韩珍 张晓梅·著

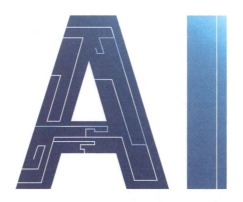

中国水利水电出版社
www.waterpub.com.cn

·北京·

内 容 提 要

本书通过深刻的洞察、详细的分析、原创的模型、幽默的插图、生动的案例及翔实的论述，为读者提供了选择适合自身及企业发展的AI（artificial intelligence，人工智能）路径的实用建议。咨询专家+名企高管为读者揭示组织变革中的方法论与核心要点，使本书内容通俗易懂、易于掌握。

本书旨在帮助读者结合AI发展和组织变革，迅速理解、轻松学习，从而牢牢掌控建设过程，精准诊断组织现状，时刻把握变革动态，消除焦虑情绪。在AI时代，本书将助力读者无畏组织变革挑战，心中有数，路径清晰，模型明确。

本书系为寻求在AI时代保持竞争力的企业管理者及人力资源从业者量身打造的实用指南。

图书在版编目（CIP）数据

用 AI 重新定义组织：构建未来竞争力 / 韩珍，
张晓梅 著. -- 北京：中国水利水电出版社，2025. 8.
ISBN 978-7-5226-3575-0

Ⅰ. F272.7

中国国家版本馆 CIP 数据核字第 2025KE7580 号

选题策划：陈正侠

书　　名	用 AI 重新定义组织：构建未来竞争力 YONG AI CHONGXIN DINGYI ZUZHI: GOUJIAN WEILAI JINGZHENGLI	
作　　者	韩　珍　张晓梅　著	
出版发行	中国水利水电出版社	
	（北京市海淀区玉渊潭南路 1 号 D 座　100038）	
	网址：www.waterpub.com.cn	
	E-mail：zhiboshangshu@163.com	
	电话：（010）62572966-2205/2266/2201（营销中心）	
经　　售	北京科水图书销售有限公司	
	电话：（010）68545874、63202643	
	全国各地新华书店和相关出版物销售网点	
排　　版	北京智博尚书文化传媒有限公司	
印　　刷	河北文福旺印刷有限公司	
规　　格	170mm×240mm　16 开本　18.5 印张　269 千字	
版　　次	2025 年 8 月第 1 版　　2025 年 8 月第 1 次印刷	
印　　数	0001—3000 册	
定　　价	79.80 元	

在 AI 时代，企业到底是追求小而美，还是大而强？

一个人+N 个数字人的人机协同工作模式会不会是常态？

企业 AI 转型需要组织如何配合？

如何领导组织变革？

未来组织可能有哪些特征？

未来组织的人才结构会发生怎样的变化？

在韩珍和张晓梅老师的新书里，都能看到启发。

秋叶品牌　秋叶 PPT 创始人　秋叶

本人从 20 世纪 90 年代开始从事软件开发工作，见证了互联网发展的历史。从 2000 年开始带领团队从事垂直领域（教育科技）AI 应用的研究开发，如今迎来了 AI 大模型能力这样的奇点时刻，整个人类文明史将进入新的时代，能够参与这场伟大的变革真是人生幸事！

两位作者通过分享她们对未来组织的深刻洞察及构建策略，积极展现了参与这场伟大变革的姿态。随着 AIGC（AI generated content，人工智能生成内容）技术的进一步发展和成熟，"人机共生模式"将更加深入地影响企业的运营和发展，企业应该是一个更加灵活、高效、创新的组织，管理者也需要更新管理理念和方法以适应这场伟大的变革。阅读本书，定有启发。

风向标智能科技联合创始人　AI 技术专家　谢德刚

我和作者韩珍是相识十多年的老友，她作为咨询界的老兵一直工作在企业管理咨询的最前沿，在组织建设领域有着深厚的积累与功底。个人十分荣幸能在第一时间一睹全文，颇有感慨。一直以来，组织建设极具挑战，既要深谙模式又要灵活处理，不仅承接战略，还要考虑现状，更要结合企业经营实战水平来进行调整。现在，AI 技术的发展，让部分过去经营管理中纷繁复杂的事情有望变得简单易行，显现出前所未有的技术效能与价值。

本书为读者作了深刻的探讨，旁征博引且表述生动，带领读者以企业组织的视角展开与 AI 时代机遇的对话。尤其值得称赞的是，两位作者在洞见未来的同时，有自己的创新思考与模型构建，为组织的顺势而为提供了实践指南。本书既值得咨询同行阅读借鉴，也适合企业管理者置于案头作为常备工具书使用。若怀有长远发展的志向，深入研读本书也可以获得有益的启迪，特此推荐。

AMT 咨询事业合伙人　王冠

AI 的冲击在继续，其"革命"本质已被渲染到"第二次地球文明"这样的高度。个人长期处于新信息的前沿，深刻感知 AI 已然从学术研究进入产业变革阶段。当绝大多数人的眼球还在被动跟随 AI 炫技时，两位作者却能站在她们专业的角度洞察变化规律，主动思考并积极创造。能与她们相识相交，且能率先阅读此书稿，我倍感荣幸。

我有两点深切体会：一是此书不仅剖析了 AI 技术对组织当前及未来可能产生的影响，提出了组织应对策略，而且能让读者在通俗易懂、轻松愉悦的阅读体验中构建组织建设的系统思维与专业能力；二是 AI 正步入产业变革阶段，本书的出版恰逢其时，相信在不久的将来，会有越来越多的企业看到它的指导意义与实用价值。

QuestMobile 商务总经理　胡青

在这个 AI 技术日新月异的时代，传统的组织管理模式正面临前所未有的挑战与机遇。本书作者剖析了 AI 如何以前所未有的方式重塑组织形态，为企业在未来竞争中抢占先机提供了宝贵的指南。本书不仅探讨了 AI 在企业组织管理中的应用，还强调了以人为本、创新驱动的核心价值观在 AI 时代的重要性。本书关于未来组织的思考引导读者深刻理解 AI 价值本质，并勇于探索和创新组织管理模式以适应变革，共同迎接一个更加智能、高效且充满机遇的未来。

我和作者张晓梅是朋友，在企业管理咨询方面默契合作多年，她是一个多年的较有功底的企业组织和人力资源的理论和实践者。无论你是企业管理者、学者还是对 AI 充满好奇的读者，本书都将为你提供全新的 AI 组织管理视角和深刻的启示，特此推荐。

和君咨询业务合伙人　清华大学、和君职业学院行业导师　蔡晓华

随着新质生产力的发展，科技的日新月异，企业迎来更多机遇与挑战。企业管理者该如何应对这次 AI 科技浪潮，早日布局与规划企业未来之路呢？作者从企业管理者的视角，聚焦企业当下及未来所要面临的痛点与难点，通过自身的咨询与辅导实训经验，基于 AI 全方位辅助管理，提出了一整套组织建设与变革管理解决方案。

作者不仅在文化、机制、流程、架构、职责、人才、激励等方方面面提出了自己的见解，还开发了管理实战模型，如 π 模型、倒 π 模型、灯泡模型等，这些模型均可为企业管理者构建企业自身的 AI 管理星链系统提供有价值的参考与借鉴。

原英国伦敦城市行业协会中国区质量督导　东方大讲堂特聘导师

张晓曙

作为身处 AI 迅猛发展时代的企业管理者，深刻理解 AI 将会给组织、个体带来的变化，并把握顺应变化的策略与方法，于公于私均无法回避，且必须谙熟于心。然而，这并不是一件易事。例如，如何构建 AI 组织体系？如何推动传统组织向 AI 组织变革？如何培养 AI 组织的人才？等等。

欲穷千里目，更上一层楼。本书作为老同事的最新力作，让我眼前一亮，原来困惑我许久的问题，在书中找到了答案。我认为此书是 AI 时代管理者必读之作，强烈推荐给每一位希望引领企业获得 AI 时代竞争力的管理者。

500 强央企企业大学资深管理者　教育心理学博士、副研究员　高民

是的，我们正身处 AI 时代。这是一个充满机遇与挑战的时代，它正在深刻地改变着我们的生产和生活方式。本书采用"自问＋自答＋实践"的方式，以独特的视角和深刻的洞察，深刻剖析了 AI 思维和组织体系，提供了如何搭建组织建设体系、组织变革模型的思考维度和更"专"也更"宽"的 AI 人才培养说明书。

林语堂先生曾经将不读书的人比作"困在监狱里的人"。脚步丈量不到的地方，文字可以。希望你能够通过阅读本书，走近 AI，走进 AI，跟上 AI 新时代！

浙江萧然绿色发展集团有限公司总经理　高峰

现在的世界，科技变化快得让人应接不暇，AI 就像是一股改变游戏规则的新力量。韩珍和张晓梅合著的这本书，给我们带来了在 AI 时代如何让团队变得更强大的新思路。

作为作者的好友，我提前读了本书，受到了不少启发。本书介绍了 AI 时代团队需要什么样的人，如何培养这些人，还讲述了如何当一个好领队，如何带着团队迎接未来。这些内容对于那些想要在 AI 大潮中站稳脚跟的公司来说具有极高的实用价值。我想把本书推荐给所有有梦想的企业家、想要带好团队的管理者，还有对 AI 感兴趣的朋友们。在这个充满挑战和机会的 AI 时代，让我们一起勇敢地迎接变化，用智慧和勇气去创造一个更强大的未来。

上海跃迁培训学校有限公司董事长　刘俊

AI 技术的发展和应用以及市场环境的深刻变化，客观要求企业不断进行组织模式变革，未来组织的运作模式也将发生颠覆性变化。

本书以 AI 时代 AI 思维的建立为切入点，重点介绍了 AI 组织变革模型与 AI 组织体系建设，并结合应用实践分析阐述了 AI 技术如何驱动组织变革，赋能并激活组织，重塑组织形态，从而提高组织的适应性、灵活性，构建并提升组织竞争力，更好地满足企业持续发展的需要。拥抱变化，拥抱 AI，本书既紧贴时代热点，又切合企业实际，有操作性指南，又有实践应用参考，值得推荐。

上海顺朝企业发展集团有限公司董事　上海刚晨贸易有限公司合伙人　焦小京

AI 时代浪潮汹涌来袭，组织架构、人才管理、决策流程等都需要革新。本书深入且系统地阐述了如何利用 AI 优化组织，从理论到实践，案例翔实，为我们展现了全新的组织蓝图。本书不仅介绍了 AI 在提升效率、精准匹配人才等方面的强大效能，更启发我们以创新思维拥抱变革，助力企业在数字化基础上构建敏捷、高效且富有竞争力的组织，是人力资源及管理者不可或缺的指南。

身为一名在人力资源管理领域征战 30 年的老兵，我深知组织发展面临的挑战与机遇，而本书宛如一盏明灯照亮了我们前行的道路。

原复星集团人力资源高级总监　孙红兵

AI 的概念已存在数十年，但直到近几年，它才逐渐从抽象走向日常实际应用，尤其在 2022 年 11 月 30 日 Open AI 发布 ChatGPT 后，全球范围内掀起了对 AI 广泛的讨论。仅仅两年间，生成式 AI 技术已然渗透到各行各业，公众关注的焦点也从初期的新奇有趣，逐渐转变为面向未来发展的适应与探索。作者以十多年企业组织发展顾问专家的角度，提出了在 AI 时代企业的组织发展该如何柔性而为。

本书在此时代背景下及时、全面地拓展视角，帮助企业思考未来发展的组织模式，为企业管理者如何推动企业在动态竞争环境中获得持续的竞争优势提供了有价值的思考和行动指南。毕竟面对 VUCA（volatility uncertainty complexity ambiguity，易变性、不确定性、复杂性、模糊性），企业适者生存的法则更为严苛了。本书值得一读！

上海合见工业软件集团有限公司副总裁　王维元

悉闻韩珍和张晓梅两位老师合著的《用 AI 重新定义组织：构建未来竞争力》即将付梓，一是佩服这么多年韩老师、晓梅老师的持续扎根，与时俱进；二是受益匪浅，两位作者从更高的组织维度畅谈了 AI 如何帮助企业构建组织竞争力的重大议题。

作者凭借多年的人力资源与组织发展、组织变革咨询经验，深度思考并剖析了 AI 组织体系构建的要点、组织变革的模型，再到 AI 人才培养的策略，为读者描绘了一幅清晰的 AI 组织建设路线图。在这个充满不确定的时代，组织的进化是必然选择，本书为那些希望在 AI 浪潮中保持竞争力的组织提供了宝贵的思考框架和实践工具。本书不仅是一本关于组织变革的书，更是一本关于如何在 AI 时代重塑竞争力的指南，相信读者会开卷有益。

前上海交大项目管理中心主任　资深项目管理顾问　杨柳

在智变浪潮中锚定航向

站在人类文明史的维度回望，每一次生产力形态的跃迁都伴随着组织形态的涅槃。我们此刻正站在 AI 技术重塑组织基因的临界点上。《用 AI 重新定义组织——构建未来竞争力》一书恰如普罗米修斯盗取的火种，为这场即将到来的组织革命照亮了认知进化的阶梯。

人工智能是新质生产力的引擎，人工智能为科学技术创新提供原动力，人工智能通过赋能各行各业形成新质生产力。新质生产力，也称为智能生产力，是指通过人工智能、大数据、物联网等先进技术的应用，实现生产过程的智能化、自动化和信息化，从而提高生产效率、降低成本、优化资源配置的一种新型生产力。人工智能技术是新质生产力的核心。新质生产力是以新一代计算机和人工智能技术所驱动的技术迭代进步所带来的超强生产力。抓住人工智能"牛鼻子"才能加快形成新质生产力。

新质生产力的形成是一道挑战考题。企业除了需要从 0 到 1 的创新精神，还需要系统层面资源优化整合的能力。中国企业从 0 到 1 的原创性创新，往往需要具备思考的逻辑、解决问题的决心。像第一性原理思维，就是一种刨根问底、追究最原始假设和最根本性规律的思维习惯。有时更多的是需要综合性技术，不单纯是技术能力，最重要的是勇于创新的精神和能进行系统性创新的方法论。

AI 技术从根本上重塑着人类社会的劳动方式、生产组织方式、社会组织运行和社会制度体系，进而塑造人类文明新形态。本书以穿透性的学术视野，揭示 AI 技术正在催生"认知型、涌现型、生态型"的新质生产力模式。作者创造性地将大语言模型的高级智能、智能体协同的群体决策、数据要素的指数级增值等前沿趋势，转化为组织能力建设的操作框架。

作为年轻一代的典型代表，韩珍曾经做过老师，进入企业工作之后，在人力资源管理岗位上深耕，敢想敢做，而后到乙方，作为咨询顾问，不断拓展自己的知识边界，在实际咨询服务过程中历练和提升复杂问题的诊断与解决能力。张晓梅是最早一批的互联网企业高管，担任过多家企业副总裁，做咨询以来担任多家企业长期管理顾问。这次看到她们的合著，感觉到她们以预见者的思想锋芒和组织形态的解构与重构对时代变化的敏锐觉察有自己的独到之处。例如，在书中多次用到畅想，敢于畅想很重要，有依据、有深度思考的畅想极为可贵……对她们来说，一是通过写出来，无私地分享了她们的思考；二是看到两位女性在自我成长方面的高要求，这样敢为人先，不断探索的精神难能可贵。

从我个人专业领域的视角出发，以往我国企业主要遵循的是由国外企业主导制定的国际标准。近年来，我国创新成果频现，预示着我国企业在标准化建设领域具备更广阔的发展潜力。在 AI 时代，在着力提升并巩固新质生产力的过程中，我们应效仿两位作者，勇于提出并展示具有中国特色的独特解决方案。我坚信，我们的年轻一代必将在世界舞台上更多地展现中国的聪明才智与卓越贡献。

李德伟

新质生产力研究与实践专家

中国贸促会商业行业委员会上海标准化服务中心主任

上海中小企业国际合作协会特聘副会长

国际组织 ECI 标准化专业委员会主席

上海市浦东新区管理咨询行业协会专精特新服务专业委员会主任

敬畏技术：未来竞争力的基石

　　人类的进步往往是由突如其来的巨大社会变革和科学技术所推动的。马克思在《马克思恩格斯文集》中提到："蒸汽和新的工具把工场手工业变成了现代的大工业，从而把资产阶级社会的整个基础革命化了。"从蒸汽机的发明到电力的广泛应用，再到信息技术的飞速发展，每一次重大的技术变革都深刻地改变了人类社会的面貌。

　　如今，AIGC 技术迅速发展，超智能系统也有望取得重大突破和进展。AI 正在从简单的对话机器人进化成多模态化更加智能的机器人，进化速度目前看来令人惊叹。超智能时代似乎不再遥不可及，在这样的发展过程中，人类社会也将面临财富的重新洗牌与分配。

　　历史上无数企业成功和失败的经验都在警示我们，要重视技术、敬畏技术。苹果公司在智能手机市场中的成功、特斯拉公司在电动汽车行业中的领先地位，很大程度上归功于他们对技术创新的重视。DeepSeek 之所以能在 2025 年春节期间引发人们广泛关注，也得益于其技术优势。诺基亚作为曾经的行业巨头，在智能手机市场中的失败引人深思，向所有技术公司发出了警示。曾经在某个产品领域独占鳌头，因为技术革新不及时失去原有市场份额的案例更是多如牛毛，这些过往告诉我们：仅仅重视技术还不够，还要理解新技术对未来商业及社会环境的深远影响。敬畏技术包括对未来方向的探索、对竞争格局的洞察，是构建企业未来竞争力的关键。

　　当前，AI 技术正迅速渗透到各个行业，其潜在影响不容忽视。正如李开复所言："人工智能是新时代的动力，将会像电力一样彻底改变各行各业。"

企业必须积极关注和拥抱 AI 技术，只有通过创新和转型，才能在未来的商业竞争中站稳脚跟。

AI 时代的挑战与机遇

人们生活的各个领域都在被生成式 AI 应用渗透。AI 绘画写作、AI 视频制作、AI 音乐创作、AI 编程等让人目不暇接。人们获得新体验的同时难免担忧 AI 也可能带来风险，有人担心失业，有人忧虑会对人类生存构成威胁。但我们更应看到，**历史上的每一次技术革命，挑战中都蕴含无限机遇。**

首先，生产效率的提高、产品质量的提升和生产制造成本的降低是 AI 发展带来的最直接利好。在服务业中，AI 初期应用实现的是服务标准的统一、服务质量的可控，而当前趋势表明，AI 正推动服务向更高效且个性化的方向迈进，整个发展过程显著提升了客户满意度。

其次，AI 技术创造了企业赢得更多市场份额或者开拓新市场的可能。例如，在医疗领域，凭借 AI 技术辅助医生进行诊疗，提高医疗水平，成为医疗企业竞争力的撒手锏。在金融领域，率先通过 AI 技术让风险评估和投资决策更加高效、让金融服务更加精准地满足个性化需求的先行者赢得了更多客户的青睐。金融企业无不在 AI 技术上煞费苦心，盘活存量客户及唯恐再失去现有份额。

企业在 AI 技术开发与应用方面的广度和深度有一个代名词——"AI 浓度"。"AI 浓度"已成为衡量企业竞争力的新指标。

2024 年第四季度，周鸿祎前往硅谷一探美国投资界的风向。周鸿祎曾说："未来，没有 AI 能力的企业将被淘汰。"红杉资本在其发布的报告中指出："AI 技术将重塑各个行业，未来的成功企业将是那些能够充分利用 AI 技术的企业。"

马云也在蚂蚁集团 20 周年庆典上提到："AI 将深刻改变企业的运营方式、消费者的体验，以及整个社会的运作逻辑。AI 不仅仅是一个技术工具，更是企业增强竞争力、优化资源配置、提升服务质量的重要引擎。"其言论与当下 AI 的技术进展相互呼应，共同展现了未来十年 AI 产业的宏伟蓝图。

国外没有 "AI 浓度" 的公司已经拿不到融资，这一趋势对广大的企业家有着怎样的启示呢？"杀手"级的应用到底会如何发展呢？或许您的公司也会成为此类尚未崭露头角的公司之一。

如今 AI 对于投融资的重要性已无须赘述，毕竟没有人愿意错失一个能改变一代人命运的投融资机会。

为未来下注，要舍得投放耐心资本！

让 AI 成为生产力的愿景已经成为商业领袖的迫切期待。AI 技术的发展吸引了大量的投资，不仅有风险投资机构的资金涌入，也有传统企业的战略投资。无数资本对 AI 大模型的投入都表现出足够的耐心，即使面对高估值的小语言模型也趋之若鹜。科技巨头如谷歌、微软、亚马逊等公司也纷纷加大对 AI 技术的研发投入，从而抢占市场先机。同时，许多初创企业也凭借创新的 AI 技术获得巨额投资，成为行业黑马。

AI 技术的发展需要投资者舍得投放耐心资本来为未来下注。为什么需要投放耐心资本呢？首先，从技术投入到产出，这个过程需要大量的资金和时间投入。从基础研究到应用开发，再到商业化推广，每一个环节都需要耐心和坚持。OpenAI 成立多年来，投入了大量的资金和人力来做 AI 技术的研发，才取得今日成就。DeepSeek 下得了决心，耐得住寂寞，才得以一鸣惊人。其次，投资者要有足够的风险承受能力来承担由新技术发展的不确定性带来的损失。另外，如算法的可解释性、数据隐私保护、AI 的安全性等技术难题和伦理挑战都是 AI 技术发展前行的阻碍。解决以上这些问题需要大量时间和科学家及技术人员的不断努力，**投资者需要有足够的耐心来陪伴技术成熟。**

然而，为迎接超智能时代，每个组织内部的变革也同样需要有耐心和长期投入。AI 组织的建设是一件费时费力且需要企业家和管理者们长期投入去做的事，只有长期投入才能在激烈的竞争中胜出。谷歌、微软等科技巨头之所以能够在 AI 技术领域取得领先地位，很大程度上得益于其拥有一支优秀的人才队伍。当 DeepSeek 进入公众视野时，我们同样会很自然地关注其创始人和核心技术团队的背景。而当得知整个团队源自本土高校时，我们不禁倍感自豪。全球 AI 的竞争就是人才的竞争，只有好的组织才能吸引和留住好的人才。人才是 AI 技术发展的核心，没有优秀的人才，就无法推动技术的创新和应用。企业还需要有现代化的管理机制和适合创新的企业文化，从而不断提高人才的综合素质和创新能力。

总而言之，新时代的弄潮儿终将会是那些有准备的组织。

用 AI 重新定义组织

AI 技术的应用可以帮助企业降本增效，这一点是毋庸置疑的。随着企业对 AI 投入的重视程度和预算的增加，人们却发现并不是所有企业都能受益于 AI 的降本增效。一方面，尽管 AI 技术能够有效提升员工的生产力，但许多传统行业的中小企业仍处于迷茫状态。他们既期望员工借助大语言模型提高工作效率，又担心企业信息安全受到威胁。即便 DeepSeek 作为一款性能卓越的开源大模型备受瞩目，但这些中小企业依然对如何将 AI 应用于自身业务感到无从下手。另一方面，那些较早开展数字化转型的企业在面对 AI 的冲击时也未必能够应对自如。传统的管理模式和员工固化的思维模式，依然使企业的变革举步维艰。

人机交互改变了生产方式，企业治理模式必然发生改变。人们需要勇敢地迈出重塑组织的步伐，进行全面数字管理体系改革，利用 AI 技术的进步，发挥 AI 技术的效能，增强企业当下及未来的竞争力。

本书站在企业管理咨询顾问的角度，为读者揭开 AI 时代组织建设整体框架和逻辑，帮助企业找到组织变革的方向、解决方案和实施要点。在 AI 时代的背景下，组织建设者未必需要具备深入的机器学习算法、深度学习框架、自然语言处理技术、数据清洗、交叉验证、数据集管理、分布式计算或编程等专业知识，然而他们需要对整体社会环境、AI 发展趋势及其在特定行业或问题领域的具体应用具备敏锐的洞察力。尤其是在 AI 的思维方式及其价值创造模式上，组织建设者应有所认知，并深思其对组织建设的长期影响，作出前瞻性的判断。这将有助于他们在优化组织结构与流程、塑造和管理企业文化、人力资源规划及绩效评估机制等实际工作中，与时代发展保持一致，从而为企业的稳健发展奠定基础。

作者期待本书能帮助 AI 赋能下的企业，组织变革事半功倍；帮助 AI 重新定义下的组织，核心价值获得大幅提升。企业只有在激烈的市场竞争中不断创新和搏杀，才能在马上到来的超智能时代立于不败之地。

让我们一起敬畏技术，拥抱 AI，为构建未来竞争力而努力奋斗。

| 目 录 |

前言

第 1 章

AI 时代，先建立 AI 思维

➤ 【关键问题】

什么是 AI 思维？

为什么要建立 AI 思维？

如何建立 AI 思维？

第1章
AI时代，先建立AI思维

- **AI应用在抢滩**
  - AIGC正当时，乱花迷人眼
  - 行业严阵以待，企业绝境弈新生
  - 是驾驭，还是被取代

- **不懂AI思维就是新时代"文盲"**
  - "高冷范"的AI思维
  - 深入解析AI思维

- **不能创造价值的AI都缺乏实际意义**
  - AI价值创造现形公式：（数据+算法+场景）×生态=价值
  - AI价值创造功法秘籍：AI决策引擎
  - AI组织价值创造思维进化：全人化

1.1　AI 应用在抢滩

1.1.1　AIGC 正当时，乱花迷人眼

AI 的不断演进一直是科技领域令人振奋的发展之一。AIGC 的涌现标志着 AI 从 1.0 时代迈入了 2.0 时代，具有里程碑式的意义。AI 从早期形态计算智能到更复杂的感知智能，再到今天的认知智能，其能力不再局限于传统的计算和感知任务，而是进一步发展到了能够理解、推理、生成以及进行创造性的工作。AIGC 代表了 AI 领域的一项革命性技术进步，这次飞跃，使 AI 不再仅仅是一个工具，而是一个具有智慧和洞察力的伙伴。这种变化，必然影响人们的工作与生活方式。

> **百度百科**: AIGC 对于人类社会、人工智能的意义是里程碑式的。短期来看，AIGC 改变了基础的生产力工具；中期来看，AIGC 会改变社会的生产关系；长期来看，AIGC 将促使整个社会生产力产生质的突破。

短期来看，AIGC 已经可以替代一部分生产力工具，其为内容生成、自动化文本写作、图像和视频合成等任务提供了更高效、更准确的解决方案。从新闻报道到广告营销，从文档生成到创意设计，AIGC 的应用正在各行各业扩展，如图 1.1 所示。

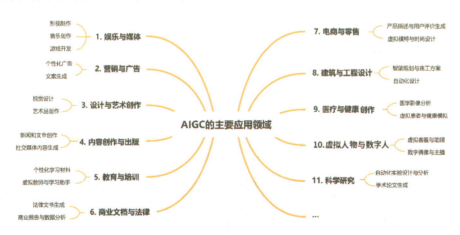

图 1.1　AIGC 应用辐射面广而多元

AIGC 在金融领域的应用场景包括：

（1）数字员工层面：AI 客服、AI 投资顾问、AI 财务、数字营业厅。

（2）投资管理层面：市场数据分析、投资组合决策、个人财务数据分析和信用评分。

（3）风险管理层面：检测欺诈、风险报告生成。

……

打开手机，在应用商店输入关键词"AI"并搜索，只能用闯入了爱丽丝梦游的仙境来形容这种"乱花迷人眼"，如图 1.2 所示。

图 1.2　乱花迷人眼的 AI 应用

我们认同：长期来看，整个社会生产力将会因为 AIGC 而发生质变。

我们更关注的是：AIGC 将改变社会的生产关系。正是因为相信变革的势不可挡，所以才选择了面对和主动迎接挑战。本书以"企业"这个经济社会的重要组成部分为研究对象，以组织建设视角探讨：AI 时代的企业应该打造怎样的工作环境？组织应该如何构建？这样的探讨也有助于身处企业组织环境中的人们找到适应 AI 时代和自我发展的方向。

1.1.2　行业严阵以待，企业绝境弈新生

> ➤ 【关键问题】
>
> 什么样的企业会是 AI 时代的引领者？
>
> 不在大模型开发赛道的企业采用 AI 技术的目的是什么？

回溯历史，由新技术、新思维、市场变化和社会趋势等因素引发的行业颠覆并不鲜见。例如，制造业、运输业、农业和传统的手工业被蒸汽机、纺织机械与铁路等新技术改变，工业也正式取代了农业的主导地位，成为现代工业化的开端。而互联网的普及和发展让在线零售、数字媒体、社交媒体、电子支付等新业态崭露头角，使传统零售、印刷媒体、银行等行业面临巨大压力。再到移动互联网时代，智能手机的普及和大量涌现的移动端应用程序（App）让传统的电信、媒体和金融行业不得不调整业务模式以适应时代趋势。其中，社交媒体的兴起改变了信息传播和人际交往的方式，这些变化影响了新闻、广告、市场营销甚至政治。历史告诉人们，变革不可避免，适应变革才是维持竞争力的关键。

让我们站在行业视角，看看部分勇立潮头者已经或者正在发生的变化。

【实践体会】

商业模式与竞争格局正悄然改变

1. AI + 工业

以典型的汽车制造行业为例，加强营销端的数据驱动能力，以提升市场趋势预测和决策制定的准确性，自适应生成个性化产品描述、营销材料，满足客户个性化需求；研发端加速创新设计，提升工艺开发效率；生产端优化生产流程，集约资源，减少浪费；自动驾驶和人机交互界面，提升驾驶体验……

2. AI + 医疗

以诊断治疗为例，辅助诊断、影像读片、报告生成这类技术应用目前几近普及，根据患者生理参数和医疗记录预测疾病进程，解码患者基因信息并生成个性化治疗方案……

3. AI + 娱乐

以数字化为例，"孵化"的虚拟偶像唱歌、跳舞、作曲、编舞等信手拈来，不仅技能超群，且在向超级自然方向发展；普通人通过 AI 生成的具有个人特色的"数字分身"也已经被频繁应用在直播和培训类视频中……

4. AI + 教育

对话式学习、角色扮演式学习、跨学科学习、概念层次递进式学习这类名词已为大众熟知，而《清华大学：AIGC 发展研究报告 1.0 版》（2023 年 5 月）中提到的"AI 四能教育"让人眼前一亮。

> 《清华大学：AIGC 发展研究报告 1.0 版》（2023 年 5 月）："AI 四能教育"指以 AI 为基础，旨在帮助人们从低能到高能、单能到多能、多能到超能、超能到异能的教育模式，如图 1.3 所示。
>
>
>
> 图 1.3　清华大学关于 AI+ 教育的思考
>
> 其中，低能到高能、单能到多能浅显易懂，这里不再赘述；多能到超能是指通过对深度学习和高阶思维的培养，增强学习者的创新能力、批判性思维以及问题解决的能力，使其能够进一步深入探究特定领域；超能到异能则是指通过开拓认知边界，创新思维模式，挖掘学习者潜在认知能力，开发前所未有的思维，以应对未来的变革和挑战。

紧密结合 AI 的应用正在悄然改变行业的商业模式和竞争格局。创新产品和服务因为 AIGC 而拥有无限可能，**创新将成为企业生存和繁荣的关键**。但对行业参与者来说，生态系统日渐复杂，产业链不断细分，对上下游的资源整合的能力要求越来越高，若没有行业知识、数据及运营经验的加持，只是单纯的技术采用将收效有限。

成功并不只有开发大模型一条路可走，紧跟 AI 时代的策略还可以是持续关注大模型的发展，关注新技术与产业关联的速度与成效，保持对行业平台建设发展进程的敏感度，伺机介入，当技术更加成熟、成本降低到可接受范围内时，则迅速行动，为我所用。

由 ChatGPT 引发的这一波浪潮，促使国内企业和科研机构纷纷推出自己的大模型。例如，百度推出了文心一言，阿里巴巴推出了通义千问，腾讯推出了混元，华为推出了盘古，360 推出了智脑，商汤科技推出了日日新，科大讯飞推出了星火认知，清华大学研发了 ChatGLM，复旦大学推出了 MOSS，中国科学院自动化研究所开发了紫东太初，昆仑万维推出了天工，达观数据则推出了曹植……这些知名企业和机构的大模型开发都依赖于专业的人才和大量的数据支持，对于绝大多数企业来说，可谓是"蜀道难，难于上青天"。可中小企业同样是行业参与者，在每一次势不可挡的变革大潮中，力所不及却不退缩，经历挑战后重获新生的企业比比皆是。

在 ChatGPT 还没闯入人们视野时，业内就有预测，到 2025 年，大型企业都将采用 AI 技术。目前该预测已然成为现实。大型企业采用 AI 技术的目的无非以下三点。

（1）站在战略角度，可能以产品与服务的升级、创造数字化产品、共享数字服务、打造数据资产等方式面向商业，模式创新。

（2）站在服务客户角度，将与客户的交易过程数字化、AIGC 化，精准营销，增强客户体验，提升客户满意度和竞争力。

（3）站在内部管理角度，建立统一的数据底座，将各个环节 AIGC 化，打通跨部门的信息断点，实现领先于行业的运营效率。

这三点目的对中小企业而言并无不同，只是中小企业要实现 AIGC+，需要与智慧化发展下的产业生态更加融合，与产业链上的各个环节开展广泛合作。

在 AI 时代，中小企业首先要接纳新技术，持续学习、领悟、挖掘、识别新机遇；另外，要坚持开放与创新，积极地借助各方优势，整合数据和创新资源，与行业内大型企业、初创公司、学术界以及供应商伙伴等建立合作关系，合法合规地促进信息交换，联合起来共同应对挑战，持续创新，以期蜕变。

AI 时代将奖励那些直面挑战、敢于担当、勇于创新、积极合作的大中小企业，这类企业一定是未来行业发展的引领者。

1.1.3　是驾驭，还是被取代

> **【关键问题】**
>
> 在组织中的普通人，何去何从？

AI 应用的抢滩表现，让行业严阵以待，让危机意识强烈的企业以坚定的决心迎难而上。对个人而言，只有两种选择，即要么驾驭 AI，要么被 AI 取代。

ChatGPT 在网络上占据热点多久，引发的关于职业替代的焦虑就持续了多久。与工厂自动化让很多蓝领工人产生失去工作的焦虑不同，AI 浪潮还冲向了白领阶层。其中，传播较为广泛的是高盛分析师在 2023 年 3 月发布的报告——《AI 或致全球 3 亿人"丢饭碗"》。这份报告是根据数千份职业通常执行的任务数据得出的研究结论。

> 高盛《AI 或致全球 3 亿人"丢饭碗"》（2023 年 3 月）：约 63% 的美国人近一半的工作量能够通过 AI 自动化完成，这些人可以继续从事现在的工作，借助 AI 技术把更多时间腾出来，从事更有成效的活动；30% 的从事体力或户外工作的美国人，则基本不受影响；余下约 7% 的美国工人所从事的工作中，至少有一半任务可以由生成式 AI 完成，他们将很容易被 AI 取代。因此，生成式 AI 系统的最新突破，可能会引发重大的劳动力市场颠覆。

因技术变革的直接影响或间接影响而导致的失业人员再就业在历史上已有颇多先例。例如，汽车出现后，马车和马夫就会失业，但是产生了司机这一职业。信息技术的发展淘汰了一些手动操作类工种，但也催生出了与信息技术相关联的新岗位：软硬件工程师、架构师、网页设计师、网络工程师等。

在人民生活水平不断提高的今天，大多年轻人受过高等教育，**要相信 AI 不仅能提升生产效率，节省劳动力成本，还能创造新的就业机会，出现更加适合新一代年轻人的职业和岗位。**

但在当下，仍有必要好好思考如何驾驭 AI 而不是单纯地被 AI 取代。

360 集团创始人周鸿祎在 2023 年的中国发展高层论坛上表示，他仍乐观看待 AI 造成的所谓"失业"挑战。AI 大模型是人类发明的伟大的工具之一，背后凝聚着全人类的知识成果，并能够赋予普通人更强大的能力。他认为，目前短期内无法被 AI 取代的是人类的情感、决策力、想象力、创造力，**未来可能最先被淘汰的是不会思考和提问、不会使用 AI 的人。**

虽说 ChatGPT 在网络上持续讨论了很长一段时间，各种 AI 应用工具层出不穷，但是高盛统计发现目前驾驭 AI 提高生产力的主要还是开发人员，他们通过自动化编写代码替代一些手工重复、死记硬背的过程，提高了 15%~20% 的开发效率。

2024 年天津市人工智能学会、至顶科技、至顶智库联合发布的《2024 年全球 AIGC 产业全景报告》称：从大模型的用户使用渠道来看，38% 的用户通过 App 使用大模型的各项功能，24% 的用户通过企业搭建专用模型接口使用大模型；从用户使用时长来看，只有 15% 左右的用户的大模型使用时长达到了 12 个月以上。虽然目前 AIGC 已经与常用程序复杂功能相结合，用户可以深度使用并高效产出高质量成果，但即使在已经多次尝试使用的人群中，也并非人人都有正确的 AIGC 工具使用思路。所以，**第一个启示就是：将 AIGC 工具用起来，学会问问题，训练出 AI 助手**（图 1.4）。

图1.4　与AI助手一起工作

事实上，人们离实现通用AI还有较长一段路要走，不论是发现使用案例、应用场景，还是建设优秀软件产品，都需要时间和企业家的智慧。即便是大公司，在积极探索如何使用AI，将AI纳入日常工作流程之前，也需要克服数据隐私等一些采用障碍。这为普通职场人赢得了宝贵的学习时间。

虽然AIGC改变终端客户的搜索、购买、消费行为会需要更长的时间，但不可否认的是针对不同业务场景的模型构建正如火如荼般进行着，应用开发也随着AI基础设施建设的推进变得越来越容易。尤其是DeepSeek高性能大模型的开源，为企业的本地化部署注入了强大动力。虽然这种推动作用未必肉眼可见，但人们可以切身感受到其为AI进程带来的轰动效应。

种种迹象带给人们的第二个启示就是：只靠AIGC工具提升本职工作效率是远远不够的，有必要深入理解AI和其创造价值的底层逻辑（图1.5），懂得AI思维，才有可能在AI驱动的组织中获得更好的职业发展。

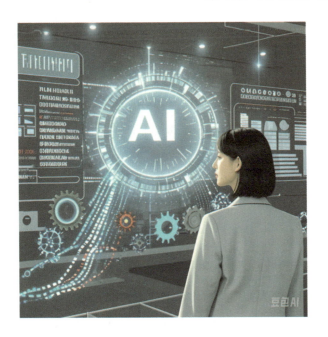

图 1.5　理解 AI 创造价值的底层逻辑

1.2　不懂 AI 思维就是新时代"文盲"

1.2.1　"高冷范"的 AI 思维

> **【关键问题】**
>
> 什么是 AI 思维？
>
> AI 思维与人类思维之间的区别是什么？

国务院在 2017 年 7 月 8 日发布的《新一代人工智能发展规划》中指出，**AI 的迅速发展将深刻改变人类社会生活、改变世界**。当前，新一代 AI 相关学科发展、理论建模、技术创新、软硬件升级等整体推进，正在引发链式突破，推动经济社会各领域从数字化、网络化向智能化加速跃升。规划中还树立了到 2030 年，AI 理论、技术与应用总体达到世界领先水平，成为世界主要 AI 创新中心的战略目标，并提出六个方面重点任务。

国务院《新一代人工智能发展规划》（2017 年 7 月）：六个方面重点任务，一是构建开放协同的人工智能科技创新体系，二是培育高端高效的智能经济，三是建设安全便捷的智能社会，四是加强人工智能领域军民融合，五是构建泛在安全高效的智能化基础设施体系，六是前瞻布局重大科技项目。

AI 被作为加速国家战略与经济结构升级的核心驱动力，促使各行各业寻求转型与创新。同时，AI 也将影响人类社会分工形态，迫使企业调整组织及优化个人工作职责。

AI 并不是科技领域的"独角戏"，AI 的触角正在深入每一个行业的根部，生产方式、创作逻辑乃至人类想象力均将因此产生重构效应。

AI 在零售、工业、金融、教育和医疗等行业的具体应用场景中落地，体现出共通之处。被称为中国"数据科学 50 人"之一的丁磊老师在运用 AI 发现数据规律和挖掘数据价值的实践中深刻认识到：AI 不仅是一种技术手段，更蕴含独特的思维逻辑。因此，丁磊老师将使用 AI 优化各类业务、落地实践和创造价值的全过程等提炼为 AI 思维。

我们认为，AI 思维能帮助人们从宏观到微观、从理论到实践，透视冰山水面之下部分的系统架构，赋能商业，帮助企业把握时代机遇和发展方向。

丁磊老师在《AI 思维：从数据中创造价值的炼金术》一书中对 AI 思维的定义如下。

丁磊《AI 思维：从数据中创造价值的炼金术》：AI 思维是一种通过数据驱动决策的思维模式，包括数据、模型、算力和业务模式四要素，并且：基础在于数据。核心在于模型。实现在于算力。应用在于业务模式。即从数据出发，通过模型和算力形成决策，最终在业务中产生价值。

丁磊老师称"AI 思维"是 AI 的落地指南。

我们认同并理解 AI 思维是一种综合性的思考方式，一种全新的问题解决方法。人们对事物的认知可以被认为是信息、经验、规律、思维四个阶段的动态过程，即先从单个信息与单个信息的联系中形成经验，再在经验中发现规律，最后提炼升华出思维。思维阶段是方法论层次的总结，可进一步指导实践，以找出更多的规律和结论。

AI 超越了传统的技术方法，要求人们具备一些跨学科的知识和技能，是一种综合性的思考方式，注重数据、自动化、决策预测和不断学习。

传统的单纯的技术方法可能局限于特定技术领域，关注实现某个特定任务或解决某一类别问题，相对更加静态，一旦设计和部署，较少发生改变。而 AI 思维是一种积极主动地理解和处理信息的方法，是一种通用的思考方式，适用于多种问题领域。将 AI 与其他领域的知识相结合，加强对该领域问题的理解，可以更好地解决复杂的问题。

AI 思维和人类思维之间的区别主要在于：是否有自我意识、是否有主观性、是否存在情感体验及是否具备道德判断能力，以及对大规模数据的分析处理速度差异和对不同情境任务的灵活处理差异。

人类思维受制于信息获取容量和个体认知能力，处理大规模数据的速度较慢；而 AI 思维的基础在于数据，在大规模数据的分析处理上体现出让人类惊叹的速度。

对不同情境任务的处理，人类思维具有主观性，能够从多角度理解和解释事物，故而可以灵活多变，适应不同情境任务，且因人类思维的情感性，还能作出道德判断和产出创造性成果。而 AI 思维多因算法和模型的固定性，执行被设计和训练的任务时更加高效和精确。对非此范围内的任务进行问题识别和执行处理，向人类看齐甚至超越人类思维与能力，正是现在 AI 科学技术领域在努力突破之处。

对于快速变化的现实世界，持续改进的思维方式尤为关键。 AI 系统可以从人类的反馈和指导中学习，而人类也可以通过与 AI 系统互动来增进自己的知识和技能。AI 思维与人类思维的对比如图 1.6 所示。

图 1.6　AI 思维与人类思维的对比

　　总之，AI 不仅可以从技术上影响人们的生活方式，当其转化为一种思维时，更能真正地为个人及人们所在的组织带来裨益。人类在 AI 思维的补充和协同下，可以更高效地处理信息和决策，解决更加复杂的问题。AI 思维具有深刻的内涵，妥妥的"高冷范"，但值得组织建设者静下心来领悟和研究。所以，接下来将继续深入解析 AI 思维。

1.2.2　深入解析 AI 思维

> **【关键问题】**
>
> AI 思维有哪些核心原则？
>
> 如何培养和发展 AI 思维？

　　AI 思维的出发点是数据，其通过构建模型形成决策，在业务中产生价值，是一种综合性的思考方式，也是一种全新的解决问题的方法。

　　AI 思维作为综合性的思考方式、问题解决方法，涵盖多个核心原则。

　　（1）数据驱动，各方收集数据，并从经过处理的数据中提取有价值的信息，从而支持决策制定。数据的相关性、可用性和质量非常重要。

（2）减少人工干预，实现更复杂任务和问题的高效解决。AI 思维就是要会利用机器学习、深度学习、强化学习等技术让系统自主适应变化，让流程与决策自动化，向任务自动执行方向发展，减少人为错误，突破个人认知和效能。

（3）精准预测，在决策和规划中发挥关键作用。AI 通过分析数据中的重复模式和趋势，可预测未来事件或结果，其中最常见的是在市场走势、疾病传播趋势等领域的应用。技术的发展让 AI 实现了自然语言处理中的文本分类、图像识别中的物体检测等，这为精准预测拓展出了更多应用场景。

（4）不断学习与改进，通过持续地输入新数据、加强模型训练来提高性能，在不断发展的环境中保持竞争力。

以上核心原则是将 AI 为我所用的基础，遵循这些原则有助于更好地利用 AI 技术来解决各种领域的问题。

【实践体会】

挖掘数据规律与价值

在医疗行业，用 AI 思维原则解决问题的步骤如下。

（1）收集和整理医疗数据，如患者的医疗记录、诊断报告、医学影像、实验室结果等。这些数据通常分散在不同的系统中，表达格式各不相同，需要进行再整理，以便提取生理指标、病史、疾病诊断等关键特征来理解患者的健康状况。

（2）建立疾病风险预测、病情发展趋势判断、药物反应跟踪等方面的模型，减少人工干预，减少冗余信息的影响，实现自动选择最相关的特征。

（3）训练模型，掌握历史数据中的规律，实时监测患者的生理指标，检测异常情况，辅助医生诊断，提高诊断准确性和诊疗效率。帮助患者获得更精准的个性化治疗方案，包括药物选择、剂量调整、手术规划等。

（4）当医疗数据形成一定规模时，不仅个体能够受益，新的疾病关联也会通过这些数据显现，药物效果、流行病模式等从数据中显示出的关联必将推动医学研究的进步。

（5）伴随医疗领域的知识和技术演进、模型和算法的更新，AI 系统将通过不断学习与改进变得更加智能。

通过更好地挖掘医疗数据，AI 思维的核心原则在医疗行业的价值得到了充分体现。

AI 思维的关键任务是挖掘数据规律与价值。**数据是基础**，但不可缺少模型这个将数据转化为信息与知识的工具。模型的设计和构建是将数据转化为可理解和可用形式的关键步骤，可以是数学模型、神经网络、决策树等。模型体现了预测和决策的能力，能够泛化到未知情境，支持持续改进以及提供可解释性。模型的不断发展和创新推动了 AI 领域的进步，使得 AI 系统能够更好地理解和处理复杂的数据和任务，有助于解决各种现实世界的挑战。**模型是 AI 思维的核心**。

AI 的实现在于算力，因为 AI 处理复杂任务时需要大量的计算资源。首先，在对 AI 模型进行训练和推理时，海量数据需要进行存储管理、加载导入、预处理以及分布式计算等操作，就当下的技术情况而言，需要增强算力投入；其次，模型的复杂程度持续攀升，越复杂的运算就越需要计算硬件来支持，也需要更多的算力资源来提速；再次，复杂的场景训练与测试环节同样离不开算力支撑；最后，需要实时处理决策和数据的 AI 系统的应用场景都依赖于高效的计算能力支持，如自动驾驶、智能语音助手、工业自动化系统等。就如今爆火的 DeepSeek 而言，最令国人振奋之处在于，在大模型竞争中，其以相对较少的算力实现了不逊于 OpenAI 的推理效果。然而，从整体来看，大模型训练、以 AIGC 为代表的 AI 应用快速崛起，人类的整体发展对算力不断提出更高的要求。

（1）浪潮信息高级副总裁刘军表示，随着 ChatGPT 将 AI 发展带入新阶段，数字化工具升级为智能化工具，智能算力成为关键底座，未来算力将是大数据发展的关键基础，智算中心将逐步成为主流选择。

（2）2023 年 10 月，工业和信息化部等六部门联合印发《算力基础设施高质量发展行动计划》，旨在稳步提升算力综合供给能力，进一步凝聚产业共识、强化政策引导，全面推动中国算力基础设施高质量发展。

（3）《北京市促进通用人工智能创新发展的若干措施》提出，将新增算力建设项目纳入算力伙伴计划，加快推动海淀区、朝阳区建设北京人工智能公共算力中心、北京数字经济算力中心，形成规模化先进算力供给能力，支撑千亿级参数量的大型语言模型、大型视觉模型、多模态大模型、科学计算大模型、大规模精细神经网络模拟仿真模型、脑启发神经网络等研发。

以上信息都表明，算力的提升将会推动经济社会高质量发展，我国正在继续加强算力基础设施建设和技术创新，以满足日益增长的智能算力需求。

业务模式是 AI 思维的要素之一。 AI 技术是企业转型和创新的关键驱动力，AI 思维作为一种综合性的思考方式和解决问题的方法，应被企业运用于重塑和改进企业的业务模式，从而让企业保持竞争力。AI 思维影响业务模式及已产生影响示例见表 1.1。

表 1.1　AI 思维影响业务模式及已产生影响示例

AI 影响业务模式		已产生影响示例					
方向	说明	金融	医疗	制造	零售	教育	…
数据驱动决策	利用 AI 技术更好地收集、存储数据，分析和利用数据作出市场预测、客户洞察、供应链优化、风险管理等方面更明智的战略和决策	√	√	√	√	√	
更优质的服务	利用 AI 技术剖析客户数据，把握客户需求，提供更加个性化和定制化的服务方案，提高客户满意度，增强客户黏性	√	√	√	√	√	
自动化的提升	利用 AI 技术进一步提升企业自动化水平，生产线、客服、数据处理等领域都将减少人工依赖，并且提高效率	√	√	√	√	√	
供应链的优化	利用 AI 技术可以改进供应链管理，减少库存、提高交付速度和降低成本，提高供应链对市场变化的灵活性		√	√	√		
产品质量提高	利用 AI 技术可以协助企业高效改进产品设计、预测产品性能并提高质量控制，生产更具竞争力的产品	√	√	√		√	

AI 影响业务模式		已产生影响示例					
方向	说明	金融	医疗	制造	零售	教育	…
风险控制加强	利用 AI 技术可以识别和管理风险，尽早预测财务风险、网络安全风险和市场波动，帮助企业更好地保护自身安全	√	√	√	√		
产生新的收益	利用 AI 技术拓展产品与服务，或创造新的市场机会，如开发面向行业的智能产品和解决方案、提供数据资产、AI 咨询等，为企业开辟多元盈利渠道	√	√		√	√	
⋮							

AI 思维促进了技术创新、数据驱动决策、自动化和智能化以及跨学科合作，为人们解决复杂的问题提供了新的方法，为未来的创新和 AI 智能体的发展铺平了道路。

AI 思维的培养要知行合一，在企业的数字化转型、数智化深化、AI 体系建设的道路上，在做中学，在学中做，将理论知识与实践经验统一，将思考和行动统一，将学习与应用统一，将自我成长与目标实现统一。

思维的高度决定了决策的质量，高质量的决策无疑能为企业带来价值。关于 AI 创造价值，还有非常多的内容值得详谈。

1.3 不能创造价值的 AI 都缺乏实际意义

1.3.1 AI 价值创造现形公式：（数据 + 算法 + 场景）× 生态 = 价值

> 【关键问题】
>
> 企业有哪些价值？
>
> AI 如何直接与间接地创造价值？

关于企业价值，管理学家彼得·德鲁克（Peter Drucker）曾有如下见解：

彼得·德鲁克（Peter Drucker）对企业价值的见解：
"企业的唯一目标就是创造客户。"

> "企业不是为了创造利润而存在的，它的利润是为了它存在而创造的。"
> "顾客决定着企业的产品价值。"
> "只有当顾客愿意购买商品与服务时，企业才能把资源转变成财富。"

彼得·德鲁克的这些经典言论强调了满足客户需求是企业生存和繁荣的关键，企业的首要任务是为客户提供有价值的产品和服务。企业的目标除了经济利润之外，还应追求更高层次的价值，注重长期成功和社会责任。

企业创造与传递的价值是决定企业能否长期成功的关键。 我们将企业的价值定位为经济价值、提供有意义的产品和服务、与各利益相关者建立积极关系、履行社会责任等方面的综合体现，如图 1.7 所示。

图 1.7　企业价值的综合体现

经济价值可以从盈利能力、市值增值、股东收入三个角度衡量。 其中，通过生产和销售产品或服务创造经济利润是盈利能力，增加资产价值、扩大市场份额等可实现企业市值增值，股价提升是股东收入增加的最直接表现。

要提供客户价值，首先应有能满足客户需求的产品或服务，并且客户对产品或者对服务感到满意。在此基础上，进一步提供稳定的卓越客户体验，与客户建立长期积极的客户关系。只有增加客户忠诚度，才能实现企业长期客户价值向经济价值的转化。

企业雇用和培训员工，提供良好的工作环境、福利和职业发展机会。创造工作机会将提升员工敬业度，收获员工付出的超越职责的努力。企业通过员工价值，可以持续实现客户价值增值。

合作价值是指产业生态圈内各类合作伙伴之间共同进行的价值创造增值过程，如与上下游供应商和合作伙伴建立更加稳固的供求关系，通过优化供应链降低采购和生产成本等都是在创造价值。

遵守法律和法规、维护社会秩序、参与环境保护是企业创造价值的一种方式，其创造的是社会价值。社会价值还可以表现为在社区支持和慈善事业等方面的责任担当。

【实践体会】

AI 或直接或间接地创造着企业价值

1. 经济价值角度

利用 AI 深入分析数据，实时捕捉市场动态，剖析竞争对手策略，助力企业调整战略，巩固市场竞争力。通过精准的细分市场，可以节约资源进而增加收入。此外，自动化升级生产流程可以显著降低人力成本，优化运营结构，提高效率和盈利能力。

2. 客户价值角度

利用 AI 可以帮助企业更好地了解客户需求和行为，通过客户数据分析，为客户提供个性化的产品与服务，提升客户体验；可以提供 7×24 小时在线实时响应，帮助客户解决问题，提升客户满意度。

3. 员工价值角度

利用 AI 可以提高工作效率，减轻重复性与高负荷工作任务负担，使员工可以将更多时间和精力投入于创新性工作；可以规划个性化成长路径，设计职业发展空间，助力知识迭代与技能提升，提升员工满意度。

4. 合作价值角度

利用 AI 可以改进供应链管理、合作伙伴选择、合同管理等工作关系；可以增强互信，提高合作效率，推动形成更加紧密与协同顺畅的合作模式。

5. 社会价值角度

利用 AI 可以帮助企业降低资源消耗，减少浪费，支持可持续经营和环境保护；可以成为企业履行社会责任和提供社会价值的工具，提升企业形象与公众形象；另外，AI 技术的发展本身就有助于解决医疗研究、环境保护等社会问题。

AI 创造价值的公式可表述如下：

$$（数据 + 算法 + 场景）× 生态 = 价值$$

1. 数据 + 算法 + 场景

数据是基础信息，是所有智能应用的前提，是分析、决策和预测的依据，体现质量，关乎价值产出的下限。

算法是用于挖掘和处理数据、生成有意义的洞察和预测的工具。算法决定了数据的处理效率，无论是通用大模型还是垂直 / 专用领域模型，算法优劣直接影响模型的准确性及最终应用的智能程度。

场景是应用背景和实际问题的具体化，数据和算法只有在具体的场景中发挥作用，才可产生实际价值。

数据为输入，算法为处理，场景指引落地，这三个要素之间共同作用，构建出创新产品或垂直领域解决方案。

2. 生态

生态是指一个综合的、复杂的系统环境，不仅包括数据、算法和场景的提供者，还包括用户、合作伙伴、供应商等利益相关方。

生态剥离在数据、算法、场景之外，意味着生态能从多角度作用于数据、算法和场景的整合与落地，提升创新的可持续性、拓展性及落地效率。

生态作为"乘数"，意味着其对价值的形成起到放大作用。

现阶段，"数据 + 算法 + 场景"只有在"生态"的支持、推动、协同下，方能有效实现价值创造。良好的生态环境让技术（数据和算法）与应用（场景）充分释放效能，进而创造长远且可持续的价值。展望未来，"数据＋算法＋场景"还将在技术、商业、市场及社会等多个维度回馈并优化生态体系。

3. 公式的动态、演进说明

公式中的每个要素均可考虑加入"加权"系数，应根据不同情境加以设定与调整。

时间维度虽未在公式中明确表述，但无论是数据、算法、场景还是生态，都在不断变化、进化。因此，价值的生成是一个动态过程，而价值的评判标准也会随时间推移而发生变化。

至此，AI 如何创造价值的问题得以解答。因此，我们称"（数据＋算法＋场景）× 生态＝价值"这一公式为 AI 价值创造公式。

1.3.2　AI 价值创造功法秘籍：AI 决策引擎

> **【关键问题】**
>
> AI 的内在决策逻辑是什么？
>
> AI 决策引擎的设计与开发重难点发生了怎样的转移？

AI 既是技术、方法、工具，也是思维逻辑。不论是哪种业务场景下的 AI 系统想要发挥作用，都需要解读数据并作用于业务，达到优化决策的效果，从而产生价值。

丁磊老师在《AI 思维：从数据中创造价值的炼金术》一书中创造了 AI 决策引擎，如图 1.8 所示。

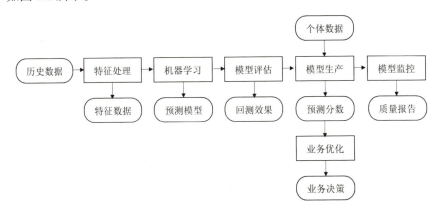

图 1.8　AI 决策引擎

图 1.8 拆解了从“数据”产生到“决策”的全过程，透视 AI 创造价值的每一环节。

（1）**特征化处理历史数据，使其成为机器能更好理解的数据形式。**

1）**历史数据。**数据在社会发展和人类生活中不断涌现，并累积成庞大的数量。从这个角度来看，历史数据丰富无缺。但是，具体到业务场景中，人们常常会感到历史数据“捉襟见肘”。业务场景中，历史数据往往杂乱且难以有效利用。绝大多数企业已清楚地认识到数据的重要性，这几年纷纷积极走上数字化转型之路，对数据的采集和管理给予了足够的支持，且颇有成效。

2）**特征处理。**特征处理是指将原始数据转化为特征数据的数据加工处理过程。将有利用价值的历史数据收集归拢后，作为原始数据来进行下一步处理。特征可以理解为通过数据维度的拆解、计算、组合或转换后原始数据所呈现的重要特性。特征的选择和构建应根据具体的任务和问题来定制，以确保较好地反映数据的特性和支持分析目标。GhatGPT 关于原始数据与特征的示例如图 1.9 所示。

1. **电子商务数据**
   原始数据：用户购物记录，包括购买日期、商品ID、购买价格、购买地点等。
   特征：购买频率、购买金额、购买地点、购买的商品类型、季节性趋势等。
2. **社交媒体数据**
   原始数据：用户社交媒体活动，包括发布时间、文本内容、点赞数、评论数等。
   特征：发布时间的小时、文本情感分析、热门话题标签、互动度、用户活跃度等。
3. **金融数据**
   原始数据：股票价格时间序列数据，包括日期、开盘价、收盘价、成交量等。
   特征：每日价格波动、移动平均线、涨跌趋势、成交量特征、技术指标（如RSI、MACD等）。
4. **健康数据**
   原始数据：患者的健康记录，包括血压、心率、体温、药物使用等。
   特征：平均血压、心率变异性、体温趋势、药物用量等。
5. **气象数据**
   原始数据：气象观测数据，包括温度、湿度、风速、降雨量等。
   特征：日均温度、湿度变化、季节性趋势、风速平均值、降雨频率等。
6. **销售数据**
   原始数据：产品销售数据，包括产品名称、销售日期、销售价格、销售地点等。
   特征：产品销售数量、平均销售价格、销售地点特征、季节性销售趋势等。

图 1.9　ChatGPT 关于原始数据与特征的示例

3）**特征数据。**特征数据是指被加工成机器学习能够理解的系统化数据。历史数据杂乱无章，而经过特征处理的特征数据则结构明确、条理清晰、便于理解。特征数据 / 信息示例见表 1.2。

表 1.2　特征数据 / 信息示例

原始数据场景	特征	特征数据 / 信息
电子商务数据	购买频率	每月平均购物次数
	购买金额	每次购物的平均金额
	购买地点	最常见的购物地点或在线购物平台
	商品类型	最常购买的商品类别（如衣物、电子产品、食品等）
	季节性趋势	每个季度的平均购物金额
社交媒体数据	发布时间段	用户最常在一天中的哪个时间段发布内容
	文本情感分析	正面、负面或中性情感的比例
	热门话题标签	最常使用的话题标签或关键词
	互动度	平均点赞、评论数量
	用户活跃度	用户每周的活跃程度（发布的帖子数量）
金融数据	每日价格波动	每日股票价格的最高和最低差异
	移动平均线	特定时间段内的证券价格平均值
	涨跌趋势	股票价格的涨跌情况
	成交量特征	平均成交量及成交量的变化趋势
	技术指标	相对强弱指数（relative strength index，RSI）、移动平均收敛发散（moving average convergence divergence，MACD）指标等
健康数据	平均血压	患者的平均血压水平
	心率变异性	心率的变化幅度
	体温趋势	患者体温的变化趋势
	药物用量	患者每日使用的药物剂量
气象数据	日均温度	每日的平均温度
	湿度变化	湿度的波动范围
	季节性趋势	不同季节的气温和湿度变化

原始数据场景	特征	特征数据 / 信息
气象数据	风速平均值	风速的平均水平
	降雨频率	降雨的频率
销售数据	产品销售数量	每个产品的平均销售数量
	平均销售价格	产品的平均售价
	销售地点特征	最常见的销售地点特征
	季节性销售趋势	不同季度的产品销售趋势

特征处理这一环节虽常显乏味且工作量庞大，难以即时显现显著成效，但其却是企业实现 AI 深入应用与成功落地的关键瓶颈所在。

（2）通过机器学习产生具备准确预测新样本能力的预测模型。

1）机器学习。机器学习就是在特征数据上建立预测模型的过程，与人类总结经验、发现规律类似，是通过从数据中学习模式和规律以让计算机系统具备智能的技术。人类通过总结的经验和规律来指导未来生活，同样地，机器学习在特征数据上建立预测模型，要实现的也是通过预测模型指导未来。机器学习在自然语言处理、计算机视觉、数据挖掘、模式识别等多个领域广泛应用，被用于解决图像识别、语音识别问题，应用于自动驾驶、金融预测、医疗诊断等各种实际场景。

2）预测模型。预测模型是一种用来预测未来的数学统计模型。预测模型是机器学习的核心组成部分，主要是基于训练数据的特征和标签来实现数据预测。预测模型能够将输入数据映射到一个或多个输出值，以实现某种任务。其中，分类和回归是较常见的两种分类方法。

①分类任务：可将输入数据分为不同的类别，如根据图像特征识别物体。

②回归任务：预测输出可以是一个或多个连续数值，如根据天气数据预测未来一周的气温。

预测模型会采用决策树、神经网络、线性回归等不同的算法和方法来适应不同类型的问题。

（3）通过模型评估回测模型是否合格。

1）**模型评估**。预测模型是否能达到预期效果需要被评估和验证。模型评估是机器学习和数据分析中不可或缺的步骤，是对构建的预测模型进行测试和评估的过程，用于确定模型的性能和可行性，以决定模型是否能够成功应用于实际问题。也就是说，未经评估的模型如果匆忙投产，很可能存在差错、不合理之处、普适性问题，这些都可能给企业带来损失；只有模型评估合格，达到预期效果以后，才能将其投入应用。

2）**回测效果**。回测效果是指用历史数据识别模型是否存在不足、是否达到预期效果的一种验证方式。只有回测评估合格的模型才能进入生产环节，因此企业的业务决策需要科学有效的回测来提供保障。通过定期回测，企业可以持续优化AI模型，从而适应不断变化的市场和环境，保持模型的竞争力。

（4）把新个体数据输入评估合格的模型中，生成用于业务优化的预测分数，就会产生新个体数据的业务决策。

1）**模型生产**。评估合格的模型被部署到生产环境中进行实际应用和实时决策，即为模型生产。模型生产需要将模型嵌入实际应用程序、系统或流程中，以接收来自真实世界的输入数据，执行特定任务，并生成实际的结果或决策。为了保证稳定性和可靠性，该过程要在复杂的计算机和数据系统中进行，并且需要AI相关专家与工程师紧密配合。

2）**个体数据**。个体数据是指具体的、个别的数据样本或数据点，这些数据点是模型的输入之一，用于生成预测分数。个体数据可以是来自实际业务场景的任何单个数据观测或记录，通常包含模型需要处理的信息和特征。以客户信息为例，个体数据可能包括每位客户的姓名、年龄、性别、地理位置、购买历史、兴趣等；以物联网传感器数据为例，个体数据可以是传感器的温度、湿度、压力、速度等测量值；以金融交易为例，个体数据可以是每笔交易的细节，包括金额、时间、交易类型、交易方等；以生产过程数据为例，个体数据可以是每个生产周期或工件的参数和质量检测结果。总之，个体数据是模型输入的一部分，具体取决于应用领域和业务需求，用于根据模型的预测生成针对特定数据点的业务决策。

3）**预测分数**。预测分数是指 AI 模型为每个新输入样本生成的数值分数或得分，可以反映模型对新样本的某种预测或评估，从而优化业务，支持决策。预测分数的准确性和质量会影响业务决策的有效性。

4）**业务优化**。业务优化涵盖了一系列活动，旨在最大限度地提高业务的效率、利润、质量或其他关键指标。业务优化可以通过分析和应用模型预测分数，根据个体数据采取更明智的决策来实现，即从预测分数到作出决策的过程。

基于模型的预测分数，业务优化可以是更有效地分配人力、资金、设备资源；可以是评估风险，以更好地决定是否批准财务申请；可以是优化生产计划，减少废品率，提高生产效率；可以是调整生产参数，以最大限度地提高产品质量；可以是向每个用户推荐个性化的产品或内容，提高用户满意度和购买意愿。

5）**业务决策**。业务决策是指基于机器学习模型的预测分数和分析结果，以达到优化业务过程、提高效率、增加收益等目标，针对个体数据样本所作出的具体决策或行动。

（5）对模型本身进行监控，产生质量报告，从而保证模型的持续稳定与高效运行。

1）**模型监控**。模型监控是指定期、系统性地监测机器学习模型的性能、稳定性和质量，跟踪模型的表现，生成实时质量报告，一旦发现问题及时发出警报，通知相关人员进行排查。模型监控有助于及早识别并解决潜在问题，确保模型的可用性和可靠性，实现质量把控，从而持续发挥价值。

2）**质量报告**。质量报告用于提供关于模型性能和问题的全面视图，以便及时采取适当的行动来维护模型的正常运行。质量报告的内容可以根据特定问题和应用的要求而变化，通常包括但不限于以下内容。

①模型的性能指标：如准确度、精确度、召回率等。

②模型的预测分布：不同类别或数值的预测分数分布情况。

③模型的误差分析：模型局限性和改进方向。

④模型的稳定性：对输入数据的变化敏感性。

⑤数据质量评估：数据的准确性、完整性、一致性。

⑥错误分析和问题跟踪：已知问题的跟踪、解决及改进措施。

⑦趋势数据和历史数据：模型性能随时间变化的趋势。

......

以上可以概括如下：**利用数据辅助决策产生价值**。首先，对历史数据进行特征处理，生成特征数据。接着，运用相关技术构建预测模型。随后，通过模型评估验证并生成回测效果，仅将回测中验证合格的模型投入生产。在生产过程中，收到新个体数据后，利用生产模型迅速生成预测分数，作为业务优化的基石，进而形成精准业务决策。同时，整个过程中模型本身也处于被监控状态，旨在定期产出质量报告，以保障模型的持续稳定与高效运行。

从训练到推理，技术取得突破性进展后，AI 决策引擎的设计与开发重难点发生了转移。例如，数据处理和特征生成越来越自动化，显著减少了人工操作时间，解决了原先最为烦琐的特征处理问题，也推动了机器学习开发流程的高度集成化。得益于技术进步，模型生产也逐渐从技术瓶颈转变为技术支持。模型训练成为 AI 价值创造的重难点。

要实现定制化、差异化智能解决方案，模型训练是核心。尽管在广泛数据集上预训练的基础模型越来越强大，但要适配行业和企业特殊需求，特别是在多模态和复杂任务场景中，仍离不开额外的高质量训练数据，且需要大量算力。这少不了对数据偏差及风险的识别和控制，少不了对特定领域进行微调，提高对特定用例的上下文理解、相关性推理和性能，同时优化交付成本。只是，**模型训练的难点从纯技术问题扩展和深化到了资源管理、数据治理和任务适配等多个方面**，如图 1.10 所示。

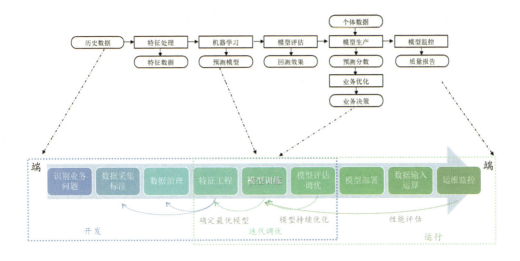

图 1.10　AI 决策引擎设计与开发的重难点转移

AI Agent（autonomous intelligent agent，自主智能体）可以被视为功能整合与模型训练的产物，其不仅集成了机器学习、模型评估、模型生产等功能，还具备在具体场景中主动感知、决策并采取行动的自主执行任务能力，实现了从输入到输出的端对端全流程自动化。另外，**通过与环境或用户的交互，AI Agent 能够实时优化自身行为，实现持续学习和任务适配**。

在流程智能化的进化过程中，AI 是技术，AI Agent 暂且被当作"工具"使用。接下来的发展重点是 Agent API 标准化、完善部署方案、丰富工具生态和加强记忆管理机制。未来，AI 决策能力或可达到 AI Agent 足以自动选择与协同更多 AI Agent 执行任务，以实现人类期待的目标。演进到这个程度的 AI Agent，将尽可能减少人类的参与过程，再度大幅释放人类的时间与精力，此时才是真正的 AI Agent。

【实践体会】

数据驱动决策在零售行业的价值创造

实时的趋势数据及反馈信息能帮助企业精准指导产品策略调整、优化库存管理并提升运营效率。这是零售企业在激烈市场环境中存活并脱颖而出的关键。

某知名零售企业多年来致力于深度整合供应链、物流、营销及销售等多个关键领域，以提升运营模式的敏捷化、高效化与精准化。其与 D 公司和 H 公司的合作，塑造了以数据为核心驱动的智能决策体系，实现了从被动管理到主动优化的跨越，从而进一步增强了企业的竞争优势。

1. 识别业务问题

诸多常见痛点阻碍零售行业企业的高效发展，特别是在管理与决策过程中。一方面，市场变化快，及时、精准收集信息难；另一方面，即使上线了各种信息系统，但数据依然分散分布在各处，犹如拼图碎片，缺乏统一的整合与分析能力。例如，门店的销售数据、线上平台的点击率、社交媒体的顾客反馈等往往分离存在，无法及时形成全面的洞察；消费需求多样且瞬息万变，自身数据获取和分析效率低下，决策滞后，难以准确预测和把握市场趋势；更有甚者，库存周转不合理导致产品缺货，影响用户体验与盈利，产品积压影响企业现金流……

尽管这家知名零售企业很早就开始了数字化转型，但其依然存在严重的"数据割裂"，如商场收集的数据信息无法及时传递给品牌和商家，不同渠道、不同门店的数据分离无法对齐，宏观数据对微观决策的贡献价值太低等。即使困难重重，该企业还是坚持将数据本身作为驱动公司发展的生产力，持续投入，夯实数据基础设施建设。

2. 数据基础设施建设

对于数据基础设施建设合作伙伴，该企业选择的是一家深耕零售行业大数据技术支持、具有自研云原生数据智能平台的数据智能服务商 D 公司。D 公司帮助该企业实现了线上线下海量多模数据的入库与存储，整合多个数仓为统一数仓，提升了业务系统的连续性和 IT 系统的可用性。该企业因此实现了数据汇聚、加工、服务及资产管理的高效能。

3. 大模型与算力支持

该企业还选择 H 公司为其提供全方位的大模型和算力支持。H 公司以其业界影响力，联合多方伙伴发挥软硬件组合优势，构建大模型智能底座，并为大模型提供算力，有力助推服务对象构建未来竞争力。H 公司的服务，大大降低了该企业构建和部署大模型的门槛和成本。

4. 共创新品赋能生态

该企业借助 D 公司深入场景，完成数据特征处理；借助 H 公司完成从数据的连接存储到模型的开发训练再到应用的推理部署，打造出本企业专用 AI 模型与方案。数智化升级后，该企业在市场竞争中的洞察力和响应速度进一步提升。

而 D 公司、H 公司基于这样的合作，共同推出了具备大模型适配性和易用性的模型算力服务器一体机，为企业市场再添新品。

从整个生态环境建设角度，乐见这样的服务与合作。

1.3.3 AI 组织价值创造思维进化：全人化

> **【关键问题】**
>
> 何谓"全人化"？
>
> AIGC 的发展，是否让 AI 价值创造的内在逻辑发生了变化？

全人化是一种理念、一种思维方式，来源于教育领域。

> **全人教育**：全人教育的说法来自人本主义教学理论，该理论是在人本主义学习观的基础上形成并发展起来的，它建立在其自然人性论的基础之上进行讨论。罗杰斯作为人本主义教学理论的代表人物，他指出：全人教育即以促进学生认知素质、情意素质全面发展和自我实现为教学目标的教育。学习即"成为"，成为一个完善的人，是唯一真正的学习，而这正是全人教育的理念基础。

在企业管理领域，从组织效能角度来看，"全人思维模式"并不是一个陌生词汇。著名的管理顾问史蒂芬·柯维在其著作《高效能人士的七个习惯》中提出过"全人思维模式"，强调在组织管理中关注个体的全面发展，包括心理、情感、精神和身体等多个维度。"全人思维模式"倡导通过建立互信的关系和共同目标，提升组织效能。

　　关于全人化，我们有自己的理解：AI 技术的进步，数智化发展，目的是全人化。技术是提升效率、优化流程的手段，其最终目标是服务于个体和整体的全面发展，即"全人化"，如图 1.11 所示。

图 1.11　AI 助力"全人化"发展

【实践体会】

AI 为全人化提供的是技术支持，数智化是全人化的实现路径

如果对"全人化"的理解有困难，不妨用耳熟能详的"以人为本"来辅助思考。

（1）对待客户，视"人"为"人"时：

1）谈以客户为中心的企业价值观。

2）谈提供个性化服务、满足多样化需求。

3）谈优化客户体验。

4）谈增强客户满意度。

......

（2）对待员工，视"人"为"人"时：

1）谈创造更好的工作环境。

2）谈个人发展、职业规划。

3）谈激励。

4）谈培训。

……

即便是谈社会责任，谈环保，谈可持续发展……归根结底，都是以人为本，这就是"全人化"思维。

曾经有很长一段时间，我们也被突如其来的生成式 AI 打乱阵脚。我们以非技术专业人士的视角努力识别现在的 AI 与传统 AI 之间的差异，思考之前谈的 AI 价值创造、AI 决策逻辑是否仍然适用？

回归 AI 技术发展的初衷，"全人化"思维带领我们走出迷雾。

现在，我们有了答案：核心要点和内在逻辑没有发生改变。但是，因为数据处理能力的增强以及学习方式向自学习和无监督学习的转变等，带来了 AIGC 的蓬勃发展，而 **AIGC 的发展，为企业流程改进和整体效率提升创造了机会**。例如：

（1）AIGC 在特征提取和数据处理自动化上的提升，进一步减少了人工干预。

（2）AIGC 在模型架构或算法构建上的加速，使适应新数据变得更快。

（3）AIGC 优化后的实时反馈机制，可以摆脱对定期质量报告的依赖，模型优化与更新更及时。

（4）AIGC 还使多样化方案的提供变得简便易行，有助于决策者从多个维度更加全面地评估与选择最佳方案。

但所有这一切，都是为了"人"，为了"全人化"。总之，AI 是技术支持，数智化是实现路径。

第 2 章

支撑业务的 AI 组织体系

▶【关键问题】

何谓 AI 组织？AI 组织有什么关键特征？

AI 组织如何管理才算优秀？

AI 时代商业模式设计的底层逻辑是什么？

战略定位、业务发展策略与 AI 组织体系有怎样的关联关系？

支撑业务的 AI 组织建设策略是什么？

第2章
支撑业务的AI组织体系

定义AI组织
- 组织的经典定义再提炼
- AI+与+AI企业之分
- AI组织的关键特征

AI组织体系支撑的业务
- AI时代商业模式设计的底层逻辑
- AI时代战略范式转换之三维定位
- AI时代业务发展策略的模式选择

AI组织建设策略打磨
- 三大阵营三种策略的对比分析
- 经典理论结构化拆解：组织建设机遇与挑战
- 驾驭不确定性的教科书式企业案例洞察
- 结合"第二曲线"看"业务四个盘"

AI时代优秀组织管理的两手都要硬
- 组织管理的内容
- 怎样才算优秀

2.1　定义 AI 组织

2.1.1　组织的经典定义再提炼

向文心一言提问：关于组织定义，有哪些专家经典的说法？得到的回复如图2.1所示。

组织的定义可以从许多不同的专家那里找到。以下是一些经典的专家说法：

1. 赫伯特·A·西蒙（Herbert A. Simon）认为："组织是具有明确的目标导向，精心设计的结构与有协调意识的活动系统，同时又同外部环境保持密切的联系。"

2. 詹姆斯·N·巴雷（James N. Barre）和罗伯特·E·奎因（Robert E. Quinn）定义组织为一群为达成共同目标而一起工作的人之组合。

3. 亨利·明茨伯格（Henry Mintzberg）在其《组织动力学》一书中，将组织定义为一种"人造的、高度复杂的有机体"，并强调组织是多变而不稳定的。

4. 彼得·F·德鲁克（Peter F. Drucker）在《管理的实践》一书中，认为"组织是一种有意的、经过设计的、具有特定结构和功能的工具"，并强调组织必须有明确的目标和策略。

5. 斯蒂芬·P·罗宾斯（Stephen P. Robbins）在其《组织行为学》一书中，定义组织为一群人集合起来，以实现个人和集体目标。

6. 理查德·L·达夫特（Richard L. Duffett）在其《组织理论》一书中，将组织定义为一种"社会系统"，这个系统在特定的环境中运行，并受到各种力量的影响。

7. 乔恩·R·卡曾巴赫（Jon R. Katzenbach）和道格拉斯·K·史密斯（Douglas K. Smith）在他们的《团队的智慧》一书中，定义组织为一群才能互补、团结和谐、目标一致的人之组合。

8. 阿里·德赫斯（Arie de Geus）在其《长寿公司》一书中，将组织定义为一种"生物有机体"，这种生物有机体能够适应环境变化，并持续地生存和发展。

9. 艾尔弗雷德·D·钱德勒（Alfred D. Chandler）在其《看得见的手》一书中，将组织定义为一种由一系列技术系统、人的组织和金融系统构成的集合体，这个集合体能够将原料、资本、技术、劳动等生产要素有效地结合起来。

10. 罗纳德·H·科斯（Ronald H. Coase）在其经典论文《企业的性质》中，将企业视为一种替代市场进行资源配置的组织。

这些定义都从不同的角度揭示了组织的本质和特点，有助于我们更深入地理解组织的概念。

图 2.1　文心一言关于"组织的定义"的解读

赫伯特·A·西蒙（Herbert A. Simon）对组织的定义强调：组织是人类创建的用于协同合作以实现共同目标的系统。

詹姆斯·N·巴雷（James N. Barre）和罗伯特·E·奎因（Robert E. Quinn）对组织的定义强调：组织系有共同目标的多人组合。

亨利·明茨伯格（Henry Mintzberg）对组织的定义强调：组织是复杂多变的有机体。

彼得·F·德鲁克（Peter F. Drucker）对组织的定义强调：组织具有任务导向性，系有意设计的具备结构和功能的工具。

......

以上说法中，有四类关键词频繁出现，如图2.2所示。

目标

组合/集合/结合

结构

环境

图2.2　组织定义中频繁出现的关键词

我们将组织的定义提炼为：组织是有明确目标导向、经过结构设计、能适应环境变化、由多人组合而成的功能系统。

2.1.2　AI+ 与 +AI 企业之分

> 【关键问题】
>
> 如何区分 AI+ 与 +AI 企业？
>
> 如何定义 AI 组织？

【实践体会】

知识迁移：互联网+ 和 +互联网

二十年前，到一二线城市就业，租房买房上哪里找资源？走进小区门口房产中介这样的实体店去询问，中介服务人员掏出记录本，或者在 Excel 表格里筛选合适的房子。十年后，这类实体门店依然存在，但基本是连锁房产中介公司，进去询问房产资源，中介服务人员会登记客户信息并打开公司网站，查询合适的房源或客户信息。而现在，如果不愿意出门，能不能找到资源呢？当然！一部能上网的电脑或手机就能解决，搜索网页或者下载相关的 App 或者浏览微信小程序，自己就能查询是否有符合需求的房产资源。

同样的需求，不同的客户体验，服务我们的到底是什么公司？二十年前的传统房产中介公司、十年前的"互联网"型的连锁房产中介虽然还存在于现实生活中，但现如今，即便没有实体门店，线上也能促成交易，人们也越来越习惯线上交易。房产中介的核心属性悄然改变，不知何时起，人们自然而然地将之归类为互联网公司，即便这家公司二十年前同样在小区门口开着实体门店，即便十年前他们的主要客源还是来自线下（图 2.3）。

图 2.3　企业变迁示例

科学技术的发展能成功催生出一些非传统行业定义的公司，软件行业崛起至今已经验证了这个结论。软件从当初不过是企业的辅助工具，逐渐演变成推动业务创新和变革的核心引擎。

风云变幻中，过去十几二十年源于对技术的灵活运用，通过对市场需求的敏锐洞察，获得成功的企业数不胜数。例如：

（1）爱彼迎打破了传统的经营模式，通过线上平台将房东和租客连接起来，提供便捷的预订和支付服务，使个人能够出租或租赁住宿空间。不仅如此，爱彼迎还打造了全新的社交体验，使旅行者更贴近当地文化，从而崛起成为一家颠覆性的公司。尽管爱彼迎确实与房地产紧密相关，但其被人们归类为互联网公司而非房地产公司。

（2）亚马逊原本不过是一家在线书店，其产品类别不断丰富后构成了一个庞大的在线市场。其供应链的优化、个性化推荐和高效物流都归功于强大的软件和大数据技术。现在亚马逊利用自身在互联网技术上的优势持续进军云计算、AI 等领域，已然成为一家科技巨头，而没有人会将其简单视作一家零售公司。

爱彼迎和亚马逊利用创新技术重塑新的商业生态，他们的成功证明了技术能够突破行业界限并创造新价值。

如今 AI 技术的突破性进展正引领企业迈入新的时代，AI 技术不再仅仅是一种提高效率的工具，而是推动企业下一步发展的关键引擎。对于已经被定义为软件或互联网公司的企业来说，一部分有实力致力于 AI 技术高地，如大模型的研发，无疑是 AI 产业链中当之无愧的核心企业。

但 AI 组织不仅是 AI 技术的研发者、推广者，也可以是 AI 技术的创造性使用者，还可以是充分利用 AI 技术的获益者。

只要是具备 AI 思维，将 AI 融入企业的 DNA，在产品、服务、生产、决策等方面有所提升、转化、创造的企业，我们认为都是 AI 技术进步的推动者、创造者、领导者。

我们定义的 AI 组织包括纯粹的 AI 技术开发与服务类企业，以及 AI+ 和 +AI 企业。其中，AI+ 企业是从互联网时代向 AI 时代转型并形成无缝衔接的一部分企业。他们将 AI 作为企业核心战略的一部分，成为客户所需信息的智能管理者和决策辅助者。更多的是还在数字化转型道路上准备从数字化做起的 +AI 企业。市场上绝大多数的企业是 +AI 企业，他们是社会和经济发展不可或缺的一部分。+AI 企业相比有互联网基因的 AI+ 企业，在适应时代变化时要下的决心更大，要做的改变更大，构建与之相适应的组织体系时也会更加迷茫。我们认为，尽量缩短这类企业的摸索时间，让这类企业少走弯路的探究相对来说更有价值。因此，本书更多代入的场景是 +AI 企业。

2.1.3　AI 组织的关键特征

> **【关键问题】**
>
> 做概念上的区分真的重要吗？
>
> AI 组织的关键特征是什么？

1. 从上一个时代走来

面对 AI 浪潮，曾被定义在传统行业的企业要敢于超越传统，摒弃对企业的固有定义；已被认知为互联网公司的企业同样需要不被既有的模式和标签所束缚，在当下的商业环境中寻找新的可能，用创新力打造出更具活力的未来。

2. 观当下

【实践体会】

不要被定义故步自封

今日的 AI+ 和 +AI 之分并不是一成不变的，未来可能会模糊了边界。 例如，产业互联网机会下，一些传统的龙头企业推出了自己的平台，用于链接上下游和行业内大大小小的企业。这些平台都有提供产业大数据服务的规划，即刻转型 AI+ 企业。有些企业在 AI 技术应用上颇有心得，自身 AI 系统不断优化且成熟到可以在行业内做推广，转而将此系统作为产品提供，服务于其他企业，也实现了从 +AI 向 AI+ 的转换。

所以，当下任何企业，无论过去或者现在被如何定义，都不应故步自封，而应拥抱 AI，积极探索，蜕变就有可能发生。

另外，《国家新一代人工智能标准体系建设指南》和上海市《关于推进本市新一代人工智能标准体系建设的指导意见》中，为了构建 AI 企业评级指标体系，就技术类 AI 企业和应用类 AI 企业的定义区分如图 2.4 所示。

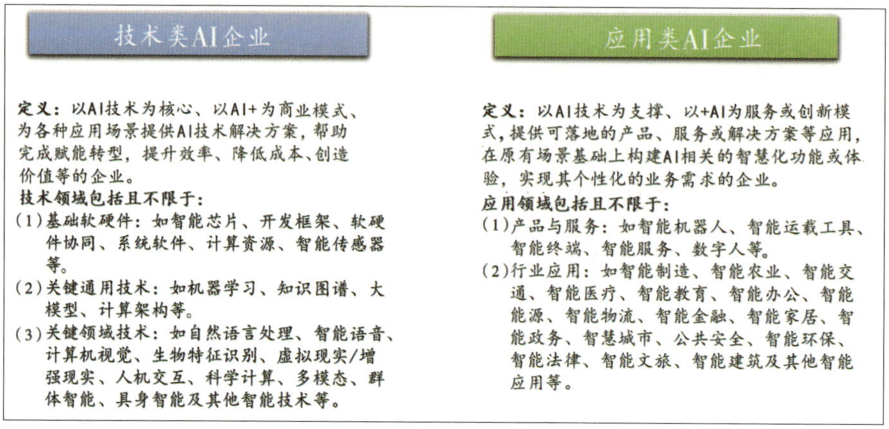

技术类AI企业

定义：以AI技术为核心、以AI+为商业模式、为各种应用场景提供AI技术解决方案，帮助完成赋能转型，提升效率、降低成本、创造价值等的企业。
技术领域包括且不限于：
（1）基础软硬件：如智能芯片、开发框架、软硬件协同、系统软件、计算资源、智能传感器等。
（2）关键通用技术：如机器学习、知识图谱、大模型、计算架构等。
（3）关键领域技术：如自然语言处理、智能语音、计算机视觉、生物特征识别、虚拟现实/增强现实、人机交互、科学计算、多模态、群体智能、具身智能及其他智能技术等。

应用类AI企业

定义：以AI技术为支撑、以+AI为服务或创新模式，提供可落地的产品、服务或解决方案等应用，在原有场景基础上构建AI相关的智慧化功能或体验，实现其个性化的业务需求的企业。
应用领域包括且不限于：
（1）产品与服务：如智能机器人、智能运载工具、智能终端、智能服务、数字人等。
（2）行业应用：如智能制造、智能农业、智能交通、智能医疗、智能教育、智能办公、智能能源、智能物流、智能金融、智能家居、智能政务、智慧城市、公共安全、智能环保、智能法律、智能文旅、智能建筑及其他智能应用等。

图 2.4　技术类 AI 企业和应用类 AI 企业的定义

道理还是一样的，不要被定义故步自封。

对战略和运营中充分融入 AI 技术的企业，总结其共性，提炼 AI 组织的一些关键特征和意义，具体如下：

（1）数据驱动企业战略、市场营销、客户服务决策。

（2）有能力定制化服务，以提升客户的个性化体验。

（3）以降本增效为目标，自动化、智能化业务流程。

（4）吸引、发展能运用新技术和工具的高素质人才。

2.2　AI 组织体系支撑的业务

【实践体会】

不可完全脱离企业的商业模式与战略谈组织体系

组织应服务于战略，确保战略的有效执行，有利于业务目标的实现。例如：

（1）如果战略侧重于创新，业务策略是构建强大的研发团队，通过差异化产品来吸引高端市场，组织建设就应增强研发相对于产、销团队的话语权，给予其足够的研发资源支持，支撑其创新目标的实现。

（2）如果战略侧重于成本领先，业务策略是在供应链和生产运营的各类成本上下功夫，强调标准化，减少中间环节，持续降低成本，组织建设则应围绕规模化与严格的成本控制来确保产品低价，辅助达成吸引价格敏感的客户群体。

（3）如果战略侧重于客户体验，业务策略是通过深入了解客户需求，推出个性化服务和定制化产品，培养忠诚客户，组织建设就应着重增强客户服务部门职能，赋予他们更大的决策权以快速响应客户需求。

有效的战略执行依赖于组织体系的合理设计和良好运作，业务策略的执行需要组织体系确保资源被调配和利用在最重要的工作中，而不合理的组织体系必定成为目标实现的障碍。

2.2.1　AI 时代商业模式设计的底层逻辑

➤【关键问题】

与互联网时代相比，技术在本质上到底发生了怎样的转变？

技术转变让市场发生了什么变化？

互联网时代"免费为王"的商业模式还能否走得通？

本书虽不重点谈企业的商业模式、战略、业务策略，但完全割裂开来只谈组织体系和组织体系建设，犹如无源之水、无本之木。

【实践体会】

起点：内外部分析

我们为企业首次提供咨询时，第一步都是进行内外部分析，包括但不限于图 2.5 所示的内容。

图2.5 企业管理咨询内外部分析框架

PEST指政治/规范（politics，P）、经济（economic，E）、社会/人口（society，S）、技术（technology，T）环境

进行企业内部分析时，往往先分析企业外部，了解行业概况、营商环境和竞争对手。

但在当下，AI 技术已取得突破性进展，以上分析可能还不够。在进行商业模式设计和战略规划之前，需要深入了解 AI 的商业格局，以便真正识别创业方向。此外，还应结合所处行业，探索 AI+ 或 +AI 的商业机会。之前谈到 AI 时代的技术发展，让各行各业严阵以待，我们虽然已经按照行业罗列了由 AIGC+ 引发的进步和变化，但这些不足以完全帮助企业看透 AI 时代的商业契机，一如当年"互联网 +"或者"+ 互联网"概念漫天飞舞，成功案例被津津乐道，绝大多数企业实则无从下手一般。

迄今为止，我们认为将 AI 商业版图讲得最为透彻的一份材料是来源于网络的标题为"AGI 时代的产品版图和范式"的文章，作者是 Boolan 创始人李建忠，2023 年 6 月发表于网络。以下三点，是我们收获最大、受启发最深之处。

（1）以技术产业视角切入，诠释了 AI 时代商业模式设计应识得的底层逻辑。

（2）创造的"范式转换立方体"为企业在 AI 时代战略选择与定位指明了方向。

（3）为不具备大模型开发优势或能力的企业探明了业务发展战略。

本小节主要讲述商业模式设计。

> Boolan 创始人李建忠《AGI 时代的产品版图和范式》：在整个技术产业中有两个很重要的命题，一个是连接，另一个是计算。它们就像一个钟摆一样，一段时间以连接为主，一段时间又摆到以计算为主，如图 2.6 所示。
>
> | 1837—1940年
(约100年) | 1940—1990年
(50年) | 1990—2020年
(30年) | 2020年至今 |
> |---|---|---|---|
> | **连接1.0** | **计算1.0** | **连接2.0** | **计算2.0** |
> | 电报　1837年
电话　1876年
广播　1906年
电视　1925年 | 计算机　1946年
大型机　1950年
小型机　1960年
微型机　1970年
PC　　　1980年 | 互联网　　1995年
Web 2.0　2004年
移动互联网 2007年
云服务　　2013年 | Transformer 2017年
GPT 1.0　2018年
GPT 2.0　2019年
GPT 3.0　2020年
GPT 3.5　2022年
GPT 4.0　2023年 |
>
> 图 2.6　技术在连接与计算间转换

如下简单的例子可以让读者更好地理解连接和计算这两个命题：绝大多数的互联网平台连接的是买家和卖家或服务人员与被服务人员。对于 GPT 等工具来说，则没有这样的双边效应，用户面对的是算法与算力，系统通过算法直接为人提供服务。例如，一辆自动驾驶汽车完全不需要司机，是算法在为人开车；Midjourney 不需要设计师，算法直接出图给用户，用户在超级短的时间里就可以获得创作品。这样一来，**市场发生了根本性变化！**

技术产业视角下，应遵循计算逻辑。与计算机发展初期不同，计算 1.0 时代，人类需要适应机器的逻辑；而在计算 2.0 时代，要实现的是机器理解和模仿人类思维。

对比分析连接和计算两种逻辑，见表 2.1。从商业模式设计角度来看，在连接逻辑下边际成本低，所以可以设计免费的商业模式；但在计算逻辑下，数据、模型、算法、算力的成本需要均摊，那么商业模式大概率不会像互联网时代一样"**免费为王**"，这也是 Midjourney、ChatGPT Plus 这些服务收费的原因。

表 2.1　连接逻辑与计算逻辑的对比

对比内容	连接逻辑	计算逻辑
变革导火索	生产关系	生产力
市场连接	双边	单边
商业模式	边际成本	成本均摊
用户体验	信息越多越好	触点越少越好，效率为先

对比内容	连接逻辑	计算逻辑
决策机制	给我信息，我来决策	给你信息，你帮我决策

> Boolan 创始人李建忠《AGI 时代的产品版图和范式》：很多硅谷投资人提出，大模型时代"直接向用户收费"将是主要的商业模式，而不再是连接时代的"羊毛出在猪身上"的免费模式。

2024 年 10 月，周鸿祎在硅谷与很多创业者和投资人展开交流，对硅谷的创业热潮通过视频号发表的感想原话中与之呼应的有：

> 周鸿祎：过去互联网是刚开始可以免费，想不清怎么挣钱也没关系，先搞到用户再说，但是现在对这些 AI 企业的要求是第一天就要想清楚你从谁那儿收费，能挣到什么钱，不可能先拿钱砸用户，然后用户来了再想办法，所以很多 VC 说，如果没有收入的企业他是不会投的，哪怕收入只有 1 万美金或者 10 万美金，但只要验证了这个商业模式，他就会愿意投。所以我看到了所有的创业者都不再追求多么大的规模，而都是在一个很聚焦的小点上解决痛点问题，争取让用户能愿意为他付费，这也是在改变互联网长期以来免费加搭载广告的这种商业模式。

这给我们的启发就是：移动互联网时代各种各样的成功范式未必适用于 AI 时代，要回归到底层逻辑思考其遵循的规律。

2.2.2　AI 时代战略范式转换之三维定位

> ➤【关键问题】
>
> 如何看待 AI 时代商业机会全景？
>
> 如何找准战略定位？

Boolan 创始人李建忠的《AGI 时代的产品版图和范式》中创造的"范式转换立方体"为企业在 AI 时代的战略选择与定位指明了方向。"范式转换立方体"的诠释图如图 2.7 所示。

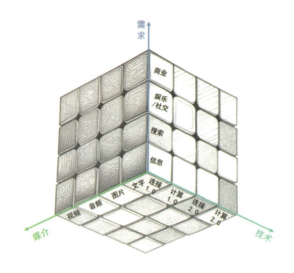

图 2.7　"范式转换立方体"的诠释图

李建忠以技术、需求、媒介为要素定义了 X、Y、Z 三个轴，形成了"范式转换立方体"，其科学性可通过人们熟知的商业变化来验证。

范式转换剧烈部分如图 2.8 所示。

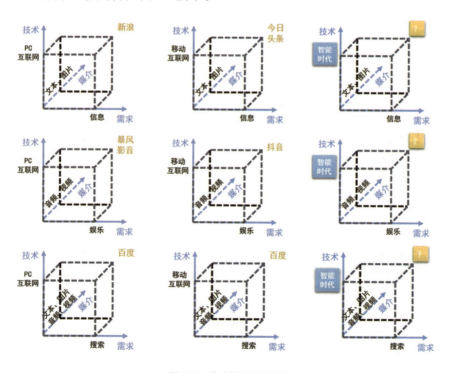

图 2.8　范式转换剧烈部分

（1）当需求为信息时，以文本、图片为媒介，技术尚处于 PC 互联网阶段，企业代表是新浪，典型应用是门户网站；技术发展到移动互联网阶段，企业代表是今日头条，典型应用是 App，新浪失去昔日光芒。

（2）当需求为娱乐时，以音频、视频为媒介，技术尚处于 PC 互联网阶段，企业代表是暴风科技，典型应用是暴风影音；技术发展到移动互联网阶段，企业代表是字节跳动，典型应用是抖音，暴风影音几乎退出大众视线。

（3）当需求为搜索时，文本、图片、音频、视频都可以是媒介，技术尚处于 PC 互联网阶段，企业代表和典型应用是百度；技术发展到移动互联网阶段，百度站稳了企业代表和典型应用的地位。

但在需求和媒介不变的情况下，技术从连接 2.0 向计算 2.0 发生根本性转换的智能时代，典型应用和企业代表尚未可知。

信息整合，内容生产的被重塑、被颠覆已可预见，在信息、娱乐、搜索这些范式发生转换比较剧烈的部分，依然存在掀翻巨头的机会。若互联网时代的大公司的创新步伐跟不上时代，亦有被碾压的危机。

范式转换尚稳定部分如图 2.9 所示。

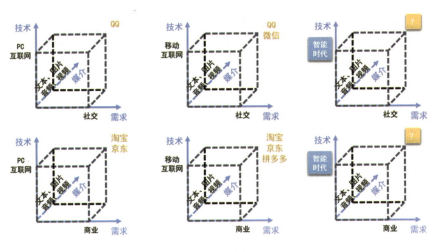

图 2.9 范式转换尚稳定部分

（1）当需求为社交时，文本、图片、音频、视频都可以是媒介，技术尚处于 PC 互联网阶段，企业代表是腾讯，典型应用是 QQ；技术发展到移动互联网阶段，企业代表是腾讯，典型应用是微信，但 QQ 依然活跃。

（2）当需求为商业时，文本、图片、音频、视频都可以是媒介，技术尚处于 PC 互联网阶段，企业代表是阿里巴巴、京东；典型应用有淘宝、京东；技术发展到移动互联网阶段，淘宝、京东依然强劲，另有拼多多脱颖而出。

相对而言，因为人们的社交需求没有发生变化，买卖商业交换形态保持稳定性，所以社交和零售电商被判断短时间内因为技术发生范式转换的可能性较小。

在交互上，更智能的信息优化、文本与图片生成等技术必会紧跟技术发展，而电商行业不排除随着大模型带来新的流量入口，会像移动互联网领域拼多多、抖音电商杀出重围一样，出现新的行业翘楚。

另外，在媒介方面，图片优于文字，视频优于图片（音频有其特殊应用场景）。文字是一维媒介，图片和视频是二维媒介，二维一定超越一维，三维一定超越二维，所以三维媒介的开发不可忽视。苹果公司已经发布的 VisionPro 就是三维媒介，值得关注。

> Boolan 创始人李建忠《AGI 时代的产品版图和范式》：未来最大的两个范式转换的力量，第一是 AGI 大模型在技术轴带来的范式转换；第二是空间计算在媒介轴带来的范式转换。第一个转换已经到来，第二个转换取决于 VisionPro 产品的成熟速度，会晚 2 ～ 3 年。两轴交汇，未来 5 ～ 10 年一定非常精彩。

"范式转换立方体"以技术、需求、媒介为要素定义坐标轴，有助于人们迅速发现 AI 时代的商业机会，全面、系统、结构化地思考战略定位。

【实践体会】

重塑用户搜索体验的秘塔 AI 搜索

2024 年上半年 AI 搜索异军突起，3 月正式推出的秘塔 AI 搜索进入人们的视野。秘塔 AI 搜索以其深度优化的信息处理能力、实时性、全面性、精确性、个性化和智能问答等显著优势，被业界称为中国版的 Perplexity（估值已达 10

亿美元的美国头部 AI 搜索工具）。秘塔 AI 搜索自推出以来热度持续攀升，展现出强大的市场吸引力。

秘塔 AI 搜索的极简首页如图 2.10 所示。

图 2.10　秘塔 AI 搜索的极简首页

相对于传统搜索，秘塔 AI 搜索的优质体验颇受人们欢迎，如图 2.11 所示。

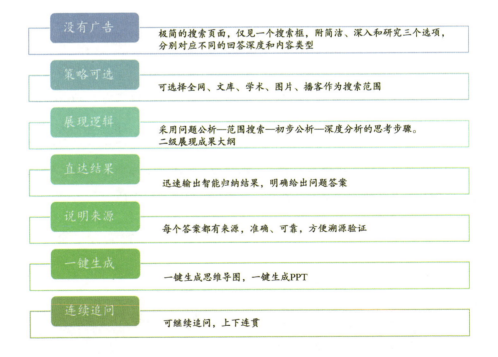

图 2.11　秘塔 AI 搜索的优质体验

传统搜索引擎的主要商业模式是依赖广告收入，而秘塔 AI 搜索屏蔽一切广告，对普通用户免费，其收入来源大致为三个方向。

（1）企业付费，购买账号给员工使用。

（2）个人付费，获取高级功能或深度分析服务。

（3）复合商业模式，结合衍生产品增加用户黏性，培养长期付费意愿。

当前 AI 搜索的用户认可度和接受度逐渐提升，传统搜索引擎承压前行，为保持竞争优势，其创新努力程度不亚于初创型企业。

2.2.3　AI 时代业务发展策略的模式选择

> **【关键问题】**
>
> 颠覆式创新面对哪些挑战？
>
> 渐进式增强的价值创造逻辑是什么？

2024 年 10 月，周鸿祎在硅谷与很多创业者和投资人展开交流，对硅谷的创业热潮通过视频号发表的感想中，我们认为对企业未来发展策略选择有指导意义的内容还有：

周鸿祎：

硅谷已经没有人在卖大模型了，都是在卖产品，产品的背后，实际上是大模型在赋能，那么产品的核心是要找到特别的场景，能聚焦解决一个痛点问题，所以对业务场景的深入了解，变得很重要。所以大模型就像我说的，像电动机一样，它隐身在很多产品和解决方案之中。还是我讲的，模型只是能力，模型不是产品。

VC 更愿意投资 ToB 的场景，多于 ToC 的场景，ToC 的场景，大家看法不太一致，要么也不看好，要么就认为现在不到时候，要么就认为都被巨头垄断，但是 ToB 的发展环境确实是大家交口称赞，因为人工智能本身就是提高商业的生产力，解决很多商业环节的痛点问题，而美国的企业愿意买新技术，愿意接受新创业公司的方案，所以做 ToB 的创业公司的收入的增长倍数、增长曲线都非常惊人。

即使是在美国，无论是 SaaS 化的公有云部署的服务，还是私有云私有化部署的服务，都是按照每年续费的这种付费方式，对提供 ToB 方案的企业非常的友好，所以这样的一个很好的环境也就催生了很多企业的快速增长。

对照以上信息，可以清晰地看到不具备大模型开发优势或能力的企业也已经探明了业务发展战略（图 2.12）。其中，一个重要方向就是超级应用，先有超级应用，有了巨大的用户池，才有平台号召力，才会被当作平台。

图 2.12　业务发展战略选择

另一个方向是渐进增强，即副驾驶模式，如生产力工具（Office）、代码生成（GitHub）、设计增强（Adobe）等。这一类属于原有产品在某些环节使用大模型进行增强。这一次，微软公司并没有选择高风险高收益的范式转换模式，反而选择了渐进增强模式，乘着 AGI 的东风让其 Office、Windows、Azure 核心产品增长。这种业务发展战略的选择，也值得很多成熟公司参考。

另外，ToC 领域产品的用户时长基本决定了价值区间，该规律没有发生改变，意味着不要着迷于那些看起来很酷的工具，而应在内容或服务中挖掘机会。ToB

由于客户路径比较长，AI 的能力只是整个商业闭环的一个环节，因此选择渐进增强模式，通过兼容和扩展现有基础设施，在低风险状态下缓慢而稳定地取得收益，可能更加合适。毕竟 ToB 领域的价值逻辑是客户的决策大于效率，效率大于内容，企业产品并不追求内容，追求的是效率最大化，追求的是最好能辅助快速作出决策。

【实践体会】

生成式 AI 在招聘领域的渐进增强式发展

ChatGPT 出现之前，AI 已经在很多场景中有了典型应用，如人脸识别、语音识别、自动驾驶、机器翻译、辅助医疗诊断、工业自动化、电子商务推荐系统等。所有这些应用的开发和运用，对企业来说，都绕不开改善用户体验、提升效率、优化决策这些方面的价值和意义。AI 技术支持企业发展，一直在进行，只是生成式 AI 的突破性进展引发了大众更广泛的关注与讨论，企业也开始重新审视这类新技术带来的影响。

在招聘领域，简历自动筛选、智能推荐并不是新鲜事物，生成式 AI 的运用，在招聘场景中是典型的渐进增强。通过用友集团 2024 年调研 500 余家企业获得的数据，可以简单了解 AI 在企业招聘中正在被用来做什么，以及 AI 还有哪些被期待的地方。首先，AI 在企业招聘中的应用如图 2.13 所示。

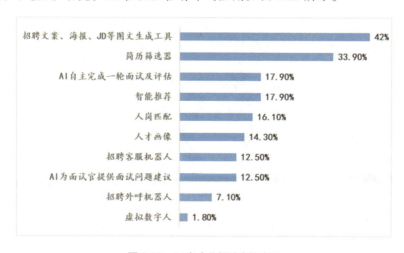

图 2.13　AI 在企业招聘中的应用

显然，因为生成式 AI 能够处理自然语言，图文生成能力强，HR 已开始用这类工具提升工作效率，42% 的企业就利用了生成式 AI 的这一特点。在简历筛选方面，传统的 AI 主要通过关键词匹配来筛选合格的简历；而使用能理解简历的上下文的生成式 AI，即便在简历没有明显关键词的情况下，也能识别候选人的相关经验和技能，从而确保更多优秀人才被发现。

然后，当下 HR 的期待就意味着 AI 渐进式增强在哪些方面尚未达到理想状态，具体如下。

（1）数据分析：69.7% 的企业 HR 有提及。

（2）图文内容输出：53.5% 的企业 HR 有提及。

（3）流程处理：43.4% 的企业 HR 有提及。

（4）决策辅助：41.4% 的企业 HR 有提及。

最后，面向未来，AI 将渐进增强，从 HR 手中接过候选人搜寻、简历筛选、流程推进、环节安排、人岗匹配等基础性工作后，可以更好地完成数据评估、测评建模、潜力挖掘、职位洞察、同行人才情报等工作；而 HR 也将渐进增强，从事务性工作中解脱出来后，可以在情感疏导、1 对 1 沟通、创造多样性、理解个体需求、团队契合、谈判和文化适应方面与员工产生更深的链接，并从战略评估、目标对齐、引导变革、塑造关键时刻、衡量影响、加强员工体验、伦理道德高度，发展自我，为企业提供价值，如图 2.14 所示。

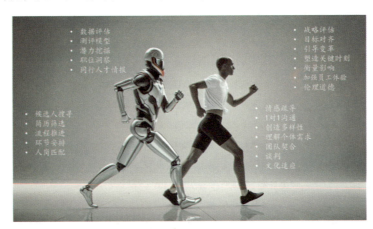

图 2.14　相互促进的渐进增强

2.3　AI 组织建设策略打磨

2.3.1　三大阵营三种策略的对比分析

> 【关键问题】
>
> 组织建设者针对 AI 时代的组织建设已有哪些思考?
>
> 实践中的组织变革策略是否有规律可循?
>
> 组织 AI 能力增强还有怎样的策略选择?

生产关系因 AI 技术引发的生产力变革而革新。企业要么参与 AI 技术革新,要么在原有市场赛道上顺应 AI 时代,利用先进技术渐进增强,保持竞争力。理顺了企业在 AI 时代的商业模式、战略、业务策略后,就进入了组织建设的策略制定阶段。

参与 AI 技术革命的商业创新需要重新构建组织,可能是全新的创业公司(即从 0 到 1 构建组织),也可能是大公司的内部创新。在创业公司中,从 0 到 1 构建设组织会相对容易,因为没有历史包袱,无须复杂的结构;对于大公司来说,内部创新可能面临更多的挑战,因为需要在已有组织的基础上实施变革。

无论哪种情况,构建适应新商业模式的组织都极其重要。组织的流程、结构、人员都要与新商业模式匹配,才能称得上支持新业务模式的实施。

本书重点关注的不仅仅是参与 AI 技术革命的企业,更是那些已有成熟产品和服务,需要通过组织变革来适应 AI 时代以增强或保持竞争力的企业。

【实践体会】

组织建设者要有足够的变革敏锐度

36 氪研究院在 2023 年 5 月调研了 116 家企业,6 月生成了《AGI 时代下的组织变革研究报告》。该报告主要围绕企业需要采取哪些方法应对 AGI 对组织与人力资源管理的机遇和挑战这个问题展开,就企业认知层面,调研结果如图 2.15 所示。

图 2.15 36 氪研究院关于企业需采取哪些方法应对 AGI 对组织及人力管理的机遇和挑战的认知调研成果

在企业实践层面，该报告声称三成以上受访企业表示，将从 AI 技术应用、AI 管理工具的引入和 AI 人才力强化等方面入手，逐步走向智能化组织管理。

该报告最终将企业应变的主要实践路径归纳如下。

（1）夯实技术应用底层基础设施。

（2）提升组织全体 AI 应用能力。

（3）强化 AI 系统和工具布局。

（4）打造数字化核心人才团队。

2023 年 3 月，类似于 ChatGPT 的产品开始在国内涌现，36 氪研究院 5 月就对此展开调研。通过以上结论，足见组织建设者对这场技术革命的认知有高度、对组织变革有敏锐度。但是，对于那些既未涉足大模型底层技术开发又非主营 AI 应用开发的企业来说，具体的组织建设策略尚不明朗。

选择不同组织变革策略的企业可以分为三大阵营。

阵营一：选择 AI 技术提升创新力策略

创新力提升方向可分为三个角度。

（1）市场洞察，即利用 AI 技术更多更快地从社交媒体、新闻和其他来源中提取有关市场和行业的信息，增强对市场需求的了解与洞察，发现新趋势。

（2）更优质的用户体验，即利用 AI 技术发现客户的个性化需求和偏好后为其设计产品和服务，提高客户满意度或者创造新的销售机会。

（3）新产品研发，即利用 AI 技术协助开发新产品，降低产品开发风险与各方面的研发成本，缩短产品开发周期。

阵营二：选择 AI 技术提升组织效能策略

组织效能的提升多通过在业务流程中使用 AI 技术工具来实现，目前常见效于四个方面。

（1）自动化，减轻员工重复性工作负担，提高工作效率。

（2）在生产制造、供应链、人力资源维度方面进一步实现资源配置优化。

（3）为项目管理提供实时信息，帮助企业更好地计划、实施、评估、优化项目。

（4）有效降低数据分析难度，在趋势研究、风险评估、市场预测、制定规划、提供决策方面更高效精准，给予管理层有力支持。

阵营三：选择 AI 技术增强组织学习与发展能力策略

学习能帮助员工提升认知、增强能力、适应变化，因此常将学习作为降低变革风险、减少变革损失、提高变革成功概率、构筑变革文化的手段。学习 AI 知识、技术、应用工具，或者在组织学习与发展中率先采用 AI 工具让员工直观地感受和体会 AI 效能，可以避免 AI 组织变革硬着陆。所以，部分企业选择以 AI 技术促进组织的学习与发展为抓手也就不足为奇。

我们认为三大阵营三种策略选择看似不同，但并不是毫无关联。从战略管理工具平衡计分卡（balanced score card，BSC）的四个维度来看，三种策略分别指向的是顾客、内部流程、学习与成长三个维度。

策略并无优劣之分，关键在于适用，应根据企业实际情况选择适合的策略，或者进行策略组合，又或者创造更加适合的新策略。例如，打破以上三大阵营的思考，还可以是如下方面。

大型企业：底层技术平台建设

底层技术平台建设路径又可以分为三条路径，这三条路径各有优势与局限，企业应根据自身的需求、技术基础、资源情况作出最合适的选择。

（1）自主开发专有模型：超大规模的少数公司虽然未必以 AI 为核心业务，但如果有充足的资金、算力和人才支撑，为长远计算效益与价值，可选择自主开发垂直领域专有模型。

（2）训练现有基础模型：利用现成的基础模型进行大量数据标注，提高模型对特定行业、专业应用场景的理解和生成能力，提升模型在特定任务上的表现。

（3）微调现有基础模型：在已有基础模型的基础上，针对性调整少量特定领域数据，以提升小范围特定领域的表现。微调胜在训练时间和资源成本最低。

中型企业：模块化 AI 能力增强

绝大多数中型企业在数字化建设方面已经展开部署，训练与微调基础模型应该是更加切合实际的做法。更为重要的是，建议中型企业增强组织 AI 能力时，考虑"全人化"思维与模块化实施策略。

（1）围绕当下生成式 AI 技术，采用"全人化"思维构造和提升组织 AI 能力，是相对于数字化基础建设阶段的"场景思维"而言的。

（2）模块化推进与实施不仅要考虑成本和可行性，还希望能创造出"即插即用"的模块。各种功能模块像乐高积木一样，能够根据需求灵活组合和调用，从而提升企业的整体智能化水平，更快速地响应工作需求，同时也为未来的技术扩展和整合留出空间。

小微企业：训练 AI 助手 / 硅基人

在经济、技术和人才资源有限的情况下，可以通过训练 AI 助手 / 硅基人来提升效率、增强能力。它们能够替代员工处理重复性工作，释放员工精力，使他们专注于更高价值的任务，从而提高整体生产力。

小微企业运用现成的基础模型和模块化功能的服务，按需调用能力模块、微调后获得 AI 助力最为现实。

以上，针对不同规模企业的特性与资源基础，在组织 AI 增强方面给出了不同的发展建议，既有当下可行性考虑，也有长远规划的筹谋，这些都是 AI 组织建设策略打磨时的必要思考。

2.3.2　经典理论结构化拆解：组织建设机遇与挑战

> ➤【关键问题】
>
> AI 时代，企业生命周期理论是否适用？
>
> 企业生命周期各个阶段有哪些共性？

组织建设策略的选择需要全面考虑企业内外部因素，其中外部因素包括政策法规、市场行情、行业格局、竞争态势、客户需求趋势等，内部因素包括企业发展阶段和规模、财务情况、资源可用性、技术基础、人员能力等。

分析市场竞争情况、趋势、潜在机会等组织外部因素，可以确定更好的市场定位与战略。**AI 技术的快速发展可能带来更加激烈的竞争，但同时也可能创造出新的市场机会。**了解所在行业的整体情况、分析行业竞争格局是制定战略的基础。行业发展趋势、标杆企业的做法、竞争对手的实力和策略，可以为企业提供宝贵的洞察和启发。满足客户需求是企业成功的关键。了解客户需求趋势，包括对 AI 技术应用后的体验需求，可以帮助企业开发更好的产品与服务。法规和政策会对企业运营产生深远影响，因此企业必须了解并遵守相关法规，同时关注和研究政策可能带来的机会。

在企业成长的不同阶段，组织管理方式各不相同，挑战和机遇也不同。企业的财务状况、人力、技术和物质资源的可用性直接影响其变革计划的可行性、规模、范围。组织文化是组织变革成功的关键，企业必须确保变革策略与其文化相符，以提高员工的接受度和参与度。另外，现有的技术基础、员工的知识技能水平也是 AI 技术应用和集成必须评估的要点。

在选择组织建设策略时，有许多要考虑的因素，虽然每个企业的实际情况不同，但前人已经为我们构建了一个理论框架，帮助我们来探寻其中的规律。

【实践体会】

企业生命周期各阶段的组织共性

一般认为，企业生命周期阶段包括初创期、成长期、成熟期和衰退期。我们结合近年中国企业的发展特性，用企业生命周期理论拆解分析企业共性的挑战和机遇，如图2.16所示。

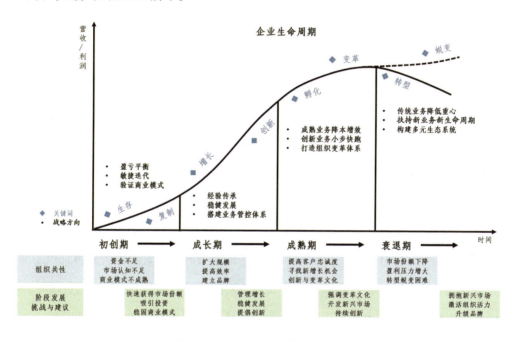

图 2.16　企业生命周期组织共性分析

1. 初创期

● 关键词：生存、复制。

● 组织共性：资金不足，市场认知不足，商业模式不成熟。

● 战略方向：盈亏平衡，敏捷迭代，验证商业模式。

● 初创期向成长期迈进，面临的挑战与建议：快速获得市场份额，吸引投资，稳固商业模式。

- 具体说明：企业在初创期的关键词是"生存"。在企业生命周期的早期阶段，创始人通常有一项新的产品/创意或发现一片蓝海，该产品/创意在市场上尚未存在有实力的竞争对手。对于创业公司来说，创始人需要大量的资金和精力，必须先图生存后谋发展，这些都是创业初期的风险与困难。

该阶段组织面对的共性问题，多是资金不足、市场认知不足和商业模式不够成熟。该阶段的战略方向概括起来主要是盈亏平衡，敏捷迭代，验证商业模式。当企业从初创期向成长期开始发展时，则需要快速获得市场份额、吸引投资、稳固商业模式，这个过程的关键词是"复制"。

2. 成长期

- 关键词：增长、创新。
- 组织共性：扩大规模，提高效率，建立品牌。
- 战略方向：经验传承，稳健发展，搭建业务管控体系。
- 成长期向成熟期迈进，面临的挑战与建议：管理增长，稳健发展，倡导创新。
- 具体说明：创业公司一旦成功进入市场，其产品开始受到认可，销售额迅速增加，企业便步入了成长阶段。所以，成长阶段的关键词是"增长"。在该阶段，企业通常需要扩大产能，丰富产品线，争取更多市场份额。资金需求会继续增加，但利润率也可能上升，整体上生机勃勃，身在组织中的人多数充满希望。

组织共性展现出扩大规模、提高效率、建立品牌的强烈欲望与追求。该阶段的战略方向概括起来主要是经验传承、稳健发展、搭建业务管控体系。可以用平衡计分卡来拆解战略，开始注重非财务维度、驱动性指标和长期可持续发展。

企业从成长期向成熟期发展的过程中，应对挑战的建议是管理增长、稳健发展、倡导创新。业务增长速度需要组织能力与之适配，快慢节奏要把控好。业务增长过快，组织建设跟不上，不久就会因产品/服务质量等问题影响客户的信任度及市场口碑，这时宁愿组织建设先行，为了走得稳而主动选择慢一点，让增长更加良性、可持续，实现组织变革的最佳结果，即以组织的内生力量实现业务的良性增长。

值得注意的是，企业从成长期向成熟期发展过程的关键词是"创新"，一方面是注意稳健发展时期也要保持创业初期的创新活力，否则容易"未老先衰"；另一方面是在这个不确定时代，通过未雨绸缪的布局，可能会发现新的增长机遇，即所谓的"第二曲线"，这个方面将在 2.3.3 小节重点展开讲解。

3. 成熟期

- 关键词：孵化、变革。
- 组织共性：提高客户忠诚度，寻找新增长机会，营造创新与变革文化。
- 战略方向：成熟业务降本增效，创新业务小步快跑，打造组织变革体系。
- 成熟期向衰退期迈进，面临的挑战与建议：强调变革文化，开发新兴市场，持续创新。

- 具体说明：当市场逐渐饱和，销售增长开始放缓，意味着企业进入了成熟期。成熟期阶段的关键词是"孵化"，衔接的是前一个关键词"创新"。在该阶段，企业赖以生存的业务的市场竞争加剧，企业通常会通过降低成本、提高效率和不断改进产品以保持市场份额。该阶段的战略方向概括起来主要是成熟业务降本增效，创新业务小步快跑，打造组织变革体系。

组织共性对应的是提高客户忠诚度，寻找新增长机会，营造创新与变革文化。面对越来越饱和的市场，增长乏力很正常，"蛋糕"切无可切时，要么换种切法，把控规则，重新制定话语权；要么去蚕食新蛋糕。在上一个过渡阶段，对于那些初现潜力的创新点，都应给予适当的资源支持，如同为火星提供氧气，观察其能否燃起火苗。若火苗能够进一步燃烧成火把、火堆，乃至形成燎原之势，那么这些创新点就有可能成为推动企业发展的强大动力。当然，除了外部因素的影响，更重要的是从内部因素入手。这正是我们强调要营造创新与变革文化，以及打造组织变革体系的原因所在。

企业从成熟期向衰退期发展的过程中，应对挑战的建议是强调变革文化、开发新兴市场、持续创新，故该过程的关键词是"变革"。企业生命周期曲线（图 2.16）末端绘制了一条实线，表示传统业务不可避免进入衰退期；同时，还绘制了一条蓄势待发的向上的虚线，表示新业务新生命周期的开始，这条虚线能不能变实，就取决于组织变革成败。

4. 衰退期

- 关键词：转型、蜕变。
- 组织共性：市场份额下降，盈利压力增大，转型蜕变困难。
- 战略方向：传统业务降低重心，扶持新业务新生命周期，构建多元生态系统。
- 成熟期向衰退期迈进，面临的挑战与建议：拥抱新兴市场，激活组织活力，升级品牌。
- 具体说明：不可避免地，传统业务市场会饱和，产品可能过时或被替代，企业进入衰退期。在该阶段，销售额下降，利润率也可能急剧下降，传统业务面临严重挑战。

该阶段的组织共性是要面对市场份额下降，盈利压力增大，转型蜕变困难三方面的调整。该阶段的战略方向概括起来主要是传统业务降低重心，扶持新业务进入企业生命周期，构建多元生态系统。

从组织内部角度理解，多元生态系统是指传统业务和新业务共生从组织外部角度理解，该生态系统则取决于新业务发展方向，如果新业务是原有"蛋糕"改变分配方式，那么该生态系统就可能还在原行业上下游中构建；如果新业务是发现、创造的新"蛋糕"，那么该生态系统则未必与原行业紧密关联，或许还需要花费精力孵化。

构建多元生态系统是企业向更大规模、更具影响力发展的良好愿望，企业需要在上一轮企业生命周期中蓄积足够能量，具备能成为行业灯塔的实力。衰退期的关键词是"转型"，而企业继续向上发展的关键词是"蜕变"。

企业生命周期理论展示了企业需要在不同阶段采取不同的战略来应对不断变化的市场条件。基于企业生命周期各个阶段，可以发现组织共性，进而发现共性挑战，从而探寻出通用的应对策略。

放在 AI 时代大背景下看，参与 AI 技术革命的企业虽不是本书的关注重点，但大部分这类企业或者大公司中的创业团队正好对应初创期，以上所有探讨均可参考。本书重点关注的已有成熟产品和服务，需要通过组织变革来适应 AI 时代以增强或保持竞争力的企业，无不是在成长期、成熟期或衰退期，这就在三大阵营三种策略带来的启发之外，有了更加结构化的判断、选择变革策略的方法。勇敢面对组织变革挑战的企业都应在 AI 时代冷静辨识和把控好企业生命周期规律，以成功实现可持续发展。

不确定性是时代发展至今的特征，我们要争取掌握组织设计、建设、变革的底层能力，通过发展 AI 组织内生力量来帮助企业驾驭商业世界的不确定性。

2.3.3 驾驭不确定性的教科书式企业案例洞察

> **➤【关键问题】**
>
> 为什么基业难以长青？
>
> 逃离衰退宿命的办法是什么？
>
> 驾驭不确定性的关键点是什么？

企业经历生命周期，从初创期的"新"业务到成长期、成熟期，最终在市场饱和后进入衰退期，"新"业务最终会变成"老"业务或"传统"业务。市场上能够取得阶段性成功的企业不多，能够成功完成业务转型、组织变革、实现持续增长的企业更少。

中国人民银行和中国银行保险监督管理委员会（现称国家金融监督管理总局）于 2019 年共同发布的《中国小微企业金融服务报告（2018）》称，我国中小企业的发展周期基本在三年左右，创办三年后依然可以维持正常经营的企业只占总数的三分之一。

所有企业都希望基业长青，但即便是曾经勇立潮头、站在行业巅峰的巨头，大部分也难逃衰退的宿命。针对基业为什么难以长青，同样可以从组织内外部两个角度来看。

（1）组织内部：组织文化、财务状况、资源可用性、技术基础、人员能力等如果不能匹配新业务，就会成为企业发展的阻碍因素。探讨构建适合 AI 时代的组织体系，处理好这些影响基业长青的组织内部因素，是本书的宗旨。

（2）组织外部：市场、法规、政策、行业整体、竞争格局、科技发展、客户需求趋势等因素让商业发展本身出现非连续性。近 20 年来，尽管金融、能源、房地产、制造业仍然是重要的经济支柱，但是随着科技行业崛起，电子商务、移动互联网、共享经济等产业的发展逐渐削弱了这些传统行业的主导地位。现在，物联网、大数据、云计算、AI 等科学技术不断更新、迭代，发展势头锐不可当，必然又将掀起商业发展的新浪潮。

接下来就如何应对商业发展的非连续性进行进一步说明。

"第二曲线"理论的提出者是英国管理学家查尔斯·汉迪（Charles Handy）。他在其著作《第二曲线：跨越"S 型曲线"的二次增长》中阐述了这一理论，强调了组织需要在当前成功的基础上，在出现业绩增长拐点时，必须探索新的机会，通过创新发现"第二曲线"来弥补"第一曲线"即将面临的增长放缓，甚至业绩下降，以避免陷入衰退，彻底失去竞争力。"第二曲线"如图 2.17 所示。

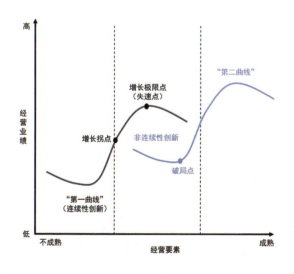

图 2.17　"第二曲线"

查尔斯·汉迪的"第二曲线"非常直观地展示了非连续性，也启发着企业，即如果想基业长青，就要勇敢地展开创造性"破坏"，跨越到"第二曲线"中。

如图2.18所示，"第二曲线"之后各个阶段的关键词：创新、孵化、变革、蜕变，均围绕"第二曲线"展开，揭示了企业生命周期中"第二曲线"的开始与形成过程。

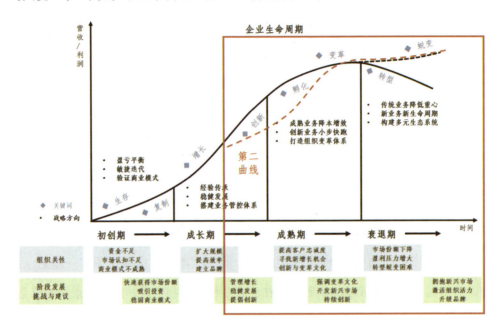

图2.18　"第二曲线"在企业生命周期中的位置

查尔斯·汉迪《第二曲线：跨越"S型曲线"的二次增长》：在"第一曲线"达到巅峰之前，找到驱动企业二次腾飞的"第二曲线"，并且"第二曲线"必须在"第一曲线"达到顶点之前实现增长，以弥补"第二曲线"投入的资源消耗，那么企业永续增长的愿景就有可能实现。

【实践体会】

教科书式案例——亚马逊公司

我们做咨询时往往会询问企业所在行业的市场体量处于什么层级，是几十亿元、几百亿元、几千亿元还是上万亿元，以及企业最近三年的业绩情况，用于辅助判断其主营业务是该继续提高市场份额，还是到了启动"第二曲线"的时机。启动过早，组织能力尚不能支撑主营业务，若再将创始人的时间、精力、捉襟见肘的资金投入"第二曲线",企业本末倒置,会更加容易走向衰退甚至死亡;而如果主营业务市场占有率稳固在较为理想的范围中,品牌口碑已经建立,有忠实的消费群体,则应该开始聚焦"第二曲线"的打造,分析创新点、孵化条件、变革文化塑造等。

打造"第二曲线"的教科书级案例非亚马逊公司莫属,其"第二曲线"如图 2.19 所示。

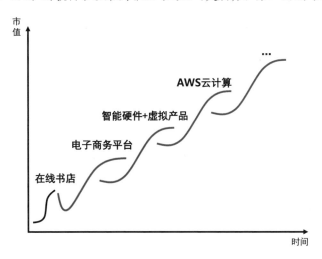

图 2.19　亚马逊的"第二曲线"

众所周知,亚马逊公司的商业帝国起源于在线书店,风生水起之时继续发展在线电子商务,将自身成功打造成了全品类电商平台,一再成为互联网时代在线商业的标杆。电子商务全品类平台建设相对于在线书店是亚马逊公司的"第二曲线"。

亚马逊公司在电商领域的领导地位毋庸置疑,但他并未止步,在即将出现增长拐点时,智能硬件与虚拟产品的"第二曲线"布局已然开启。

随后出现了 AWS 云计算等,亚马逊公司又成为全球排名第一的云计算领导者。2021 年的数据显示,其市场占比高达 38.92%,排名第二、第三、第四的微软云、阿里云、谷歌云份额之和都不及亚马逊公司所占份额。

继云计算之后,亚马逊公司又开始了全渠道转型……

这个市值过万亿美元的王者对"第二曲线"进行了最好的诠释。

亚马逊公司的成功案例具有浓厚的理想化色彩，似乎适时调整产品线或者技术方向就能成功。但若真如此，那微软公司为何又经历了诸多曲折？下面介绍同一时代微软公司的"第二曲线"，以做对比。

【实践体会】

教科书式案例——微软公司

1999 年，微软公司凭借 Windows 和 Office 达到"第一曲线"的巅峰，市值超 6000 亿美元。但成熟期过后，微软公司进入了超十年的衰退期，市值一度跌至 1500 亿美元。自 2014 年，萨提亚·纳德拉（Satya Nadella）执掌微软公司，仅三年时间便使其重回市值巅峰 6000 亿美元，两年后突破万亿美元，一举成为全球市值最高企业。

微软公司的"第二曲线"如图 2.20 所示。

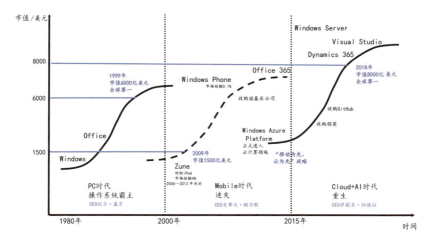

图 2.20　微软公司的"第二曲线"

➤【关键问题】

萨提亚·纳德拉如何让微软公司走出了衰退漩涡？

在市值超 5000 亿美元的企业中，能在三年内一挽业务颓势的只有微软公司。微软公司的"第二曲线"增长来源并不完全依赖调整产品线或者技术方向。微软公司衰退期间，CEO 史蒂夫·鲍尔默（Steve Ballmer）并没有坐以待毙，Dynamics 系统、Bing 搜索引擎都是这一阶段的产品，只是收效甚微。云计算领域的开拓也始于史蒂夫·鲍尔默，但却在萨提亚·纳德拉手中盘活了。究其原因，是萨提亚·纳德拉作为 CEO，在接手微软公司后所做的工作。

（1）进行了重组，将微软公司的思维方式从以产品为中心转向以用户为中心，推动公司的业务流程和组织架构进行调整。

（2）改革了微软公司的企业文化，使其更加开放、包容、灵活，提高了员工满意度和参与度，进而提高了公司的创新能力。

（3）削减了 Windows 部门的预算，调整管理层，裁减了部分员工。

（4）把更多的精力和资源投入新兴领域，致力于将云计算、AI、企业级市场打造成微软公司未来持续增长的主要驱动，根据这些新兴领域对人才的需求，加强人员配置。

……

组织建设者对其中的关键词应该都很熟悉，萨提亚·纳德拉是一位组织变革的卓越操盘手。对照杰夫·贝索斯（Jeff Bezos）带领亚马逊公司的经验，回看萨提亚·纳德拉业务变革的操作手法，可以得到非常好的启示：调整业务，组织变革先行！

如果说微软公司"第二曲线"的成功增长，部分得益于萨提亚·纳德拉在内部的一系列组织变革举措，相信无人反驳，故组织变革支撑业务发展的教科书级案例非微软公司莫属。

在 AI 时代，不确定性本身成为一种确定性，商业发展的非连续性让企业驾驭不确定性难上加难。构建企业的"第二曲线"，识别自己所处的周期，找到共性，在不确定性中寻找确定；而掌控不确定性，离不开组织的支撑。

2.3.4　结合"第二曲线"看"业务四个盘"

> **【关键问题】**
>
> "业务四个盘"创造灵感来源是什么？
>
> 渐进增强型业务发展策略下如何玩转"业务四个盘"？

【实践体会】

玩转"业务四个盘"

企业在谈组织建设前需要先思考商业模式设计、战略选择与定位和业务发展策略，AI 时代下尤为如此。

（1）如果选择的是范式转换型的创新，最好以新创业型公司搭建组织来满足新的商业模式。如果是大公司内部创新，也建议搭建新团队，构造新流程。

（2）如果选择的是业务渐进增强，必然是因为已有成熟的盈利产品或服务，那么此时更多考虑的是洞察企业生命周期，发现和发展"第二曲线"，以及现有组织如何变革来驾驭不确定性。

"业务四个盘"是我们做咨询时的原创内容，灵感来源于企业生命周期理论和"第二曲线"理论，这两个理论在 2.3.3 小节已经进行了详细介绍，这里不再赘述。本小节重点介绍"业务四个盘"，如图 2.21 所示。

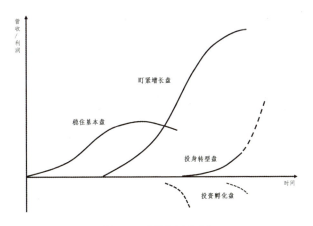

图 2.21　"业务四个盘"

"业务四个盘"中，基本盘是指企业已经步入成熟期甚至衰退期的业务，增长盘是指企业正处于成长期和成熟期的业务，转型盘是指企业处于初创期的业务，孵化盘是指还在论证或者试探、验证阶段的业务。

对于企业来说，其理想发展状态是基本盘有稳定收入的同时，增长盘已经有不错的可持续增长的收益，二者取得的营收／利润能为转型盘的发展和孵化盘的成功提供强有力的资源支持。

现实情况下，并不是所有企业都必须有这四个盘。有的企业或许只有成长业务，因此没有基本盘，只有增长盘；有的企业"第二曲线"起步较晚，目前只有基本盘，未来才有转型盘；也有的企业可能并没有新业务孵化计划，只专注于增长盘和转型盘等。这都是企业战略选择，没有对错之分，只有当下现状和未来期许之别。另外，图 2.21 仅为示意图，不代表增长线一定会超越基本盘的最高值，也不代表增长或投资比例的具体数值与图中完全一致。

以"业务四个盘"可以分析业务策略、企业管理原则和方法，见表 2.2。

表 2.2　玩转"业务四个盘"

业务类型		基本盘	增长盘	转型盘	孵化盘
策略		稳住	盯紧	投身	投资
原则		规范管理	绩效管理	变革管理	鼓励创新
方法		流程、制度管控	高效、激励	高管亲自带领	学习型组织文化
资源投入	财／物	降本增效	开源节流	持续投入	精准投资
	人／时间	常务副总主责	业务副总主责	总经理主责	董事长主责

稳住业务基本盘，通过流程和制度规范来管控，尽量做到降本增效。高管层可让常务副总负主责，多投入时间和精力。增长盘则应让业务副总负主责，强化绩效管理，激励员工高效产出，逐步减少资源投入，以扩大市场份额。转型盘方面，总经理需躬身入局，组建变革团队，推动投资转化为营收／利润，培养下一个增长盘；董事长则负责孵化盘，鼓励创新和学习，精准投资，为未来布局。

"业务四个盘"的策略、原则、方法、资源投入分析清楚以后，即可理解四个盘的价值和意义。

很显然，四个盘对组织设计和组织建设都会产生影响。构建单一组织体系，如只有基本盘，职能型组织架构或可适用；加入增长盘，或可调整为事业部型组织架构；若还有转型盘，或许矩阵式组织架构更为适用。此规律简单，方法易行。但问题就在于，AI 时代具有更多商业不确定性，结合企业自身所处市场环境、竞争环境的不同，以及企业自身发展基础、能力差异等，组织体系的构建并不是简单套用规律就能解决的。就像一道数学综合题，已知条件稍有改动，解题步骤就必然有所差异。但是，数学综合题的背后总有公式、原理、解题模型作为支撑，这些公式、原理、解题模型的发现与构造虽难却非常有意义，掌握之后能拆解绝大多数难题。本书所做的 AI 组织建设的探究，志在于此。

2.4 AI 时代优秀组织管理的两手都要硬

2.4.1 组织管理的内容

▶【关键问题】

组织为什么需要管理？

组织管理管什么？

组织为什么需要管理？

1. 企业发展视角

战略目标、业务策略的实现需要组织变革形成支撑，2.2 和 2.3 节内容关键问题的答案，简而言之，即为此。

2. 日常管理视角

向文心一言提问，得到的回复如图 2.22 所示。

组织需要管理的原因有以下几点：

1. 实现共同目标：组织是由两个或两个以上的个人为了实现共同的目标组合而成的有机整体。为了实现组织的目标，需要通过管理来协调和整合组织内外的各种资源，包括人力、物力、财力等，确保组织的各个部分能够协同工作，共同实现目标。
2. 提高效率：管理可以帮助组织优化生产流程，合理分配资源和任务，提高生产效率。通过管理，可以减少浪费和不必要的重复工作，提高组织的整体效率。
3. 降低成本：管理可以帮助组织降低生产成本，提高资源利用效率，从而增加企业盈利能力。通过有效的管理和资源分配，可以减少不必要的支出和浪费，使组织在保持高水平生产效率的同时，降低生产成本。
4. 保证质量：管理可以帮助企业建立完善的质量控制体系，提高产品和服务质量，增强企业竞争力。通过科学的管理手段和方法，可以确保组织的各个环节都符合质量标准，提高客户满意度和组织的信誉。
5. 促进协作：管理可以促进企业内部各个部门之间的协作和沟通，建立和谐的企业文化，增强员工凝聚力和创造力。通过有效的管理，可以协调各个部门之间的利益关系，加强信息交流和资源共享，促进团队协作和共同发展。
6. 应对风险：管理可以帮助组织识别和应对潜在的风险和挑战。通过科学的管理策略和手段，可以预测和应对外部环境的变化和威胁，确保组织的稳定和可持续发展。
7. 实现可持续发展：管理可以帮助组织实现可持续发展，确保组织的长期稳定和繁荣。通过科学的管理策略和方法，可以平衡经济效益和社会责任的关系，推动组织的可持续发展和创新。

总之，管理对于组织的生存和发展至关重要。通过有效的管理，组织可以协调内部资源、优化生产流程、提高效率、降低成本、保证质量、促进协作、应对风险并实现可持续发展。

图 2.22　文心一言关于“组织为什么需要管理”的解读

文心一言从七个方面进行了较为详细的说明，这里根据我们的思考略作补充。

（1）要决策精准、高效。

（2）要利于监测、评估，要改进绩效。

（3）要促进员工与组织共同发展。

（4）要促进应变、改进、创新，保持竞争力。

归根结底，以企业为主体的组织管理是一个复杂的过程，目的是通过组织的有效运作，实现企业战略目标，并在未来发展中提升竞争力。组织的有效运作离不开企业明确的目标与战略，少不了组织结构的设计、任务的分工与协作，外显于品牌口碑、客户关系和各种市场营销、销售活动之上，内化在供应链、生产、质量、成本、风险管控之中。

不同企业根据其所在领域、行业、规模、发展阶段和战略需求，在组织管理上可能会有重心差异，各家企业各有实践。置身于不确定性尤为突出的 AI 时代，我们依然希望能够洞察组织管理领域的变与不变。

组织管理到底管什么？一种说法是组织管理就是通过设计和运作一个有效的组织结构，以实现组织的效率和效果最大化的过程。其主要关注两个核心领域。

（1）组织设计：搭建有效的组织结构、规划职位、规定职务、明确岗位间的责权关系。组织设计被视作组织管理的基础，为组织的运营和执行提供框架。

（2）组织运作：在组织设计的基础上，确保组织的部门与部门、成员与成员之间能够协同工作，共同努力实现组织目标。运作过程包括制定规章制度、协调资源分配、监督绩效、培训人员等工作内容，以确保组织能够快速有效地实现其目标和使命。

可以这样诠释组织管理：以企业为主体的组织管理，以创造客户为目的，管战略的有效执行、管打造竞争优势、管可持续发展，贯穿于为客户创造与提供价值的全过程。

彼得·德鲁克（Peter Drucker）：

企业存在的目的只有一个，就是创造客户。

客户决定企业是什么，决定企业生产什么，企业是否盈利无关紧要，因为如果企业没有为客户提供服务，客户就不会关照企业。

【实践体会】

组织管理：价值链上所有创造客户的管理

为客户创造与提供价值的全过程可通过波特价值链来展示，其涵盖了投入、生产、产出、市场与销售、服务这些主要活动，以及基础设施、技术、采购、人力资源、文化建设等一系列支持性活动，如图 2.23 所示。

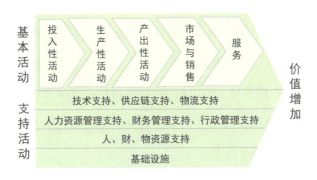

图 2.23　波特价值链

波特价值链：由美国哈佛商学院著名战略学家迈克尔·波特（Michael E·Porter）提出的价值链分析法，把企业内外价值增加的活动分为基本活动和支持性活动。其中，基本活动涉及企业生产、销售、进向物流、去向物流、售后服务，支持性活动涉及人事、财务、计划、研究与开发、采购等，基本活动和支持性活动构成了企业的价值链。

不同的企业参与的价值活动中，并不是每个环节都创造价值，实际上只有某些特定的价值活动才真正创造价值，这些真正创造价值的经营活动，就是价值链上的"战略环节"。

企业要保持的竞争优势，实际上就是企业在价值链某些特定的战略环节上的优势。

运用价值链的分析方法确定核心竞争力，就是要求企业密切关注组织的资源状态，要求企业特别关注和培养在价值链的关键环节上获得重要的核心竞争力，以形成和巩固企业在行业内的竞争优势。企业的优势既可以来源于价值活动所涉及的市场范围的调整，也可以来源于企业间协调或合用价值链所带来的最优化效益。

迈克尔·波特的价值链模型系统详尽地描绘了企业为了最终达成满足客户需求的目标，所设计和开展的一系列相互关联的活动。如果企业能够以更高的效率或更低的成本开展这些活动，则可以获得竞争优势。因此，波特价值链成为分析竞争优势的一种系统研究常用工具。

我们认为，组织管理贯穿于价值链始终，其范围不仅涉及组织设计、组织运作，还延伸至波特价值链所描述的所有活动以及这些活动之间的紧密衔接，将所有以创造客户为目的的管理涵盖其中。

简而言之，价值链上，所有创造客户的管理都是组织管理。

2.4.2　怎样才算优秀

> **【关键问题】**
>
> 怎样的组织管理成果才算优秀？
>
> AI 组织怎样管理才算优秀？

以企业为主体的组织管理贯穿于为客户创造与提供价值的全过程，以创造客户为目的，要管战略的有效执行、要管竞争优势打造、要管可持续发展……

偶然的成功、找不到内在规律、走不长远，都算不上优秀。

怎样才算优秀的组织管理呢？

1. 以"成事"为标准

一句话衡量：资源线性式投入，业绩指数级增长，如图 2.24 所示。

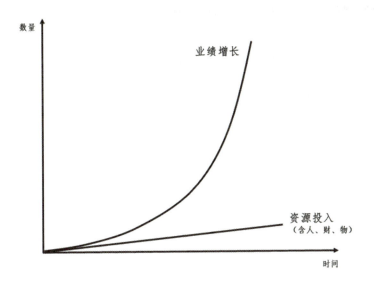

图 2.24 优秀组织管理下的业绩与资源关系

"资源线性式投入，业绩指数级增长"是无数企业梦寐以求的状态，然而现实往往并非如此。近年来，在数字化转型浪潮的推动下，企业发展未达预期，未必是其对数字化愿景没有认知，未必是数字技术不够先进，也未必是没有将数字化转型纳入企业战略，原因往往在于组织能力本身。回顾教科书级案例——微软公司，相信读者对萨提亚·纳德拉执掌微软公司，以"组织的支撑"为抓手帮助微软公司走出超十年的衰退期记忆犹新。因此，优秀的组织管理，一定要能"成事"。

2. 以"聚才"为标准

一句话衡量：能够吸引、凝聚、协同、赋能优秀个体以超越职责的努力，在创造客户的过程中共享、共生、共荣、共发展。

人是组织的最基本组成成分，下面对该衡量标准的逻辑进行拆解。

（1）始于吸引优秀个体。

（2）以将个体凝聚成团队为基础。

（3）团队协同能把工作任务高效转化为组织效能。

（4）通过赋能一方面激发人才潜能，以超越职责的努力服务于"成事"；另一方面保持组织对优秀个体的吸引力，利于持续凝聚、协同人才。

（5）创造客户是企业这类组织存在的唯一目的。

（6）组织与个体在创造客户的过程中共赢。

（7）共享、共生、共荣、共发展是对共赢的深化与诠释。

【实践体会】

组织建设先行——关注人

萨提亚·纳德拉接手微软公司后所做的组织架构调整、企业文化建设、人才结构调整等一系列变革，均以"人"为中心。

另外，华为公司的"华为基本法"也能帮助读者洞察组织管理的秘诀。

（1）自1999年开始实施全球化战略以来，华为公司通过一系列人力资源管理变革措施，引进国际先进人才和技术，拓展海外市场。

（2）"华为基本法"确立的人力资源管理价值链，以价值创造体系、价值评价体系和价值分配体系为"铁三角"。

（3）"华为基本法"中强调人力资本增值目标优先于财务资本增值目标。

（4）华为公司秉持"以奋斗者为本"的企业文化理念，深得人心。

（5）华为公司建立完善的绩效考核体系，对员工开展科学的评价和激励。

（6）华为公司推行内部员工持股计划，使人才参与企业利润分享，获得持续的发展红利。

（7）华为公司注重"传、帮、带"，关心员工的个人成长和团队协作。

要实现"资源线性式投入，业绩指数级增长"，**秘诀就在于组织建设先行。**只关注"业绩倍增"而不关注人的因素，缺乏合作与相关分配机制的企业，最终的结局将会是没有"人"来做成"事"，现实只会更残酷甚至走向消亡。

　　因此，在衡量优秀组织管理时，"资源线性式投入，业绩指数级增长"和"能够吸引、凝聚、协同、赋能优秀个体以超越职责的努力，在创造客户的过程中共享、共生、共荣、共发展"，两手都要抓，两手都要硬，如图 2.25 所示。

图 2.25　优秀组织管理的两手都要抓

第 3 章

AI 组织体系建设指南

▶【关键问题】

如何判断组织已做好建设准备？

AI 组织体系成长路径是什么？

AI 组织体系建设的核心、驱动、铺垫、保障分别是什么？

第3章
AI组织体系建设指南

判断AI组织建设准备度
- "以终为始"的思维模式
- 动/势能组成判断要素

AI组织体系建设路径
- 如何在组织内给AI找切口
- 螺旋式上升组织成长路径
- 厘清建设之三层级九方面
- 业务、技术、人力资源三部门联动开拔

3.1　判断 AI 组织建设准备度

3.1.1　"以终为始"的思维模式

"以终为始"源于中国古代的哲学思想，这种思维方式有助于人们在追求目标的过程中保持方向和动力，避免迷失和偏离轨道。

在进行 AI 组织体系建设前，首先应厘清何谓"终"？第 2 章就优秀的组织管理进行了论述，在衡量优秀的组织管理时，一个维度是从"成事"的角度看，致力于奔赴实现"资源线性式投入，业绩指数级增长"的理想结果；一个维度是从"聚才"的角度看，要"能够吸引、凝聚、协同、赋能优秀个体以超越职责的努力，在创造客户的过程中共享、共生、共荣、共发展"。在实际工作中，这些标准转化为可实现的、具体的、可衡量的目标，可视作"终"。本章描绘的 AI 组织体系建设路径，即给出了 AI 时代该如何进行组织体系建设来承托优秀的组织管理，服务于"终"。

那何谓"始"？从字面意思来看"始"就是起始、起点，是为实现目标准备行动的开端。这里仍从两个维度对其进行拆分，"成事"的起点即用好战略解码工具，看清"业务四个盘"；"聚才"的起点可以从吸引外部优秀个体延展到先做好内部人才盘点。

1."成事"起点之战略解码

"业务四个盘"中，每个盘都有其相应的策略、原则、方法和资源投入，考量市场环境、竞争环境、业务所处阶段所具备的基础是"成事"角度的"始"。

在分析 AI 时代组织变革策略时，运用了平衡计分卡将三种不同变革策略的关联性予以厘清。这里同样推荐用平衡计分卡来分析业务盘，无论是基本盘、增长盘、转型盘还是孵化盘，均可用平衡计分卡进一步构建框架和细化盘点。图 3.1 所示为企业战略地图，展现了平衡计分卡在战略解码中的运用，也给出了业务盘的结构与逻辑。

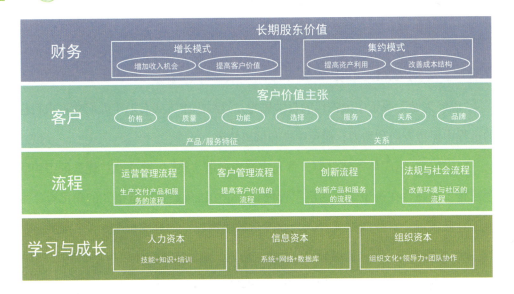

图 3.1　企业战略地图

（1）财务维度：可盘点业务的利润，评估财务表现，判断盈利能力，盘点业务的运营成本，判断成本控制的情况。

（2）客户维度：可评估业务交付周期、产品质量、品牌影响力，评估客户对服务的满意程度。

（3）流程维度：可盘点研产销过程的效率，识别业务流程的瓶颈与问题。

（4）学习与成长维度：可盘点人力、信息等资源的投入与产出，评估企业文化、领导力。

总之，在展开组织体系建设前，应该全面了解业务绩效现状，而平衡计分卡是系统性盘点业务的有力工具。

2. "聚才"起点之人才盘点

人才盘点是人力资源规划的重要组成部分，其核心在于整合组织内部员工资料与外部人力资源市场动态数据，通过深入剖析组织发展需求，勾勒出企业人才概况，识别组织的人才优势和不足，进而为制定高效、针对性的人力资源规划策略奠定坚实的决策基础，确保人力资源配置与组织战略目标的高度契合。

人才盘点和人力资源规划相辅相成，不断反馈、评估、调整，循环往复，以适应组织的变化和发展需求。

人才盘点的成熟路径与方法

人才盘点早已形成成熟的路径与方法。在人才盘点实践中，SWOT [strengths（内部优势）、weaknesses（内部劣势）、opportunities（外部机会）、threats（外部威胁）] 析框架常被用于辨识组织人才资源的强项与不足，并洞察外部环境对人才成长与发展的潜在影响。

为实现对员工表现与能力的全面评估，人们常引入 360° 反馈机制（360-degree feedback），即收集来自员工直接上级、同级、下属及客户等多维度利益相关者的反馈，以确保评价结果的客观性、全面性。

九宫格人才评估模型可以按照工作绩效和发展潜力两个维度区分高、中、低三个层次，将员工分置于九个格子，以帮助组织更加直观地识别人才，并制定相应的人才发展策略。九宫格人才评估模型如图 3.2 所示。

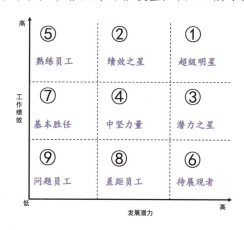

图 3.2　九宫格人才评估模型

（1）处于格子①的员工往往称为超级明星，这类员工在工作中展现出优异的绩效表现和未来发展潜能，对这类员工要提供更具挑战性的工作内容，加速其发展速度。如果这类员工连续处于格子①，则应优先考虑让其晋升和给予高额加薪，以避免其职业倦怠，从而导致人才流失。

（2）处于格子②和③的员工是绩效之星、潜力之星，处于格子④的员工是中坚力量，这三类员工的发展策略是给予有针对性的培训，以进一步提升业绩和能力水平。

（3）处于格子⑤～⑧的是熟练员工、待展现者、基本胜任者和差距员工，应分析他们的工作动力和能力卡点，帮助他们尽快成长。

（4）处于格子⑨的是问题员工，要么给予警告以观后效，要么直接淘汰。

以终为始，当以事和人两个维度分别厘清终点目标和起点基础后，是否还觉得不尽然，如组织的企业文化、团队士气、创新氛围，这些触摸不到但又事实存在的难以衡量的要素，其实也应该在组织建设准备的考虑范围内。3.1.2 小节即介绍本书原创内容：组织建设准备度的思考框架与判断标准。

3.1.2　动 / 势能组成判断要素

> 【关键问题】
>
> 应如何理解企业发展中的动能和势能？
>
> 企业的动能和势能是否也能相互转化？
>
> 如何判断组织建设准备度高低？

在物理学中，动能和势能是描述物体运动和位置的两个重要概念。其中，动能是物体由于运动而具有的能量，其大小由物体的质量及运动速度共同决定；势能是因物体占据特定位置或处于特定环境配置下所蕴含的能量，其值受物体位置及所处物理场景的制约。

物体在运动过程中，动能会随着速度的变化而变化，而势能则会随着位置的变化而变化。具体而言，当物体自高位向低位移动时，其原有的势能逐步转化为动能；反之，若物体受到外力作用加速运动，其增加的动能则源自势能的相应减少。此过程体现了动能与势能之间的相互转化机制，而在此过程中，总能量保持不变，这一物理现象即为能量守恒定律，如图 3.3 所示。

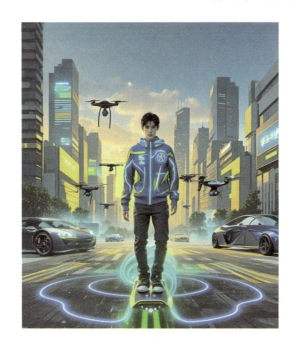

图 3.3　能量间的转换

在企业管理中，可以这样理解企业发展的动能与势能。

（1）将企业发展的动能定义为推动企业持续增长和发展的各类因素和资源，包括市场、销售、人才、资金、技术能力与管理能力等。

1）动能是企业应对外部环境的挑战和变化，朝着既定目标前进，实现增长、变革转型取得成功的动力来源。

2）当企业发展动能高时，表现出来的是企业能够更加顺利地实现目标，应对挑战，取得持续增长。

3）当企业发展动能低时，可能会面临市场竞争压力大、业绩下滑、人才流失等问题，此时需要采取有效措施提升动能，以保持竞争力。

（2）将企业发展的势能定义为企业在运营过程中积累的、能够支撑和保障企业稳健发展的各类资产、关系和营造的环境，包括企业文化、团队士气、创新氛围、风控管理、品牌资产、客户关系资产、科技和信息资产等。

1）势能代表了稳定的基础和增长的潜力，是企业在长期运营和发展中所积累的优势资源和能力，构成了企业竞争优势的基石，并为企业实现可持续发展提供了有力保障。

2）企业发展势能高，意味着企业在运营过程中积累了丰富的优势资源和能力，有利于支撑和保障企业的稳健发展。

3）企业发展势能低，意味着企业在运营过程中存在各种不利因素和挑战，对企业发展构成阻碍和威胁。

组织内发展的动能与势能之间互相影响，相互转化，但不遵循物理概念中的能量守恒定律。在组织内，追求的是发展动能与势能的不断蓄积，持续增强，共同作用，推动企业不断向前发展。

3.1.1 小节盘点的领域为发展动能，而发展势能虽不易量化衡量，但确实客观存在并可被感知，因此同样可定期盘点。例如组织文化和氛围，定期盘点可帮助组织了解员工对工作环境的感受和需求，可帮助组织及时发现跨部门沟通障碍、团队亚文化的健康性。及时采取优化措施，不仅能显著提升员工的工作满意度与幸福感，还能强化其归属感、认同感及敬业度，进而促进团队协作效率与整体绩效的飞跃。此类盘点机制不仅巩固了正面的企业文化、价值观与行为准则，还从根本上增强了组织的绩效表现与市场竞争力。

在开启 AI 组织建设前，到底要盘点多少要素以衡量组织建设准备度？下面站在企业发展动能与势能的视角，对组织建设准备度进行全面的分析与判断，见表 3.1。

表 3.1　组织建设准备度

组织建设准备度			
维度		高	低
企业发展动能	战略规划能力	敏锐感知外部环境变化，及时捕捉市场机遇并能灵活调整战略，保持竞争优势	对市场变化反应迟钝，难以抓住机遇，市场份额难以提升甚至有所下降
	市场营销能力	市场份额持续提升，销售业绩稳步增长，客户满意度高，客户黏性强	市场竞争压力大，销售业绩低迷，客户满意度下降，客户缺乏忠诚度
	研发/技术能力	在技术方面具备领先优势，能够应对市场的技术变革和竞争挑战	在技术方面相对落后，难以应对市场的技术变革和竞争挑战

组织建设准备度		
维度	高	低
企业发展动能　生产效能	以相对较少的资源投入单位时间内产出更多的高质量产品或服务，及时交付，符合客户要求、具有稳定性和可靠性等特点	资源利用不足或不合理，生产或服务成本较高，产出与交付质量不稳定，导致客户满意度下降、投诉较多、订单流失
供应链能力	稳定可靠的供应链合作关系，生产计划灵活性高，精细化库存管理，以最低的成本和时间实现产品从生产到销售的流程	会因供应商质量不稳定、交付延误等问题影响产品与服务的品质和交付时间的稳定性，库存积压严重，供应链协调不畅、效率低下
运营能力	高效地管理和执行各项业务活动，决策迅速，资源配置合理，各部门信息畅通，高效协作，实现组织的整体运作目标	管理效率低下，决策迟缓，各部门之间协调不畅，信息传递不及时，流程不畅，资源或浪费或不足，影响组织整体运作效率和成本控制
资金实力	财务状况良好，资金流动性强，储备合理，能够支持业务扩张和投资发展	财务状况不佳，现金流出现问题，资金难以支撑业务发展
人才素质与能力	各岗位均具备拥有专业知识与技能的优秀人才，能够熟练解决问题，已形成合理的人才梯队，面向企业进一步发展，人才储备充分	具备专业知识与技能的优秀人才匮乏，人才结构不合理，人才成为企业进一步发展的阻碍
⋮	⋮	⋮
企业发展势能　文化与价值观	具有积极的企业文化，员工对企业的使命和愿景高度认同，形成了明确的稳固的组织价值观	企业文化和价值观不明，员工对企业的使命和愿景缺乏认同，组织内部矛盾重重
客户关系资产与品牌价值	拥有优秀的品牌资产和稳固的客户关系资产，具备良好的市场声誉和客户忠诚度，有利于保持市场份额和扩大市场影响力	未形成品牌资产或品牌声誉受损，客户关系不稳定，市场份额下降，客户流失加剧
创新氛围	具备良好的创新氛围和持续的创新能力，能够不断推出新产品、新服务或新业务模式，适应市场变化，保持竞争优势	缺乏创新意识和能力，产品或服务缺乏差异化优势，难以适应市场竞争和满足客户需求

续表

组织建设准备度		
维度	高	低
企业发展势能 持续学习	有良好的学习氛围，可以将学习融入工作，在工作中持续学习，有知识共享平台，鼓励实践经验分享，促进知识的传递和交流	缺乏良好的学习氛围，学习与工作割裂，没有持续学习的动机或工作机会，知识、经验的交流与传递不畅
工作环境	有良好的工作软 / 硬件环境和积极的工作氛围，员工之间相互支持、合作，员工充满工作热情和创造力	工作环境恶劣，工作氛围消极，员工之间缺乏合作精神，工作效率低下
团队士气	员工士气高涨，对企业充满信心和热情，愿意为企业的共同目标努力奋斗，形成强大的团队凝聚力	员工士气低落，对企业发展前景缺乏信心和热情，团队凝聚力不足，工作效率低下，人员流失率增加
人才吸引力	能为人才提供良好的工作环境、有挑战性的工作任务、合理的薪酬福利待遇、职业发展晋升机会，企业享有品牌声誉、稳定的发展前景，能够吸引高素质人才加入	人才流失率高，即便是高薪也难以吸引和留住高素质人才
科技与信息资本	具备先进的科技设备和系统工具，数据管理体系、信息管理系统高效，业务流程与资源配置响应迅速且兼具灵活性，科技与信息资本提升企业竞争力	缺乏系统工具，数据管理、信息管理能力落后，业务流程与资源配置不畅，阻碍企业的发展
风险管控	健全的风险管理和控制体系，能够有效防控各种内外部风险，保障企业稳健发展	缺乏健全的风险管理和控制体系，对内外部风险缺乏警惕性，难以有效应对外部环境的不确定性和风险挑战
⋮	⋮	⋮

【实践体会】

选择关键动 / 势能要素进行准备度判断

对企业来说，因其所在行业、发展阶段、战略定位等影响因素不同，故其发展所拥有的动能和势能要素的组成可以不同（图 3.4）。例如：

（1）有些企业将研发能力看作动能。

（2）有些企业将研发能力看作势能。

图 3.4　研讨判断组织动 / 势能准备度

企业发展所拥有的动能要素和势能要素的重要性权重也各有差异。例如：

（1）初创企业的动能可能主要集中在市场创新和快速增长方面。

（2）成熟企业可能更关注市场稳定性和现金流。

（3）技术型企业的势能可能更集中在其专利技术和研发团队的创新能力上。

（4）服务型企业的势能可能更体现在其品牌价值和客户口碑上。

综合考虑企业发展的动能和势能，可以帮助企业更全面地评估自身的竞争优势和发展潜力，是组织体系建设前准备度判断的思考框架与判断标准，AI 组织体系建设也不例外。

3.2　AI 组织体系建设路径

【实践体会】

设计建设路径，落实行动计划

"以终为始"是思考问题和解决问题的思维模式。对于相对复杂的任务，先要了解行动目的，确定最终的目标和期待的结果；再认清现实，理解这项任务的价值，收集背景信息，知道具备哪些行动基础。也就是说，应找到起点和终点，并设计达成目标的最优路径，拆解成行动计划。

越是复杂的任务，越有可能需要分为几个阶段来逐步实现。那么，里程碑设置在哪里？每个阶段的目标是什么？每个阶段从资源投入到成果产出，从人员投入到责任分工，时限要求是什么？潜在风险是什么及如何防范？资源配置注意哪些方面？如果阶段性方案难以实现，是否还有其他方案（Plan B）？等等。

如上描述的整个过程可图示化表达，如图 3.5 所示。

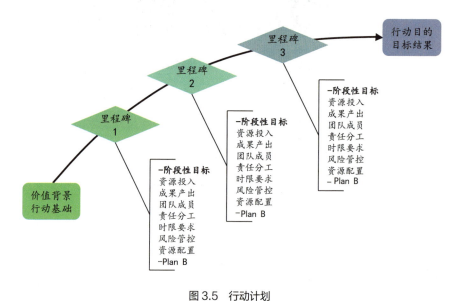

图 3.5　行动计划

AI 组织建设是一个复杂的任务，3.1 节集中讨论了"终"和"始"，为能切实落到行动计划，本节介绍 AI 组织体系建设路径。

3.2.1　如何在组织内给 AI 找切口

> 【关键问题】

客服是生成式 AI 在组织内的最佳切入口吗？

牵一发而动全身的选择方向在哪里？

IBM 商业价值研究院《CEO 生成式 AI 行动指南：利用生成式 AI 推动变革》（2024）：2023 年初，受访 CEO 尚且认为研究、创新、营销和风险合规是生成式 AI 最直接且最具价值的应用场景，短短几个月后，客户服务却直接跃升至首位，超过了任何其他组织职能或服务。客户希望快速、轻松地获取个性化解答，生成式 AI 在缩短响应时间和改善整体客户体验方面的能力无可厚非。所以，63% 的受访高管表示，到 2023 年年底，他们已经投资实施直接应用于客服领域的生成式 AI 项目。

从该报告来看，在客户服务领域试点生成式 AI 有助于加速企业范围内的成功部署，已成为受访 CEO 的共识。把人力资源从烦琐的任务中解放出来，转而专注于更加个性化的客户互动，是组织为客户提供更高价值、打造差异化品牌及将客户服务从成本中心转变为收入引擎的一种立即可行的方法，也是生成式 AI 在组织中发挥作用的典型用例。

深入思考这些勇立潮头企业的部署步骤，从整个组织的高度俯瞰这些已经或者将要发生的变革，梳理组织体系建设路径，我们认为创新是引发这轮 AI 组织体系建设的导火索。事实上，企业保持创新是保持竞争力、适应市场变化、开拓新市场、提升效率、吸引人才和投资、实现持续发展的关键。对于组织而言，不断激发员工的创新潜能，持续保持组织的创新动力和活力，提高组织的灵活性和适应性，也是组织体系建设的不懈追求。

不可否认，绝大多数创新的发生往往源自客户服务的业务需要，很多企业以使用生成式 AI 工具提升客服效率与质量为起点，这样的组织变革路径选择有一定道理。

但其实并不尽然，深度思考组织体系建设，我们认为企业核心竞争力在哪里，最能牵一发而动全身的点就在哪里，与之相关的创新才能引发真正的组织变革，组织体系建设的核心才可明确。

至于抓手是什么，从客户服务这类最易看到变革成果、取得阶段性胜利的模块出发，是不错的选择。但对于核心竞争力未必在前端的企业来说，这就只是变革策略而已，且未必是最佳选择。

【实践体会】

围绕核心竞争力的 AI 探索

顺应时代变化，紧紧跟随技术发展，2024 年中国网络视听大会上多位视频平台负责人向大家介绍了自己对 AI 发展的认知，分享了在组织内部已经展开的 AI 探索。各家视频平台在选择上的不同之处如下。

（1）**央视网**：面对呼啸而来的 AI 浪潮，不应变就会落伍陷入战略被动，不求变就可能错过一个时代，"大象也要学会跳街舞"是我们的必然选择。生成式 AI 正在打破视频生产的专业壁垒，人人都能成为"神笔马良"，而媒体只有坚守如磐初心、构筑价值高地，才能抵御智能浪潮的冲击。全球科技创新进入空前密集活跃期，5G/6G、生成式 AI 等技术的应用，将重构媒体行业的发展基座。今年爆火的文生视频大模型，更是让"扔进一部小说，出来一部大片"的梦想开始成真。网络视听行业呈现技术加速迭代、业务快速更新的特点，使科技支撑与引领作用进一步加强。**在总台"5G+4K/8K+AI"战略格局下，我们持续推动数字化赋能、移动化转型、智能化升级，打造主流媒体的"强引擎"和"动力源"，努力提升核心技术引领力。**

（2）**湖南广播电视台**：**我们高度重视大模型、AIGC 等新技术的探索，很早就搭建了"芒果大模型"。"芒果大模型"是行业垂类的，聚焦应用、专业性强，可管、可控。AI 导演"爱芒"是我们打造的国内首个综艺导演，其背后有一群非常强大的老师，是湖南广播电视台所有的内容制作超级团队，正在以几何倍速训练成长。两年前，我们捕捉到用户需求和消费情绪的变化，发现微短剧的风口。结合新技术，我们自主研发了"AI 智选剧本"等，大芒微短剧实现了产量的增长和质量的提升，剧本评估量翻番，创作效能提升 40%。目前，数千种新技术被广泛应用在湖南广播电视台的综艺节目、纪录片、电视剧、晚会中等，新技术使用占比超过 90%。**

（3）**爱奇艺**：2024 年，影视行业有三个机会，其中之一是"科技创新，AI 赋能"，特别是生成式 AI。2023 年，大语言模型的研发应用成为科技颠覆式创新的核心突破点。借助新技术的广泛应用、行业规则的升级和管理系统的进步，中国的影视工业化进程不断提速，助推行业在策划、制作、宣发、用户体验等多个环节提质增效。**借助生成式 AI 的语言理解能力、美术和创意的发散能力，爱奇艺在内容评估、美术设计、智能搜索等方面的效率和用户体验大幅提升**。在开发环节，借助 AI 剧本理解系统，可以随时将剧本、小说浓缩为故事大纲，还可以撰写人物小传，提取人物关系图谱，辅助剧本评估；在宣发环节，爱奇艺像聊天一样提需求，极高比例的宣传海报由 AI 辅助直接生成，批量产出，相较以往的制作方式，效率大幅提升；在搜索环节，借助星罗剧情理解平台对影视剧分钟级的理解，AI 搜索已经实现角色搜索、剧情搜索、明星搜索，有效提升了用户体验。

（4）腾讯在线视频：长期以来，腾讯在线视频把艺术与科技驱动置于战略的核心位置，现在我们平台的自研技术已经取得突破，**AIGC 辅助能力首先在动漫领域形成了一定的生产力**。在推动 AI 技术的应用上，我们更重视用户体验和实用的方向。接下来的技术大变局时刻，我们对新技术的出现保持关注的同时，也要继续坚持用户为本，科技向善的价值观。

（5）阿里大文娱集团：AI 时代来临，我们要从相信它会发生变成让它发生，这就是要日拱一卒地探索新技术、布局新赛道，从妙鸭的问世到首个数字虚拟偶像厘里的诞生，从真相虚拟影棚的搭建和使用到超高清体验的精进，以及全球首辆生产制作一体化的影视车的亮相，优酷的每一次技术尝试和突破创新都是为行业发现问题、解决问题，**为中国影视的工业化进程舍得投入、全力以赴**。

（6）快手：在智能视频处理领域，**我们推出的自研智能视频处理芯片 SL200 是目前行业中压缩率最高的视频芯片**，在 MSU2022 世界编码大赛的 6 个子赛道的 24 项评测中，该视频处理芯片取得了 16 项第一的优秀成绩。在 AI 领域，快手 AI 团队**自主研发了大语言模型"快意"和文生图大模型"可图"**。"快意"大模型最新的 175B 版本已经达到 ChatGPT 3.5 的水平，并追赶 GPT 4。

（7）美图：以 Sora 为代表的视频大模型只是开始。目前只是视频大模型的 2.0

阶段，以 Sora 为代表的视频大模型正在尝试理解世界，具有一定涌现能力，能够生成 30 ～ 60 秒的视频。在视频大模型 3.0 阶段，可以实现更丰富的物理运动，视频大模型也将具备剧情设计、分镜、转场等能力，值得用户和行业期待。**视频垂直场景与 AI 原生工作流的结合，在 AI 视频生成、AI 视频编辑、AI 视频渲染等领域有巨大的应用机会。**

各大视频平台在激烈的市场竞争环境中成功立足并不断发展。在探索与推进 AI 的过程中，确实有企业选择了将客户服务作为切入点，如爱奇艺就明确表示致力于显著提升用户体验。然而，从整个行业来看，创新路径并未局限于客户服务单一维度。

竞争的关键不仅在于技术，整个组织的适应力、应变力同样重要。每个组织都有自己的竞争优势，创新基因也不同，因此**明确自身可持续发展的核心竞争力，找准未来市场定位，并识别与之紧密相关的创新点，才是更为精准的切入点。**

例如，湖南广播电视台推出垂直领域的大模型，快手在芯片研发领域探索，阿里大文娱对工业化进程持续投入，均体现了它们对 AI 技术与用户需求的深刻洞察，以及在未来市场继续占据一席之地的美好愿景。

我们看到，尽管各平台的切入点和实施策略各异，但正是这种多样性，才塑造了当前蓬勃发展的行业生态。

3.2.2　螺旋式上升组织成长路径

> **【关键问题】**
>
> AI 组织体系化建设路径是什么？

从权威机构的调研总结，到结合人们身边鲜活的行业案例，我们认为计算 2.0 时代开展组织体系建设的路径应类比计算 1.0 时代，虽然计算 2.0 时代发生量变与质变的时间进程目前看会快很多。

这轮 AI 组织变革看似是技术创新在带动，虽然是技术先行，且还有很多关于大模型的公域性与企业数据、信息安全的顾虑，有从方案到实现是自己研究开发还是找供应商来承担，有经济上的投入该如何规划等的考量，但归根结底，业务与技术的联动才是变革取得成功的核心，脱离了业务场景和全人化理念的技术，不能为企业塑造和增强核心竞争力的 AI，在企业内很无力。

粗暴地进行技术引入或升级反而会阻碍组织体系建设，而普及知识、创造氛围、开展文化建设、减少部署过程中的摩擦等需要有专门的人员与部门担当，这是多年组织变革失败总结的经验教训。所以，AI 组织变革启动其实应该是业务、技术和人力资源三个部门的联动。

总结所有包括但不仅限于以上内容的思考，我们制作了 AI 组织体系建设路径，作为 AI 组织体系建设的指南，如图 3.6 所示。

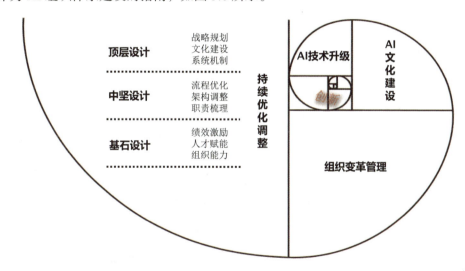

图 3.6　AI 组织体系建设路径

概括来说，AI 组织体系建设路径就是以创新为核心，以 AI 技术升级为驱动，以 AI 文化建设为铺垫，以科学的组织变革管理为保障，持续优化调整组织的顶层设计、中坚设计和基石设计，从战略规划、文化建设、系统机制、流程优化、架构调整、职责梳理、绩效激励、人才赋能、组织能力九个方面一步步落实 AI 组织体系建设，形成一个螺旋式上升的非闭环的组织成长路径。

将组织体系建设描绘成螺旋式上升的非闭环过程，目的是凸显组织不断适应变化、逐步改进、持续发展的特点。组织受外部环境、市场竞争、技术发展等因素的影响，需要不断适应和调整，以应对变化。尽管其可能会经历周期性的挑战和困难，但总体趋势向上，不断进步和发展。

良性的组织应是不断积累经验、学习、反思、持续发展的，即使达到了某个阶段目标，仍然会继续努力，不断创新和改进，以保持竞争优势。

组织的不断演化、逐步改进、持续发展决定了组织体系建设不该是封闭式的成果，而更应该是一个开放的、动态的过程，应该持续地关注和不懈地努力。

3.2.3 厘清建设之三层级九方面

> 【关键问题】
>
> 组织的要素有哪些？
>
> 三层级结构设计的目的是什么？
>
> 九个方面之间的关联关系如何？

组织的要素涵盖结构、流程、文化、人员、技术、资源等多个方面。单个来看：

（1）结构是指组织内部各部门、岗位和人员之间的组织关系和分工安排，包括组织的层级结构、部门划分、职责分工、权力分配等。

（2）流程是指组织内部各项工作和活动的执行路径和步骤，包括业务流程、决策流程、沟通流程等，流程的设计和优化旨在使组织高效运作。

（3）文化是指组织内部的价值观、信念、行为准则和共享的认知模式，文化对于组织的凝聚力、员工行为和组织氛围具有重要影响。

（4）人员是指组织的领导者、员工，他们是组织运作的主体，人员的素质、能力和团队合作直接影响组织的绩效和发展。

（5）技术是指组织在运作过程中所应用的各种技术手段和工具，包括信息技术、生产技术、管理技术等，技术的选择和应用影响组织的效率、创新和竞争力。

（6）资源涵盖人力资源、物质资产、财务资本以及信息要素等多个维度，资源的合理调配是组织效能提升的关键，也是实现可持续发展目标不可或缺的一环，资源的优化配置与高效管理影响着组织的日常运营与长远发展。

……

这些要素相互作用、相互影响，共同决定着组织的运作和发展，实际研究与操作时不能单个来看，必须以整体性思维来审视组织的各个方面。所以，**本小节将这些要素归纳梳理成九个方面：战略规划、文化建设、系统机制、流程优化、架构调整、职责梳理、绩效激励、人才赋能、组织能力，并将这九个方面依据建设流程、维度差异归入顶层设计、中坚设计、基石设计三个层级。**组织体系建设实现螺旋式上升，就是持续优化调整组织的顶层设计、中坚设计和基石设计的成果。

（1）顶层设计为整个组织的运营提供了指导和框架，影响组织的长远发展和战略方向，包括战略规划、文化建设和系统机制，这些是组织发展的基础和方向。

（2）中坚设计涵盖流程优化、架构调整和职责梳理，这些要素是支撑顶层设计目标实现的关键，且直接影响组织的运营效率和资源配置，是连接顶层设计与基石设计的桥梁。

（3）基石设计包括绩效激励、人才赋能和组织能力，这些是支撑组织运营的基础，关系到员工的工作积极性、创造力和组织的持续改进能力。

三层级的划分能更加清晰地反映组织体系建设的层次性和互动性，便于系统规划，促进各要素协同，实现组织的整体优化和持续创新。

顶层设计中，战略规划、文化建设、系统机制之间互为支撑和影响，共同塑造组织的发展方向和运营模式。

有效的战略规划应以组织的核心价值观和文化背景为基础，只有战略目标与组织文化相一致的情况下，战略才能顺利实施。同时，也可以通过塑造文化来促进战略目标的实现。例如，AI 时代通过强调 AI 创新和人机协作效率提升的文化来支持公司整体战略下的业务创新、组织体系重塑。系统机制是支撑战略实施和组织运营的关键框架和程序，是组织结构、流程、制度和政策的综合。战略规划为系统机制提供了明确的目标和方向，指导组织如何设计和调整机制以支持战略实施；反过来，有效的系统机制也为战略规划提供了执行的保障，确保战略目标能够得到有效落实。文化建设塑造组织的行为模式和价值观，深度影响组织机制设计。优秀的组织文化能够提升系统机制的灵活性与运作效率，有效的系统机制也能够支持和强化组织文化，通过制度和流程来推动文化建设和价值观的传播。

综上，战略规划为组织提供了方向，文化建设为战略提供了内在的支持和动力，而系统机制则为战略和文化的实施提供了框架和保障，三者之间的一致与协同对组织目标和持续发展的实现非常重要。

中坚设计中，流程优化、架构调整、职责梳理之间同样紧密关联，三者协同以保持组织的高效运作。

流程需要通过职责划分来支持实施，流程优化即通过对某些工作任务进行明确和重新分配来提高工作效率和质量。流程优化中若发现某些部门之间的协作存在问题，就可能对组织架构进行调整。架构调整通常会导致组织内部的职责划分和任务分配发生变化，从而引发职责的重新规划和梳理，以确保与新的组织架构、战略目标相匹配。同时，流程优化的结果为职责梳理提供了依据。流程优化时若发现岗位间存在职责重叠或冲突，则需要系统梳理并调整相关岗位职责，进而明确界定各部门及岗位的职责范围与任务分配，这一过程也可能触发组织架构的相应调整。

由上分析可见，三者之间紧密相连，任何一处的变动都可能引发整体的连锁反应。但不管如何调整，其目的都是促进组织的高效运作与战略目标的达成。

基石设计中，绩效激励、人才赋能和组织能力相互关联、相互促进，三者共同构成实现组织目标和持续发展的基础。

绩效激励的核心在于激发员工的工作动力与创新潜能，促使他们致力于达成组织目标与愿景。人才赋能则通过教育培训、职业发展等方式提升员工的能力，使其具备实现高绩效的能力。绩效激励作为一种激励手段，鼓励员工参与人才赋能活动，提升能力；同时，人才赋能的成效也应直指员工绩效指标。组织能力的概念更加宽泛，涉及整体组织的文化、策略、制度等，在这里更多是指创造的组织环境对员工能力的提升、绩效的达成起到的是正向推进作用还是反向阻碍作用。

当然，绩效激励可以促使员工积极参与组织能力建设，组织能力保障激励措施能够有效执行，人才赋能响应组织能力发展的需求，组织能力则为人才赋能提供有力支撑，为员工提供良好的成长环境和发展平台。

跨层级要素之间也相互依存、互为支持。

例如，战略规划需要与组织内部的流程相协调，优化流程可以确保战略的高效执行，减少资源浪费，节约时间成本；文化建设的核心是建立共同的价值观和行为准则，企业文化所倡导的价值观和行为准则最好是通过职责梳理融入每个员工的具体工作中，良好的文化建设可以帮助员工理解和接受职责；绩效激励是基于组织文化制定的激励机制，以促进员工根据组织文化和价值观行事为目的，实现个人工作目标与战略规划的一致性；职责梳理明确每个岗位的职责和任务，而人才赋能正是通过提供必要的学习资源和培训支持，使其能够胜任职责，良好的职责梳理为人才赋能明确了目标……

战略规划、文化建设、系统机制、流程优化、架构调整、职责梳理、绩效激励、人才赋能、组织能力这九个方面相互交织、相互作用，共同构成了组织体系建设的整体框架。

3.2.4　业务、技术、人力资源三部门联动开拔

> 【关键问题】
>
> AI 组织建设，人力资源部门为什么也是率先开拔的部门？
>
> AI 组织建设，到底哪些地方值得原创开发"解题模型"？

AI 组织建设是一段新征程。在军事语境中，"开拔"一词常用于描述军队从驻地或休整地出发前往执行任务的场景。将"开拔"借用在 AI 组织建设前期非常贴切且生动，并且率先开拔的不仅有技术部门，还有业务部门和人力资源部门。

因为是由技术创新引发的时代变革，进而带动企业 AI 组织体系建设，所以技术部门率先开拔。归根结底，要增强的是企业核心竞争力，让企业在 AI 时代，面向新的市场与竞争环境保持或增强实力，获得可持续发展。因此，技术的投入与业务相关联，业务部门与技术部门一同启程，也在情理之中。但人力资源部门为何也位列其中？回顾 AI 组织体系建设路径，拆解三层级九个方面后不难发现，很多任务本就在人力资源管理范畴，如架构调整、职责梳理、绩效激励、人才赋能等。此外，组织体系建设过程中还需要普及知识、营造氛围、开展文化建设、减少沟通障碍以及化解利益冲突，这些工作均需专人专责，很多企业会选择由人力资源部门来承担这一角色，或者抽调人力资源部门的管理人员、核心骨干参与变革护航，与技术专家、业务专家共同组建专项小组来处理相关任务。简而言之，AI 组织体系建设是业务、技术、人力资源三个部门的联动开拔，开启 AI 组织建设征程。

当从移动互联时代步入 AI 时代，不变的是优秀组织管理的衡量标准，改变的是技术引发的商业逻辑转换，触发企业战略再定位、业务策略再调整。在时代变化、市场环境变化、企业战略变化的背景下，我们探究 AI 组织建设中较为稳定的规律，期许我们的洞察能有助于企业玩转"业务四个盘"，实现健康持续发展目标。

总体来说，本书的 AI 组织体系建设围绕组织的驱动层、内核层和外显层展开探索。

已然呈现的是内核层中的 AI 组织体系建设路径，平面用斐波那契螺旋线承载，立体则可比拟为 AI 组织建设探究总览中的"螺旋状的灯丝"，这是第一个为读者呈现的实用"解题模型"，如图 3.7 所示。该模型细节上依照顶层设计、中坚设计、基石设计三个层级展开为九个方面，具体实施要点会在第 4 章中逐一阐述；内含 AI+PBL（project-based learning，项目式学习）赋能模型、倒 π 绩效激励模型、角色领导力模型，同是面向 AI 时代我们提出的实用"解题模型"，分别对应第 4 章和第 6 章。

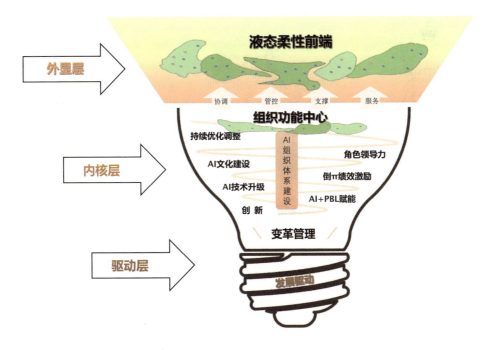

图 3.7　AI 组织建设探究总览

外显层的关键议题是 AI 组织的具体形态，迄今没有权威材料。本书从多角度畅想并试图具象描绘其雏形，形成了组织形式二分图作为"解题模型"，以作抛砖引玉。

值得注意的是，AI 组织建设并非一个封闭的系统，发展是其驱动力。作为驱动层的核心，AI 组织变革管理为内核层的有序推进及组织功能的有效发挥提供了坚实保障。我们对此进行了深入的思考与构建，提出了 AI 组织变革动态管理模型——"灯泡模型"。"灯泡模型"与 AI 组织体系建设路径充分融合，在第 5 章跃然纸上。

企业高管及业务、技术、人力资源三个部门联动开拔前，最好对 AI 组织体系建设有系统认知，在理念和解题思路上达成共识。AI 组织建设探究原创的六大解题模型如图 3.8 所示。

AI组织体系建设路径

AI组织变革动态管理模型

AI+PBL赋能模型

组织形式二分图

倒π绩效激励模型

角色领导力模型

图 3.8　AI 组织建设探究原创的六大解题模型

第4章

AI 组织体系建设要点

> 【关键问题】
>
> 顶层设计中可立即开展的工作有哪些?
>
> AI 组织的能力建设内在核心是什么?
>
> AIGC 将如何重塑工作流程?
>
> 组织架构有哪些革新趋势?
>
> 当流程、架构都发生变化后,这样的 AI 组织该如何谈激励、做绩效?
>
> 有哪些人才瓶颈? 人才的引进与赋能策略是什么?

第4章
AI组织体系建设要点

AI组织体系的顶层设计
- 战略规划：眼观六路，耳听八方
- 文化建设：三个阶段九个步骤
- 特质总结与可立即开展的工作

AI组织体系的能力建设
- 表层体现：流程、架构、职责、绩效、人才等组织要素
- 内在核心：以变革力、协同力、敏捷力为支撑的创新力

用AI重塑流程的研究与实践
- 当所有企业软件都需要用AIGC重做一遍
- 拥抱AIGC技术，加持流程设计与优化
- 未来已来，AIGC重塑工作流程示例

革新工作组织的畅想与落地
- 畅想1：液态柔性组织
- 畅想2：小而美的总部
- 畅想3：科层组织依然有其价值
- 畅想4：整合前瞻思考的大胆建模
- 脚踏实地：任务分解替代概率模型
- 与硅基人共担职责，共创额外产能

个体能力画像与绩效激励设计
- 个人π型能力画像
- 大道至简：OKR足矣
- 精益求精：倒π绩效激励模型
- 以人为本，在大道至简与精益求精中取得平衡

投资员工，迭代赋能模式
- 未来工作者应有的认知与心态
- AI时代优秀人才比以往更珍贵
- 投资重心：新质AI+人才种子
- 瓶颈人才的引进与赋能策略
- 赋能新思考与新创造之AI+PBL模型

非闭环，继续螺旋式上升
- 完善系统机制，完成阶段性建设
- 组织变革不新鲜，组织变革不容易

4.1　AI 组织体系的顶层设计

4.1.1　战略规划：眼观六路，耳听八方

顶层设计包括三个要素：战略规划、文化建设和系统机制，如图 4.1 所示。

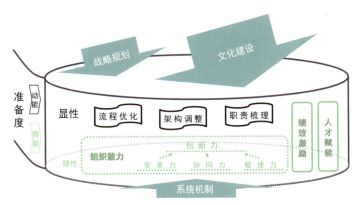

图 4.1　AI 组织体系建设要点框架

战略是一个企业为了长期成功而制订的长远发展计划，涉及对外部环境和内部环境的分析，以及明确组织的愿景、使命、价值观和战略目标；而规划是一个系统的过程。战略规划就是组织确定其长期目标和梳理达成目标的路径、方法的过程，该过程不仅要预见未来的市场环境与挑战，还要关注当前的企业运营基础。图 4.2 简单明了地诠释了战略规划的概念与深意。

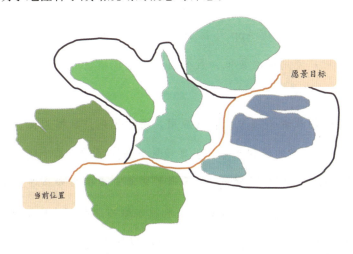

图 4.2　战略规划

所谓的战略规划就是从当前位置到达愿景目标策划的最佳路径。通常可以将战略规划拆分为六个步骤，以确保规划的全面性、深入性和可执行性，具体如下：

（1）环境分析和定位。

（2）明确愿景、使命和价值观。

（3）选择战略方向。

（4）明确战略目标。

（5）制订行动计划。

（6）实施、监控和调整。

【实践体会】

眼观六路，耳听八方

2024年4月7日，来自北美十校联盟AI创新峰会上金沙江创投朱啸虎关于"AI创业和投资逻辑"的发言简述如下。

（1）没有良性商业模式的持续"输血"，单独的大模型公司很难走远；没有专有数据、专有用户场景形成数据闭环并持续优化，单独的大模型公司很难保持持久的防御壁垒。

（2）C端市场的主导应用依然还在早期，ChatGPT和Midjouney增长都已基本停滞，对比传统App月活10亿以上，ChatGPT月活稳定在2.5亿，Midjouney的用户使用频次更低，且面临图像生成质量的领先优势降低、在细分领域被赶超的情况。

（3）**AIGC创业者必须聚焦垂直应用，场景优先，数据为王。**垂直应用层的大量创新具有很强的盈利能力，垂直场景中高度容错且易于衡量绩效的任务是AIGC最容易迅速突破的案例；收入增长势头可类比消费企业，精准的产品定位加持10倍的效率提升，AIGC带来的收入增长速度可类比消费企业；通过数据闭环建立长期壁垒，通过监测业务指标以形成数据闭环，以及自动转化AIGC视频可实现性能优化；有效的销售队伍管理能确保收入增长，但这样的销售队伍是大部分 AIGC 创业团队非常稀缺的资源。

（4）AI 即服务的核心在于，其交付和销售的效率比单纯追求尖端技术更为关键。实现可控性并达到商业化的质量标准，远比仅仅追求技术的酷炫更为重要。科研、工程化实施以及商业实践各自需要不同的技能和专业素质。

……

全球知名风险投资机构红杉资本发布的 2024 年度报告聚焦于生成式 AI，简述如下。

（1）新一代自主型应用随着生成式 AI 推理能力的提升，一类全新的自主型应用开始涌现。这些应用层公司的形态与传统的云计算公司看起来有所不同，具体如下。

1）云计算公司主要针对软件利润池，而 AI 公司则瞄准服务利润池。

2）云计算公司按席位收费，而 AI 公司按成果收费。

3）云计算公司倾向于无缝的自下而上分发，而 AI 公司则越来越多地采用自上而下的高接触、高信任交付模式。

（2）如果 AI 带来的变革与 SaaS（software as a service，软件即服务）类似，那么 AI 的机会不仅仅是"销售工作"，还有可能取代现有的软件。已经有这样一个 AI 原生的 CRM（customer relationship management，客户关系管理）系统。过去，系统集成商通过定制化配置赚取了数十亿美元，现在只需接入企业的电子邮件、日历，再加上一页简单的问卷回答，就能自动生成一个完全适合企业业务的 CRM 系统。虽然其目前还没有所有的高级功能，但其完全自动化、无须人工干预的特性，已经让许多用户开始转向它。

……

36 氪"企业 IT，能被 AI'推一把'吗？"（2024 年 10 月公号文）：

（1）在 IT 管理领域，AI 和大模型有可能更早地发生"质变"，主要体现在以下三个方面。

1）在安全管理方面，AI 算法能够对企业潜在风险进行实时监控，利用数据驱动下的大模型分析和处置决策，提升运营效率。

2）AI 和大模型的自动化运营与生成能力，可以基于企业自身的 IT 管理制度自动生成管理策略，并随着企业的发展灵活调整，实现管理工具伴随企业"成长"。

3）通过大模型平台的生态开放，先进企业的技术经验和行业积累开放给了更多的企业客户，技术和管理策略"流动"起来。

（2）总而言之，在"通过办公提效，促进业务提效"的方法论中，IT 工具是最基础的一环。以上可以看出，不是新产品在打开市场，而是国内企业自身的效率高度和提效动能在发生变化。

......

关注 AI 技术最新发展动态，了解专业机构的观点与看法，对于战略规划——决定"去哪"是必要的。更深入的，在战略规划前，还应看到 AI 商业版图，理解"计算逻辑""范式转换立方体"，发现真正的创业机会或者探寻到"第二曲线"等，这里不再赘述。

战略规划除了解决"去哪"外，还应分析"在哪"及"怎么去"。

可以立即采取行动的工作包括但不限于以下内容。

1. 市场分析

（1）调研 AI 技术的最新发展趋势和应用场景。

（2）分析竞争对手在 AI 领域的战略和动态。

（3）评估 AI 市场的规模、增长率和潜在机会。

2. 技术评估

（1）评估企业当前的技术能力和资源。

（2）确定 AI 技术的应用潜力和可行性。

（3）识别可能的技术合作或并购机会。

3. 业务应用

（1）明确 AI 技术在各业务领域的实际应用潜能及最大化价值。

（2）选择与优先推进具有高价值和战略意义的 AI 项目。

（3）设计 AI 解决方案和商业模式。

4. 组织与人才

（1）分析现有组织结构和人才配置，识别需要调整或加强的部分。

（2）设计 AI 人才培训和引进计划。

（3）建立 AI 团队和专家网络，支持战略实施。

总之，战略规划是组织长远发展的蓝图，以上均是企业确定未来发展方向、制定实施策略必不可少的工作内容。其中，每个战略部署步骤、每项工作任务都需要与利益相关者进行沟通，只有紧密合作才能确保战略规划符合预期且能落地。这时即可进行文化建设，因为文化建设决定了员工的行为方式、价值观和组织氛围，是支撑战略规划与实施的重要因素。

有效的战略规划应以组织文化为基础，遵从组织核心价值观。只有战略目标与组织文化相一致，战略才可能得以成功实施。懂得如何塑造文化的组织还可以通过文化建设促进战略达成。

4.1.2　文化建设：三个阶段九个步骤

> **【关键问题】**
>
> 文化建设的重要性如何？
>
> 如何系统地开展企业文化建设？

首先，企业文化是一个组织内部的共享信念、价值观、制度、行为规范、习惯和符号的系统性集合。企业文化似乎"看得见"，但未必"摸得着"，因为"看得见"的往往落在企业文化的最外层——标识文化层，即公司墙上的标语、定期 / 不定期举办的各种有仪式感的活动、文化衫等。企业文化的四个层次如图 4.3 所示。

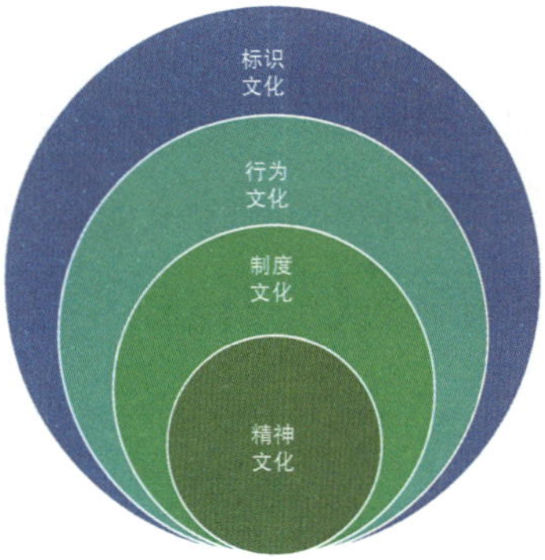

图 4.3　企业文化的四个层次

　　虽然我们不能否认那些看得见的物料和活动的重要性，但许多企业已经意识到，仅凭这些还远远不够，因为这些不足以充分展现那些"摸不着"的企业文化的重要性。确实，企业文化的核心与精髓在于难以量化衡量的组织精神面貌、员工工作态度、员工之间的互动和沟通方式、员工的行为表现等方面，且企业文化在不同的组织之间存在差异，其赋予组织独特的身份和个性，对组织的决策、行为和绩效产生深远的影响。

　　如果根据企业文化的特点和属性进行分类，常可以将企业文化分为权威型文化、团队型文化、创新型文化和绩效型文化；又或者根据组织结构、内部沟通方式分类，可分为层级文化和平等文化。这些分类有助于组织识别和理解自己的文化特点，并据此制定管理策略。

　　清晰、积极和强大的企业文化是组织成功的关键。

　　要做到清晰，就必须明确企业的愿景、使命、价值观。一个组织的核心价值观是企业文化的基石，反映了组织的基本原则和信仰。要做到清晰，就必须通过制度明确对信息流动、决策速度和员工参与度产生影响的组织结构和业务流程。组织的工作氛围一方面正式地体现在制度里，明示组织内部应该如何行事、有哪些与他人互动的规则；另一方面是由员工的行为表现予以表达，侧面反映员工对工作环境的感受和体验。

　　愿景、使命、价值观、行为规范、管理制度等通常被视为企业的正式文化或称"官方"文化，其具有明确的导向性和约束力，显性存在。

组织往往还存在非正式文化，其组织内部的习惯和传统，由长期的实践和经验积累而成，是通过口传身授、非正式交流等方式传承下来的文化形态，虽然没有明文规定，但在潜移默化中同样对员工行为和决策产生影响，是企业正式文化的补充，也可能是存在的隐性挑战。

企业需要时刻关注并引导非正式文化的发展方向，确保其能够与正式文化相互融合、相互促进，否则将导致员工产生困惑或矛盾，影响企业的凝聚力和执行力。

【实践体会】

企业文化建设路径——三个阶段九个步骤

正因为企业文化的复杂性，所以过往有非常多的企业求助于第三方咨询机构展开企业文化建设咨询。文化建设的三个阶段九个步骤见表 4.1。

表 4.1　文化建设的三个阶段九个步骤

阶段	序号	步骤	核心工作与常用方法
一、调查研究分析	1	资料研读与企业个性研究	SWOT 分析：内外部文化环境分析、同业优劣势比较。 企业个性研究：自我认知与外部评价
	2	访谈管理人员与优秀员工	管理人员访谈：对战略的解读与分析、对过往成功要素的收集与提炼。 优秀员工访谈：对过往成功要素的收集与提炼，评估现有文化，对战略的理解。 识别差距：对比现有文化和组织未来期待发展的文化之间的差距，初步形成文化建设策略
	3	扩大文化参与感及认同面	工作坊：研讨与诠释组织发展目标与核心价值观。 调研问卷：建立参与感，同时达到一定的宣传效果
二、优化升级建设	4	文化理念体系的诊断与建议	核心理念体系：员工认同的愿景、使命、价值观，精准表达，内部传递。 承接制度体系：审查所有与理念体系相关联、行为标准相关联的制度，确保与理念体系的一致性
	5	文化行为体系的梳理与设计	行为分级梳理：描述与价值观相匹配的不同层级的行为 融入人才评估体系：将行为表现考核与绩效管理制度、文化建设成效与管理人员素质能力评估连接

续表

阶段	序号	步骤	核心工作与常用方法
二、优化升级建设	6	文化视觉体系的整理与完善	盘点现有视觉体系：保留与传承、撤除与摒弃的考量。 提出优化建议：完成视觉一体化设计，制订视觉体系完善计划
三、落地实施设计	7	文化建设系列活动方案设计	活动整体设计：梳理活动内在逻辑，策划活动表现形式，优化形成有机整体。 活动执行计划：对每个文化活动制订具体、可行、有时限的行动计划
	8	文化建设落地与管理建议书	文化建设落地：核查并提交项目各阶段成果，准备文化落地培训材料。 文化管理建议：建立反馈和改进机制，定期反馈和评估
	9	培训与辅导	管理层培训：企业文化优化成果解读。 员工层培训：企业文化培训课件内容。 过程跟踪与辅导：持续监测文化建设效果，适时调整策略，将文化管理常态化、长期化

从精神内核的梳理出发，向外延展，完善制度，定义与建立行为评估体系，再到优化文化视觉体系，企业文化建设整体上分为三个阶段九个步骤。从方法论角度来说，其在 AI 时代依然适用，读者可参考。

4.1.3　特质总结与可立即开展的工作

▶【关键问题】

AI 时代的战略规划、文化建设得当的企业应该体现出哪些特质？

构建 AI 时代企业文化是一个系统性过程，可以从哪些方面入手？

当下，企业正置身于日新月异的技术变革浪潮中，面临市场竞争的日益激烈以及消费者需求不断动态变化等多重挑战。在 AI 时代要保持竞争力，企业的战略规划和文化建设应当让企业体现出以下特质，如图 4.4 所示。

无论企业在战略上作出怎样的AI项目选择和推进计划，都应强调团队合作、互助和资源共享，确保技术、业务、人力资源、管理层之间的理解和协同，如此才能提高项目效率和成功率

AI技术的发展和应用势必带来市场和业务模式的变革，组织应具有灵活性和适应性，能够快速调整战略和业务模式，抗风险，保持竞争力

AI技术的不断进步意味着员工需要不断学习和更新知识，组织应鼓励员工持续学习、自我提升，并提供培训和发展机会，提升员工个体素质与能力，这也是在增强组织的适应性和竞争力

即便是普通员工，企业也应该帮助他们掌握AI技术的基础知识和应用技能，在业务流程优化和绩效提升方面取得成就，进而真正拥护与投身AI变革

组织应激励员工敢于贡献新颖见解，勇于实践创新方法，积极探索创新解决方案，快速适应AI技术发展，加强实验，接受不足，不断优化，在完善中提升，跟上时代步伐

倡导合作　灵活适应　推崇学习　拥抱技术　鼓励创新

图 4.4　企业特质

战略规划中可以立刻采取行动的工作包括市场分析、技术评估、明确 AI 技术在各业务领域的实际应用潜能及最大化价值、选择和优先推进具有高价值和战略意义的 AI 项目等。

对于企业文化而言，构建 AI 时代企业文化是一个系统性的过程，需要组织从多个方面入手，结合内部和外部资源，逐步实现文化转型。

可以立即采取行动的工作包括但不限于以下内容。

1. 评估现有文化和资源

（1）通过观察、访谈等调研形式，了解当前的企业文化特点和存在的问题。

（2）分析组织的人力、财力、技术和其他资源，确定构建 AI 文化的基础和条件。

2. 设计文化转型策略

（1）基于评估结果，制定具体的文化转型策略和行动计划。

（2）确定各部门和团队在文化转型中的角色和责任，确保执行力度。

3. 管理层的全情投入

（1）高层领导者公开承诺并以实际行动支持文化转型，作为文化变革的领导者。

（2）各级管理人员以身作则，彰显组织所倡导的文化特质与行为准则，引领效仿。

4. 培训员工引导参与

（1）为员工提供关于 AI 技术、创新思维、团队合作等方面的培训和发展机会。

（2）通过内部会议与通信、各类活动宣传适应 AI 时代的重要性和价值，增强员工的理解、支持与自我提升的信心。

（3）倡导并积极促进员工参与到文化转型进程中，重视并吸纳其见解与建议，以增强员工的组织归属感与工作投入度，构建更加稳固的组织文化基础。

随着文化建设的深入，还要按计划执行文化建设活动，建立定期的文化评估和反馈机制，监测文化转型的进度和效果，还要根据反馈结果调整文化转型策略和行动计划……

也就是说，文化建设是系统工程，精神文化、制度文化、行为文化、标识文化，由内向外层层展开、层层落实、层层持续优化，要服务于企业现阶段战略目标的实现，还要为企业未来战略规划提供背景与定位支撑。

文化建设塑造了组织的行为模式和价值观，其对组织的机制设计具有深远的影响。优秀的组织文化激发员工的创新思维与团队协作，能够提升系统机制的灵活性与运作效率。同时，有效的系统机制也能够支持和强化组织文化，通过制度和流程推动文化建设和价值观的传播。但系统机制虽属于顶层设计要素，但其还深度牵涉流程、组织结构、人力资源等方方面面，待阶段性完成组织建设再看，会更能体会机制建设的系统性、完整性、有效性，所以这里暂时不介绍。

战略规划、文化建设、系统机制互为支撑，协同作用，指明了组织发展的方向。有方向，还要有能力，所以 4.2 节将聚焦组织能力建设。

4.2 AI 组织体系的能力建设

4.2.1 表层体现：流程、架构、职责、绩效、人才等组织要素

▶【关键问题】

如何理解组织能力？

组织能力建设的核心要素有哪些？从哪里找？

总结专家经典说法，本书对组织的定义如下：组织是有明确目标导向、经过结构设计、能适应环境变化、由多人组合而成的功能系统。组织能力作为一个相对抽象的概念，其定义一直以来并未达成共识，其经典理论遍布战略管理、组织行为学、人力资源管理等领域。近年来，关于组织能力的定义影响范围较广的包括但不限于：

（1）科利斯（Collis）在 20 世纪 90 年代对组织能力的已有定义进行了系统总结：组织能力分为三类，第一类指企业基本职能活动，如产品的研产销能力；第二类指包含过程的企业动态提升各项业务活动的能力；第三类指企业在开发自身潜能方面的认知能力。

（2）21 世纪初，诸多专家在科利斯对组织能力总结提炼的基础上，进一步发展出零阶能力、一阶能力、二阶能力以及三阶能力。其中，企业的资源基础被定义为零阶能力，狭义的"能力"被定义为一阶能力，体现竞争优势的核心能力被定义为二阶能力，组织重构、再造与环境适应能力被定义为三阶能力。

（3）戴维·尤里奇（Dave Ulrich）提出了组织能力的 14 项指标：客户连接、战略一致性、人才、速度、协同、创新、风险、效率、共同的思维模式、学习、领导力、问责制、精简化、社会责任。

（4）杨国安教授提出的组织能力"杨三角"：组织能力是一个团队所发挥的整体战斗力，是一个团队明显区别于和超越竞争对手，为客户创造价值的能力。可从员工思维、员工能力、员工治理三方面入手提升组织能力。

……

相较基石设计中的绩效激励和人才赋能而言，组织能力的范畴更为广泛。它不仅包括绩效激励和人才赋能能力，还涵盖了为这两个要素提供坚实基础和保障的能力，如战略规划、文化建设、流程优化和架构调整等。组织能力的体现可以是多方面的，包括企业文化、战略方针、规章制度、工作环境、资金流、人才结构、市场口碑及品牌价值等。

因此，本书将利于企业正向发展的动能和势能统称为组织能力。

第 3 章介绍 AI 组织建设准备度时，就给出了关于企业发展的动能和势能的定义：推动企业持续增长和发展的各类因素和资源，包括市场、销售、人才、资金、技术能力、管理能力等是企业发展的动能。动能是企业应对外部环境的挑战和变化，朝着既定目标前进，实现增长、变革转型取得成功的动力来源。企业在运营过程中积累的、能够支撑和保障企业稳健发展的各类资产、关系和营造的环境，包括企业文化、团队士气、创新氛围、风控管理、品牌资产、客户关系资产、科技和信息资产等是企业发展的势能。势能代表了稳定的基础和增长的潜力，是企业在长期运营和发展中所积累的优势资源和能力，在保持企业竞争优势、保障企业可持续发展方面发挥关键作用。

关于企业发展的动能和势能，目前还有以下观点。

（1）因所在行业、发展阶段、战略定位不同，企业的动能与势能要素的组成可以不同。

（2）具体某一要素该归为动能还是势能，重要程度如何，可根据企业实际情况而定。

（3）企业发展的动能和势能之间相辅相成、互相影响、相互转化，但不遵循物理学概念中的能量守恒定律。

（4）组织内追求的就是动能和势能的不断蓄积、持续增强、共同作用，推动企业向前发展。

这里从 AI 组织建设实施角度讨论组织能力。企业应根据自身所在行业特性、自身所处生命周期、自身管理基础以及战略目标，有目的地在企业发展的动能和势能中选择部分作为组织能力建设的重点，进行核心能力的强化和竞争优势的打造。

【 实践体会 】

构造具有企业特色的组织能力建设理论

1. 原创构造法

战略规划能力、市场营销能力、研发能力、供应链能力、生产效能、运营能力、资金实力等都可以是企业发展的动能，文化与价值观、工作氛围、已经形成的品牌价值、客户关系资产、持续学习能力、团队士气等都可以是企业发展的势能。

在现代企业管理中，人们常说"力出一孔"。"力出一孔"意味着企业需要将资源集中投入战略目标和核心竞争力中，以实现最大的效益。这需要团队在合作中齐心协力，聚焦目标，共同努力，发挥团队的最大价值。

组织能力的打造也是如此,如果动/势能面面俱到,就可能如俗话所说的"贪多嚼不烂"；而如果保持聚焦，效果可能会更好。又因为动能和势能之间互相影响、相互转化，所以建议选择 3~5 个强关联项作为组织能力建设的重点。如果能尝试将这 3~5 个能力梳理逻辑、概念化，构造具有企业特色的组织能力建设理论，用以指导企业组织能力提升会更好。

例如，将战略力、文化力、创新力、品牌力、学习力进行组合，作为"五力"模型，让所有组织能力活动的设计与开展都指向"五力"或其中一部分的提升，则价值将一目了然，如图 4.5 所示。

图 4.5 组织能力构造

2. 理论借鉴法

还有一些企业借用成熟的理论模型来指导组织能力建设，这也是很好的选择。例如，腾讯公司就和杨国安教授进行了合作，运用其在组织能力建设方面的框架——"杨三角"理论。

华为公司引入的是 IBM 率先创造的 BLM（business leadership model，业务

领先模型），其核心要素包括市场结果 / 差距、领导力、价值观、战略与执行。可将其细化成九个方面，具体如下。

（1）差距分析：通过对比当前业绩与目标业绩之间的差距，以及当前机会与潜在机会之间的差距，明确企业面临的挑战和机遇。

（2）战略意图：根据差距分析结果，制定符合企业的长远战略发展目标和执行计划。

（3）市场洞察：深入了解市场环境和客户需求，为战略决策提供市场判断依据。

（4）创新焦点：确定企业在未来发展中的创新重点，聚焦创新重点，以保持竞争优势。

（5）业务设计：设计企业未来的业务架构和运营模式，确保战略的可行性和实施效果。

（6）关键任务：从业务设计中推导出若干关键任务，并为这些任务的执行提供组织能力支持。

（7）正式组织：构建适应战略目标的组织结构，进一步完善人才配置和构建组织文化。

（8）领导力：强化领导力的培养和应用，确保各项战略措施得到有效执行。

（9）价值观：以企业核心价值观为基础，推动战略实施，形成组织文化。

阿里公司引入的是美国组织动力学教授韦斯伯德（marvin weisbord）提出的六个盒子模型，内容如下：

（1）第一个盒子是使命与目标，要理解为谁创造什么价值。

（2）第二个盒子是结构与组织，要判断组织结构是否能够支撑业务的成功。

（3）第三个盒子是关系与流程，关键在于合作关系的协作如何，流程畅通与否。

（4）第四个盒子是激励与奖励，组织会设立外部奖励及奖惩制度来引导、鼓励员工的一些绩效行为，营造良好的组织氛围。

（5）第五个盒子是支持与工具，了解组织中客户价值输出的协作机制现状。

（6）第六个盒子是管理与领导，提升管理者的行为与组织目的的匹配度。

这些模型之所以被选择，是因为满足这些知名企业自身组织能力发展需要。事实上，这些**模型在企业中的具体应用也是动态变化的**，华为公司就 BLM、阿里公司就六个盒子在组织内的应用早已做了延伸和内化；"杨三角"理论发展至今，迭代的最新版本为"杨五环 2.0"，包括数实科技、产业重构、战略布局、组织升级、变革领导力五大环节，是杨国安教授面对近年前沿科技发展、预判科技将重塑产业格局后的力作。

所以，**本书给出的企业个体特色的组织能力模型，也会随着企业的发展变化而更新诠释或者迭代版本，这正常且必要**。

4.2.2　内在核心：以变革力、协同力、敏捷力为支撑的创新力

> ➤【关键问题】
>
> 靠什么穿透 VUCA？靠什么抵御 BANI？
>
> AI 时代组织能力建设打造的内在核心是什么？

企业持续成功 = 战略 × 组织能力——杨国安教授曾提出这样的公式，强调战略和组织能力两个关键因素在企业持续成功中的相乘效应，两者缺一不可，相互依存。

我们深以为然。组织能力是企业战略执行、目标实现的基础和保障，强大的组织能力能够确保企业高效、有序地运作，将战略方向转化为具体的业绩成果。

对于组织能力和战略之间的匹配关系，企业需要不定期调整和优化。在企业发展的动能和势能中，应选择 3~5 个关键能力作为现阶段组织能力建设的重点，这些关键能力必须是易于理解和便于展示成果的，如流程、架构、职责、绩效、人才等要素。

组织较为显性的这些要素的优化是组织能力增强的表现。实际上，透过显性的这些组织能力要素，在 AI 迅猛发展的今天，组织能力建设的核心和共性归根结底在于打造组织的创新力。

创新力是企业发展的核心动力，创新力的实现以变革力、协同力和敏捷力作为支撑，如图 4.6 所示。

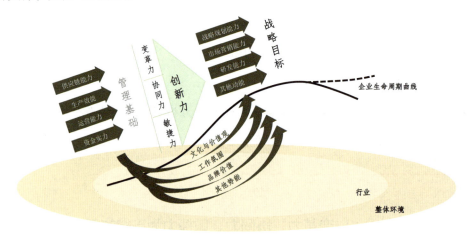

图 4.6　组织能力建设

AI 时代，尤其在当下，唯有创新力可穿透 VUCA，可抵御 BANI[brittleness（脆弱性）、anxiety（焦虑感）、non-Linearity（非线性）、incomprehensibility（不可知性）]。

总之，应在有利于企业正向发展的动能和势能中选择一些关键组织要素作为组织能力建设的重点，但真正的核心在于通过这些能力的培养和提升，最终打造一个以变革力、协同力和敏捷力为支撑要素的具备强大创新力的组织。

组织能力建设与组织建设准备度里谈到的企业发展动/势能遥相呼应，而在 AI 技术迅猛发展的今天，我们将组织能力的核心落在了创新力，回到了 AI 组织体系建设路径的起源——以创新为核心，以 AI 技术升级为驱动。

创新力以变革力、协同力和敏捷力作为支撑和实现创新力的关键要素，这三者如果按照企业高、中、基三层管理层级划分，那么高管的领导力应主要体现在变革力方面，中层管理者的领导力应主要体现在协同力方面，基层管理者的领导力应主要体现在敏捷力方面。

第 6 章会谈到领导力,本书给出了"角色领导力"来摒弃这类按照管理层级划分领导力的模式,以贴合组织与人的关系正悄然发生变化的时代。

4.3　用 AI 重塑流程的研究与实践

4.3.1　当所有企业软件都需要用 AIGC 重做一遍

> 【关键问题】
>
> 所有企业软件真的都需要用 AIGC 重做一遍吗?
>
> AIGC 为什么会对流程产生影响?

2023 年 11 月 25 日,由创业黑马主办的"第 15 届创业家年会"在北京成功举办,万兴科技创始人吴太兵在会上发表了题为"AIGC 时代,所有软件都需要重做一遍"的演讲。这一主题引发了人们的广泛讨论,此后以"AIGC 时代,需要重做一遍"为分享主题的内容不断涌现。

结合企业自动化、数字化基础,生成式 AI 可以解决前者在信息的解构、生成、交互、传播、反馈等诸多链路上的问题,加强如数据治理、知识管理、流程自动化、人机交互等功能,尤其通过传统企业软件进行流程管理的,确实可以全部用 AIGC "重做一遍"。

大模型释放了内容生产的生产力,人机交互改变了生产关系。AIGC 解决了内容创作效率的核心矛盾,在部分环节实现了"工程化"的工作模式,使得内容的生成成本下降,生成效果提升。同时,AIGC 解决了工作过程中流程的核心矛盾,原先风格、时尚这类无法用简单语言或文字进行准确描述的信息,如今可以利用 AIGC 进行沟通方式的改善,提升交流效率。例如,原先用一周时间处理的任务,现在可能只需 1 ～ 2 天即可完成。工作流程因此发生改变。

站在企业角度,组织内部署 AI 要有整体解决方案,具体执行上,单点切入最为可行,但这不意味着简单。因为 AIGC 能生成更丰富的内容,提供更智能的服务,实现更自然的用户交互，用户期望被提得很高。单点场景及关键节点"质"与"量"必须双重飞跃，只有效果超越过往任何一次的技术升级，才会被用户认可。

单点能力还应再整合，形成新的工作流程。

> **英国石油公司（BP）首席人事官克里·瑞博（Kerry Dryburgh）**：这不仅仅是在现有基础上叠加技术工具，而且是要从根本上改变工作方式。

不可否认，过去自动化、数字化阶段的系统设计及工作流程，理论上都是希望流程有序，分工明确，信息对齐，但很多时候人还得围绕"机器""系统"工作，如方案明明已经清晰无误，却为了流程，需要对着系统再手工填写一遍，工作流程繁复拖沓。对于这类人机协作不畅，似乎市场上随便一个 AIGC 应用都可破解，故而现在的企业管理者普遍认为 AIGC 可以小成本设计和构建更快、更便捷的"以人为本"的工作流程，释放出"宁可试错，不能错过"的需求信号，如图 4.7 所示。

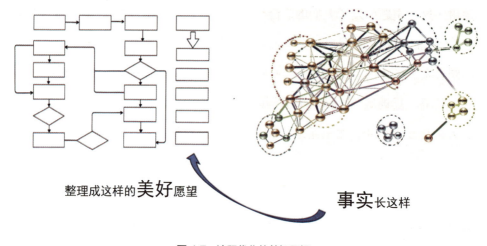

整理成这样的**美好**愿望　　　　**事实**长这样

图 4.7　流程优化的美好愿望

【**实践体会**】

来自软件开发服务端的声音

AIGC 确实能扩展软件的应用领域，技术的进步确实让软件产品能力增强，提高效率，可以做更多的事情。

（1）众多细分场景，并非都能构成有效需求。

（2）在用户价值与购买、运营、维护成本以及用户愿意付出的代价之间很难找到平衡点，只能优先投入最有可能找到平衡点的细分场景，满足用户真正重要且紧迫的需求。

（3）细分场景落地的难，并不只是技术维度上的难，还有商业逻辑闭环上的难。

（4）企业希望通过引入 AIGC 技术提升工作效率，优化流程，实现智能化管理，可是客户愿意支付的费用与所需的投入并不成正比。

（5）目前软件开发服务项目的要求很高，很可能亏本。

……

> **沃尔玛首席人事官唐娜·莫里斯（Donna Morris）：**我们很容易低估成功部署生成式 AI 所需的基础。我们需要做的不仅仅是叠加生成式 AI 工具，然后想当然地认为一切自会水到渠成。

"内容生成、数字员工、辅助决策"这样的价值需求在每个企业都始终存在。仅仅在原有系统上叠加生成式 AI 工具确实不可能即刻水到渠成，但是 AIGC 类应用开发也不会止步。

事实上，虽然目前企业软件还未全面展开 AI 重构，员工利用现有的一些 AIGC 办公产品也已经在一定程度上提高了工作效率，但有着长远发展战略的企业应当明白，在企业的核心产品中增加 AIGC 的浓度，通过垂直 / 专用模型的构造与部署，终将成为企业在 AI 时代的资产与核心竞争力。

适配本企业应用场景的垂直 / 专用模型终将是大多数企业更为适用的选择，其需要实现的功能如下：

（1）能够实现端到端流程优化，加强自动化。

（2）能够处理特定行业数据，提高内容生成准确性。

（3）能够支持个性化的需求，理解复杂场景，适应用户交互方式。

（4）能够自我学习和适应新数据，灵活应对市场和用户的动态需求。

（5）能够在用户和业务流程中收集反馈，不断优化自身。

……

当下全部实现这些要求还太理想化，但这正是我们所期望的未来。

4.3.2　拥抱 AIGC 技术，加持流程设计与优化

> 【关键问题】

优秀流程有哪些共性特征？

拥抱 AIGC 技术的流程优化有哪些注意事项？

流程是组织的要素之一，是组织内部各项工作和活动的执行路径和步骤，连接着组织内各个部门和岗位，是组织高效运作的重要基础。流程的设计和优化对于组织资源利用、业务执行效率、产品或服务质量等至关重要。

优化流程前，可遵照优秀流程的共性特征先进行自我判断，见表4.2。

表 4.2　流程优化自我判断示例

优秀流程的共性特征	自我判断设问
◆从客户需求角度出发，以保障产品或服务质量的稳定性、提升客户忠诚度为原则，制定规则是为了创造价值，同时也是进行业务决策的方法； ◆目标明确，步骤清晰，输入、输出、责任人和时间要求等要素完整，每个参与者都清楚自己的角色和任务，与组织结构相匹配，与绩效激励保持内在一致性； ◆信息和资源流动顺畅，透明可追溯，没有不必要的等待和延迟，没有冗余操作，尽量减少沟通障碍，整体流畅高效； ◆精简、灵活、快速响应、持续改进，考虑到不同业务分类细化，已涵盖大量所谓例外的处理，运行长期稳定	（1）是否单点接触和响应客户？ （2）是否都是创造价值的必要环节？ （3）能否为业务判断提供统一的指引？ （4）是否根据业务适当分类细化流程？ （5）是以客户为中心还是以职能任务为中心？ （6）可以并行的是否应并行以提升效率？ （7）能否一次性获取到充分必要的信息？ （8）信息从产生到处理是否避免了冗余操作？ （9）资源流动是否体现了整体性？ （10）是否让需要获得流程输出的人执行流程？ （11）决策点是否出现在工作执行的妥当位置？ （12）能否在执行中保留可供评估使用的数据？ ……

流程的设计、管理、优化依然需要遵循"以终为始"的理念。满足客户需求是"终"，以价值创造为理念基础设计端对端业务流程，洞察活动的顺序与必要性，从流程输出反观活动关系中的参与、执行、决策角色排布，再回到信息与资源的输入这个"始"，流程融合了企业的管理理念、机制、系统、工具、方法等并加以落实。

时代在发展，**流程作为企业业务的载体，其存在性与业务活动的持续运行紧密相连。**在涉及多岗位协同作业的场景中，流程管理的必要性愈发凸显，是确保业务顺畅进行、提升组织效能的关键要素。企业要发展，流程不能一成不变，设计、优化的挑战一直存在。

如果企业已经确定要顺应 AI 时代，在战略上作出相关决策，那么拥抱 AIGC 技术，流程优化的注意事项有以下几点。

（1）结合战略对现有核心业务流程进行诊断与分析，先有预判。

（2）评估和预选适合本企业核心业务流程优化的 AIGC 技术与工具。

1）从智能化、自动化执行角度分析如何纳入 AIGC 技术、集成自动化系统与工具，重构业务流程，提速增效。

2）以数据驱动决策的视角审视现有流程系统，可通过哪些 AIGC 技术与工具在数据挖掘与分析、实时监控、智能预警、辅助决策上实现单点突破，立竿见影。

（3）建立跨部门协作机制，共同探索 AIGC 重构企业软件优化流程的可能性，推动流程的智能化和个性化。

1）共同探讨可利用 AIGC 进行优化的工作场景，描绘融入 AIGC 技术后的流程效果。

2）就率先进行 AIGC 应用的领域和如何逐步扩展达成共识。

3）以开放的心态、创新的思维积极辅助 AIGC 开发与应用。

（4）开展针对 AIGC 技术应用的全员技能提升培训，帮助员工理解 AIGC 技术对流程产生的影响，提高员工的 AIGC 应用能力，引导员工加入关注 AI 技术发展、持续创新与改进的大潮中。

正如前文所述，目前在用户价值与购买、运营、维护成本以及用户愿意付出的代价之间很难找到平衡点，AIGC 技术对核心业务流程的影响主要体现在定制个性化服务、客户体验提升、自动化与效率提升、智能决策支持、实时监控与预警、跨界整合与协同创新等方面。

未来，我们相信 AIGC 技术能够直接参与流程设计与优化本身。例如：

（1）通过一定的机器学习，系统将会自动识别和优化流程中的问题，提供有效的、智能化的流程设计方案。

（2）系统通过数据分析，对流程中的风险和问题进行预判，并进行自动优化，提高流程的稳定性和可靠性。

（3）为提高流程效能，系统将会主动识别流程中的重复性、低价值活动，从而进一步优化整个流程。

（4）通过分析辨别特定的需求，增加个性化的设计，使得流程更加灵活，效率进一步提升。

以 AIGC 现在的发展速度来看，未来可期。

4.3.3 未来已来，AIGC 重塑工作流程示例

> **【关键问题】**
>
> 流程优化的目的是什么？
>
> 流程优化示例展现出什么趋势？带来哪些启发？

AI 技术的进步以及数智化发展，目的是"全人化"。因此，流程优化的目的当然也是"全人化"。AIGC 从促进内容生产效率提升入手，改善人与人、人与机器的交互，实现端对端流程优化。AIGC 能力融合在企业整体数智化进程中，生产力显著提升，生产关系发生改变。例如，产生顾问型服务模式，用群体智慧解决用户单点问题；产生专家级数字员工，实现工程化，为部分专精领域的创新加速；产

生个性化沟通交流，让科技有温度，机器有温情。而人类则聚焦开拓创新，从而实现"全人化"，如图 4.8 所示。

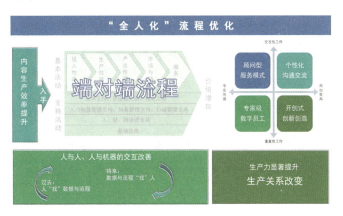

图 4.8　"全人化"流程优化

【实践体会】

AIGC 重塑工作流程，设计行业走得早、做得好

设计行业某公司以其对 AIGC 的敏锐度，通过前沿技术应用和工作流程优化，实现了效率的指数级提升。

（1）在市场营销团队中，AI 工具的使用将原本需要 2 小时的工作量缩短至 15 分钟。

（2）通过 AI 进行翻译和资料整理，包装团队每年节约了 40 多万元的翻译费用。

（3）通过将已有的知识库转化为高质量的问答，且利用 AI 的多语言能力，客服部门每周提效累计 150 小时，5 轮对话以内解决问题的比例达到了 92%。

（4）利用大语言模型并结合图像生成技术，快速生成用于广告投放的初始素材，并通过 AI 技术实现广告投放的自动化和个性化，使广告投放点击率提高了约 15%，转化率提升了约 10%。

……

该公司创立之初就有良好的数字化基因，随着业务的发展，公司建设了集成式智能整合系统"数据驾驶舱"，本阶段 AI 技术的成熟又为公司提供了重塑工作流程和协作方式的机会，从而实现了全方位的提效。

纵观整个设计行业，AIGC 技术发展还催生出 AIGC 云平台服务型企业。

设计行业面对电商市场有痛点，如传统的场景搭建、实景外拍、模特拍摄等环节让设计公司很难低成本、高效响应快节奏的电商客户。现在，通过 AI 技术可实现图像的自动生成，设计师只需输入关键词和描述，即可快速生成高质量的商品图片和宣传海报，极大地提升了设计效率和质量。因此，最快掌握这方面技术、适应这方面工作模式的设计师，将最先在电商市场赢得机会。

从单机本地化部署到云平台部署的转变，是技术进步的自然延伸。云平台的一键部署和智能算力调度模块，使得一台服务器可以服务多个用户，有效解决了传统 AIGC 方案中算力冗余和浪费的问题。此外，设计行业的 AIGC 云平台企业还为设计公司提供了专属模型训练服务，确保输出图片的稳定性和质量；同时，构建了包括权限管理、后台管理、运维管理在内的完善管理系统，简化设计公司工作流程，帮助设计公司低成本实现工作效率和质量的提升。这一模式的成功实践，也为其他行业的数字化转型提供了宝贵的经验和启示，展示了从单机本地化部署到云平台部署的自然发展路径，以及这一转型带来的效率和成本优势。

AIGC 还对以下行业的工作流程影响颇深。

1. 贯穿与赋能全流程

AIGC 在游戏行业，尤其在游戏内容生成方面提效明显；在医疗服务行业，AIGC 可以帮助患者更好地理解疾病和治疗方案，为医生提质增效贯穿与赋能全流程如图 4.9 所示。

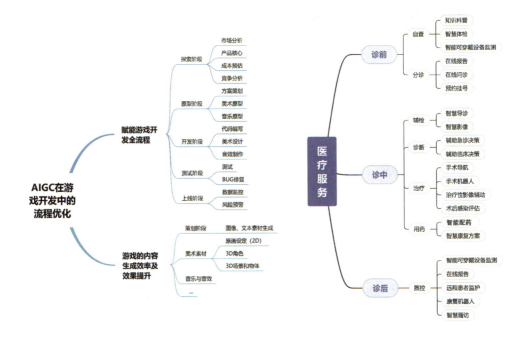

图 4.9 贯穿与赋能全流程

2. 破局复杂领域

在制造业，在系统中寻找对原有场景增强辅助的环节，结合针对性的数据，进行 AIGC 应用开发，逐步完成升级，优化业务流程。

而在市场竞争更为激烈的快消行业，AIGC 的使用可有效提升企业效能，增强市场竞争力。

（1）企业可以通过消费者行为数据分析研究、社交媒体趋势和反馈，更深入地洞察消费者偏好，从而提高销售额。基于销售数据的定价、促销和销售策略建议对 AIGC 来说非常容易

（2）运用 AIGC 技术，产品创新的速度能够进一步加快，新产品概念和设计方案将轻松实现。

（3）利用 AIGC 优化库存管理，供应链的响应速度能够迅速提升，成本效率也能得到优化。

……

破局复杂领域示例见表 4.3。

表 4.3　破局复杂领域示例

核心业务流程	系统	AIGC 参与赋能及流程优化
设计与开发	PLM	通过数据分析识别增长领域，挖掘潜在市场需求和新产品机会
		自动生成设计建议，提高设计效率和创意灵感
采购与供应链管理	WMS、SCM	预测市场需求，帮助制订更精准的采购计划，减少库存压力
		优化供应链路线，降低物流成本，提升供应链敏捷性
生产计划与调度	ERP、MES	动态优化生产计划，识别生产瓶颈，提高生产效率
		实时监控并预测产能需求，实现精准的生产调度
生产与制造	HMI、DCS、PLC、MES	自动化设备调节和监控，减少人工干预
		通过数据分析识别可能的设备故障，进行预防性维护
质量管理	ERP、MES	通过数据分析预测潜在质量问题，减少缺陷率
		自动化生成质量检测报告，提升质量管理效率
销售与市场营销	CRM	借助智能工具更高效地引导客户，实现个性化客户交互
		精准识别客户需求并自动生成推荐产品或服务组合
售后服务	CRM	提供个性化服务，提高客户满意度
		实时解决客户问题，通过 AIGC 自动回复和生成解决方案

当在战略上选择了主动顺应 AI 时代，当核心业务流程中已经评估、选择、应用了适合本企业的 AIGC 技术与工具，并因此要展开流程优化，那组织架构也势必需要调整变化。

新的价值创造模式影响和改变核心业务流程，核心业务流程决定组织架构，组织架构与企业的主流程应该同步交叉完善，再由已优化的流程和已调整的组织架构两者共同决定子流程的增减优化。毕竟，**流程需要拆解任务、落实职责来支持与实施——工作方式发生变化。**

接下来的 AI 组织体系建设要点，讨论的就是工作方式发生变化后的组织架构设计。

4.4　革新工作组织的畅想与落地

【实践体会】

数字化建设是 AI 技术应用的前提与基础。

当 AI 技术足以为基层员工赋能，基层员工就拥有了更多自主决策权，管理者与下属间的能力差距也会逐渐缩小。例如，一线质检人员经常有无法判断的场景，需要寻求上级指导进而决策；在引入 AI 质检工具后，一线员工基本可以实现自主检测、自主决策。

当数字化平台足够强大时，管理者的管理监督难度下降，管理幅度得以扩大。例如，自动化研究院即便有 30 多位工程师负责不同的自动化研究，但每一位工程师都可以直接向院长汇报。

当基层员工拥有了更多自主决策权，管理者的管理幅度扩大，精简管理层就成为自然而然的事情。由数字化与 AI 技术驱动的组织扁平化的逻辑如图 4.10 所示。例如，大型制造企业由原先的 10 层管理层级逐步缩减为原则上不超过 5 层：董事长、总经理、总监 / 厂长、部门负责人、基层员工。

数字化与 AI 技术赋能，推动组织扁平化

图 4.10　组织扁平化的逻辑

4.4.1　畅想 1：液态柔性组织

➤【关键问题】

凸显个人价值的"强个体"崛起，组织如何吸引、留下、用好这类人才？

AI 技术的发展正显著降低各岗位从事各项专业活动所需的技术与知识门槛。熟练掌握数智化工具和系统的人，能够以前所未有的速度和效率处理数据、分析信息，执行高精度操作，许多复杂且耗时的任务变得简单快捷。从某种角度而言，AI 正在解放人类生产力。当人类得以从繁重的日常劳作中抽离，就会拥有更多的自主权和创造力。这类生产力的解放使得人们有更多的精力去追求由兴趣或价值感驱动的工作。

未来，"强个体"会在 AI 赋能与辅助下愈发凸显个人价值。

对于"强个体"来说，他们通常期待拥有自由时空，希望投身于那些能够点燃内心激情、实现自我价值的事业。这些工作往往需要一定的创造力，原本如无他人辅助不能独立完成或独立完成将耗费大量时间和精力的工作，在 AI 的辅助下，有可能得以高效地独立完成。

"强个体"的崛起将对组织的管理方式产生巨大的影响。

组织若希望吸引这类人群加入或者希望留住这类群体，那么首先要让组织的愿景与"强个体"的内在需求相互契合。关于这一点，不妨借鉴谷歌公司在人才管理方面的举措。

【实践体会】

多元化、包容性足够自由、开发创新动力

（1）**多元化**：欢迎不同背景、文化和专业领域的人才加入，为公司带来不同的见解和创意。例如，招聘不拘泥于传统方式，鼓励员工举荐自己认可的人才，不唯学历论。

（2）**包容性**：尊重个性，重视个人想法，鼓励自由表达，允许犯错，认真听取和评估所有的意见、建议。例如，召开头脑风暴会议，以上具体描绘的都是头脑风暴会议应遵循的原则，头脑风暴会议本身就是包容性的体现。

（3）**足够自由**：开放的文化环境，自由的工作氛围，灵活的考勤制度。例如，弹性工作时间，虚拟办公系统，允许远程办公、在线协作，团队合作不限职务，

只看能力。

（4）**开发创新动力**：实现内部信息的高度透明与共享，制订内部创新项目与计划，运用 OKR 管理工具。例如，常规工作外允许员工将一定比例的时间用于自己的创新项目，如 Gmail、谷歌地图、微信等应用都源自组织内部创新项目。

大胆设想 AI 时代"强个体"之间的合作关系与工作方式，脑海里闪现的具象图片是"毒液"，即如"毒液"般可聚可散可再组合，如图 4.11 所示。

图 4.11　"毒液"般的可聚可散可再组合

聚时，高度黏合，实力强大；散时，无声无息，不受拘束；再组合时，又是新的创造，解决新的问题。本书称这样的组织为液态柔性组织，如图 4.12 所示。

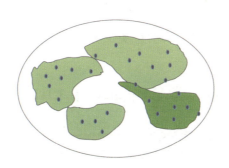

图 4.12　液态柔性组织

液态柔性组织的核心特征如下：

（1）组织内信息透明、共享。

（2）足够强大的数字化与 AI 技术后台。

（3）自下而上创新驱动。

（4）内部边界模糊。

（5）内部人员流动性强。

（6）基于共同目标自发形成。

4.4.2　畅想 2：小而美的总部

> 【关键问题】
>
> 去中心就是无中心吗？

百度百科：在一个分布有众多节点的系统中，每个节点都具有高度自治的特征。节点之间彼此可以自由连接，形成新的连接单元。任何一个节点都可能成为阶段性的中心，但不具备强制性的中心控制功能。节点与节点之间的影响，会通过网络而形成非线性因果关系。这种开放式、扁平化、平等性的系统现象或结构，称为去中心化。

从组织的角度理解，去中心化是指在管理中减少或消除集权机构或独断权力的控制和影响，使得决策和资源分配更加分散和民主化的一种管理模式或组织架构。

那么，尽量缩小管理层级的扁平化组织，是不是去中心化？是！自下而上创新驱动，基于共同目标自发形成，内部边界模糊的液态柔性组织，算不算去中心化？算！由若干相互独立的组织构成，任务导向、动态分工、追求运作敏捷的网络组织（图 4.13），还有没有中心？有！

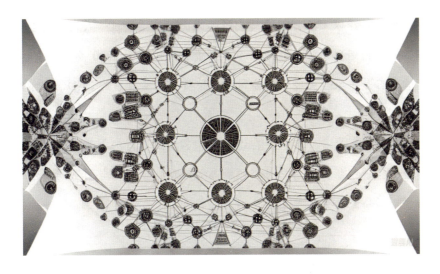

图 4.13　网络组织

【实践体会】

以客户为中心的互联、协作、协同

网络组织的核心思想是以工作任务为中心,关注客户的需求,关注最终结果,随时根据任务形成各种规模、各种形式的团队来完成工作。网络组织运作强调业务流程更短、更快捷,员工工作职责不需要太明确,只要有利于工作任务的完成,就可以实现动态分工合作共赢。例如,互联网电视网络公司奈飞创建于1997 年,其创业阶段仅有 30 名全职员工,却有 925 名临时工,以架构上无法描绘的互联互通、复杂多变形式展开组织运作。奈飞公司的经理们会分享很多信息,员工们获得应有的授权,最大限度地实现了精简、灵活,展现出竞争优势。

团组组织中员工被划分到企业中的一个个"小组""小团队",但每个团组都像一个小型企业一样运作,是一个自我管理单位,拥有极高的自治权。

曾经集权组织迅速成长,把某些产业职能纳入企业内部而非依靠其他企业来完成,大大降低了生产成本并提高了竞争壁垒,资源高度集中,大者更大,强者更强。但在互联网时代,互联网的基础设施让个体在关键局部中占据有利地位,"小而美"战胜"大而全"的故事层出不穷,"蚂蚁绊倒大象"之势愈发普遍。例如，曾经以工业化管理模式崛起的海尔集团通过"人人是创客"的组织变革，走团组组织路线，让6万多名员工自发组建出2000多个自主经营体，每个经营体都是一家自主经营的公司，每位员工都是自己的CEO，海尔集团因此焕发新生。

互联网时代，众多知名企业在组织架构领域所取得的创新性成果皆是围绕客户价值，强调组织内外信息与资源的高效流动、团队内与团队间灵活协作的组织形式，至今都很有参考价值。

无论是扁平化组织、液态柔性组织、网络组织、团组组织、圈层组织、平台组织、直线型组织还是矩阵型组织等，无论怎么强调"去中心化"，都不要误将去中心化等同于无中心。

事实上，小规模企业有经营层、有核心管理层，中大规模企业多数有总部。只是在AI时代，在数智化的加持下，总部越来越趋向于"小而美"，如图4.14所示。

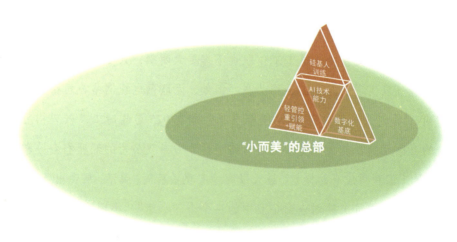

图 4.14 "小而美"的总部

【关键问题】

总部如何能实现"小而美"？

总部"小而美"的转化路径如下：

（1）轻管控，重引领＋赋能。

（2）打造足够强大的数智化后台（即数字化基底）。

（3）模块化塑造与调用组织 AI 能力。

（4）训练硅基人替代与承担部分职责。

【实践体会】

模块化 AI 能力塑造与总部精简

某重工集团成功部署数字化转型，模块化 AI 能力塑造和总部精简的推进策略与实施步骤清晰可见。

1. 前瞻性布局数字化转型

该重工集团在行业尚未广泛意识到信息化和数字化的重要性时，便已率先应用智能焊接机器人，揭开了数字化转型的序幕。通过这种前瞻性举措，集团率先迈入了智能制造领域，开启了其转型之路。

2. 构建数字化基础设施与模块化塑造 AI 能力

在 16 年的数字化转型过程中，集团逐步构建了完善的工业控制、通信传输、数据传输和安全监控体系。这些基础设施为企业搭建全面覆盖研发设计、设备管理、生产管理、物流管理、供应链管理、财务管理、商业决策等环节的网络协同制造平台奠定了基础。通过模块化的 AI 能力塑造，逐步整合并优化各类业务流程，保障集团能够灵活、快速地响应各类业务需求，以最终实现全方位的协同制造。

3. 业务流程与运营的标准化与智能化

为了进一步提升各层级的管理效率，集团在业务流程的标准化、在线化、自动化和智能化上再下功夫。随着模块化 AI 能力的深入应用，业务模块均逐渐通过智能化系统与其他模块无缝衔接，确保数据实时共享和业务流程的自动化运行。AI 驱动的系统除了优化生产过程、提升整体协同效率外，还增强了运营能力，以高度集成的企业智能制造体系使企业在面对复杂业务时能快速响应并高质量稳定运行。

4.提高管理效率并减少人力依赖

这些数字化平台和智能化系统的应用使企业能够在保持高质量业务运营的同时，显著提高管理效率，减少对人工的依赖。不仅很多重复性工作由 AI 系统承担，总部也不再需要大量人员来执行传统的监督、协调和管理工作，因为模块化的 AI 能力已经能够实时监控各项业务的进展，为快速精准决策提供数据支持。总部人员精减后采取了更加高效的人机协作管理模式。总部员工的职责从执行型转向决策型，主要负责监督 AI 系统的运行、参与战略性决策，并根据 AI 提供的数据进行创新性工作。

该重工集团是业务与管理高度数智化的标杆。这一转型经验表明，模块化 AI 能力塑造或可成为企业优化管理、提升效率、保持竞争力的优选路径。

模块化 AI 能力塑造如图 4.15 所示。

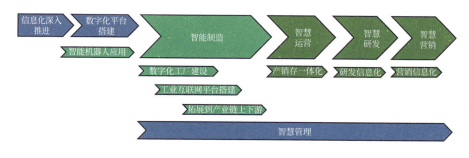

图 4.15　模块化 AI 能力塑造

4.4.3　畅想 3：科层组织依然有其价值

> **【关键问题】**
>
> 传统的科层组织在哪些场景中仍然适用？

科层组织的缺点如下：

（1）在复杂多变的市场环境中，缓慢的决策过程可能导致企业错失良机。

（2）信息传递的层级过多可能导致沟通不畅，造成信息失真、延误，甚至冗余。

（3）严格的层级关系可能束缚创新，压制了员工的主动性和创造力。

（4）面对复杂问题，层级结构僵化，难以快速应对新的挑战。

　　……

前文总结的实践体会是数字化与 AI 技术赋能，推动组织扁平化，这意味着科层组织必将面临重塑的挑战。

尽管如此，AI 时代的到来并未使科层组织所面临的挑战变得更为显著。早在近一个世纪以前，随着工业化进程的加速以及社会科学的蓬勃发展，管理学者就已对该组织形式展开了批判。然而，当深入审视当下的企业环境时，不难发现科层组织依然是最为普遍的组织形式，而且在某些新兴的组织形态中，仍在应用科层组织。

存在即有其合理性，因此也应深刻认识科层组织的核心优势：清晰的职责界定与规范化的流程管理。

那么，在何种情境下，这种明确的职责划分与流程设置能够展现出更高的效率，或其在重要性上超越了市场响应速度、成本节约与效率提升等经济层面的考量呢？

（1）稳定性高、变化缓慢的环境中，这种结构更能保持效率，如大中小学校中管理教学与行政事务，进行课程设置与资源分配。

（2）需要严格遵循流程和规章的行业，如金融、医疗及执法与部分公共服务单位。对于高风险研究与开发，层级结构能够确保程序透明、安全、合规，便于监督和审计。

（3）大型项目管理，如复杂的工程和建筑项目，跨国公司的复杂运营，需要确保每个环节都有明确的负责人和监控机制。

显然，科层组织如果能展现得如精密钟表（图 4.16）般结构严谨、运行精确，那么其在特定条件下仍然具有独特的优势。

图 4.16　精密钟表

除此之外，那些"隐藏款"科层组织又是在怎样的场景下存续的呢？

（1）复杂情形：价值链条长、强流程驱动、试错成本高、需要协调多部门 / 团队、需要明确决策路径，如有些企业的供应链部门。

（2）简单情形：人员密集，基层员工短时间内无法到达自主决策权层次，管理者与下属之间的能力差距短时间难以缩小，仍然需要上级进行事前辅导、事中跟踪、事后监督，如有些企业的生产制造部门。

科层组织依然有其价值，因为企业需要在保持必要的结构性与灵活性之间找到平衡。

【实践体会】

合规、效率、创新、员工参与

当 AI 能处理大量数据并提供实时分析时，组织保留必要的监督与合规机制，但减少管理层级，善用实时反馈的数据进行决策。

当 AI 的使用可以增强员工的决策能力时，组织保留对关键领域的管控，但赋予员工更多自主权，以增强其责任感、激发创新。

当 AI 工具能促进信息的透明与共享时，组织保留最基本的职能分工，但拆解之前的部门壁垒，减少跨部门沟通与协作。

当 AI 技术在组织内成功转化为应用工具时，组织保留对培训的重视与投入，但聚焦于自主学习平台搭建、任务导向的技能提升。

合理的组织结构应结合科层管理的必要性与 AI 带来的灵活性，形成一套动态适应的管理体系，保持合规、效率，同时促进创新、员工参与。

4.4.4　畅想 4：整合前瞻思考的大胆建模

▶【关键问题】

整合前瞻思考的组织形式如何描绘？

ChatGPT 的横空出世，曾一度引发人们对于人与机器之间的竞争与替代焦虑。然而，担忧与焦虑并不能解决任何问题，应该将这些情感转化为积极的思考，寻找在新兴技术潮流中的个人角色，特别是在自己的专业领域，要重点思考如何主导与驾驭 AI，如何让 AI 成为自己的合作伙伴，而非沦为被动的竞争者或被替代者。

图 4.17 为 AI 组织形式二分图，是本书所理解和设计的支撑业务的 AI 组织体系，是具象描绘出来的概念图。

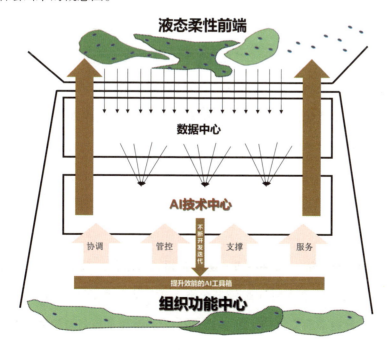

图 4.17　AI 组织形式二分图

　　将组织面向市场和不面向市场的部分分开讨论是 AI 组织形式二分图的核心。这种分离一方面精准定位各个部分的需求和挑战，面向市场的部分需要更强调市场敏感性、客户互动和竞争力，而不面向市场的部分则更注重内部流程优化、效率提升；另一方面能最大限度地展现 AI 在组织中的位置和功能的发挥。

> 《智能体白皮书：共建智能体，共创全场景智慧》：由国际数据公司（International Data Corporation，IDC）、中国信息化百人会、中国信通院、中国人工智能产业发展联盟、华为公司在 2020 年共同发布。

　　《智能体白皮书：共建智能体，共创全场景智慧》中，关于未来企业转型和关于智能体的技术架构是分开讨论的，核心内容举例如下。

　　（1）随着云、AI、5G 等多技术的不断融合，AI 应用生态的不断发展，企业将会有更多的创新机会，AI 也将成为企业发展的左膀右臂。企业通过智能化转型，将提升服务体验、业务效率和创新能力，重塑企业竞争优势，打造未来企业形态。

　　（2）面向商业，模式创新：体现在产品与服务的扩展、数字化产品的开发，以及构建开放的生态系统（企业级整合、组织边界重塑、共享数字服务的提供）。例如，能源行业，电网智能实时巡检，小时级降低到分钟级；交通行业，提升交通效率，挽回逃费损失；企业，打造"研发云"，重构研发作业模式。

　　（3）面对服务对象，体验提升：对准作战，通过与客户交易过程数字化，实现五类用户（客户、消费者、供应商、合作伙伴、员工）ROADS（real-time on-demand all-online diy social，实时、按需、全在线、自助、社交）体验和提高客户满意度。

　　（4）面向业务对象，效率提升：各业务领域信息化、数字化，打通跨领域的信息断点，使运营效率达到行业领先水平。通过业务和 IT 服务共享平台、统一的数据底座，打造面向客户的主业务流 CRM+ 和面向市场创新的主业务流 IPD+，实现数字化研发、生产、营销、采购、服务、财务管理、人力资源管理……

（5）AI 能力主要分为感知、认知和决策。要达到这三个层面能力的融合，需要三个模块：AI 开发平台、算法模型以及基于前两者衍生出来的 AI 应用。

（6）智能交互、智能联接、智能中枢、智能应用四部分构成了智能体的一体化智能系统。以制造业为例，智能交互，可能用到工业机器人、视频会议、无线传感器；智能联接，可能是企业有线网、互联网、工业传感网；智能中枢，可能是工业集成控制算法、预测性维护算法、智能调度算法、机器人自动应答算法进行数据采集及控制下发；智慧应用，可能是 AR（augmented reality，增强现实）/VR（virtual reality，虚拟现实）操控的生产方式智能化，可能是工业机器人实现装备智能化，可能是数字化运营的管理智能化。

将组织面向市场和不面向市场的部分分离，有助于组织在面对市场波动时更具应变能力，同时保持非市场导向部分的稳定性；有助于建立差异化的绩效评估体系和人才培养体系，便于更具针对性地分配资源、管理优先级，从而提高整体组织效能；有助于更好地识别和应对风险，保障组织在挑战中稳健运作。

为了清晰展示 AI 在组织中的作用及其核心功能的发挥，我们将其系统地整合并设计为数据中心和 AI 技术中心。至于 AI 技术如何实现、如何部署，则交给专业技术人员去理解和研究。作为组织体系建设者，首先要知道所处企业的未来发展方向，明确企业转型目标，要能理解智能体智慧产生、价值发挥的逻辑，并把工作重心放在发挥组织管理能力上，为技术的创新保驾护航，为技术的落地和价值发挥匹配资源、梳理流程、重塑组织。

> ▶【关键问题】
> AI 组织形式二分图如何理解？有普适性吗？

综合市场、用户体验、技术适应性、人才、风险等方面因素，以搭建适用的组织体系。下面对 AI 组织形式二分图拆解讲述。

液态柔性前端是 AI 组织形式设计最具创造力之处，其没有标准答案，而是根据不同的行业、企业发展阶段、变革转型的准备度等实际情况寻找 1 ~ 3 年组织形式最优解，如图 4.18 所示。

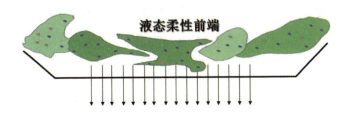

图 4.18　AI 组织形式之液态柔性前端部分

众多企业在这一领域有优异的实践成果，如团组组织、网络组织、平台组织、圈层组织等，均以客户为核心，展现出既适应外部市场环境动态变化，又契合内部业务增长需求的敏捷性，相对而言实现了更好的互联、协作、协同，读者皆可参考。

> 卢·郭士纳（Lew Gerstner），IBM 前首席执行官：大企业总是不可避免地迟缓而低效，小企业则是灵敏而快速，所以应该把大企业拆成一个个的小块。

液态柔性前端就是建议设计一个个小块，至于这一个个小块的人数众寡，则与业务体量、业务复杂程度有一定关系，各不相同。

【实践体会】

前端人才来源与人员组合

对液态柔性前端的思考主要放在人才来源和人员组合方面。

液态柔性前端中，一个个小点代表人才，图 4.18 中用了两种不同颜色，目的是对人才是否为组织正式员工进行区分。液态柔性前端模块中，有组织提供的资源；也可能涵盖组织外的资源，尤其是人力资源，即凝聚到这个业务团队中的人才；可能来源于自由人才市场，带着独特的经验、经历、能力、资源，"阶段性"为组织提供服务。就像我们在提供企业管理咨询服务时一样，我们为企业所用但并不为企业所有。

我们知道，也预测，也认同，**未来组织内未必都是企业正式员工**。今天令一线管理者头疼的某些问题，未来可能将无须面对，短期项目就召集做短期项目的人来做，项目合作履约结束，对方是选择休假、进修还是立即投身其他企业的项目，均有可能。

回到当下，分享我们近期在上海电信公众号上看到的一段话：

"全面深化以客户为中心的组织机制，服务于国资央企的新使命、新定位，加快建设世界一流企业，建立**弹性敏捷组织**，运营模式持续迭代、**激发自组织活力**，保持目标正确的情况下，**运用灰度管理，打破部门刚性边界**，鼓励开放包容创新。坚持'市场洞察—预算—考核—激励'四位一体机制总体稳定，将高质量发展总任务解码为具体目标和执行任务……对外完善市场化结算机制，**对内共建穿透式考核激励机制**。"

这些关键词正是表达着这样一种理念，也展示了实践运用。央企的组织变革已经在告示我们：这是趋势，是大势。

液态柔性前端是一种以客户为中心的敏捷组织模式。这种模式将外部资源凝聚成一团"黏液"，并与组织的中后台系统相连接。这些"黏液"代表的是面向客户的小型组织，它们的形式多样。为了提升客户体验、促进业绩增长以及有效整合外部资源，组织可以选择不同的发展路径：或是采用圈层发展模式，或是发展小组产品类的团队组织，或是建立网格结构，或是构建小型平台组织。这些选择应根据具体的业务需求，灵活多变地进行调整。

对于 AI 组织来说，强大的数据中心和 AI 技术中心，在新的颠覆性技术浪潮冲击到来前，是变中的不变。组织功能中心的基本形态，外显是打破传统组织架构的液态柔性组织，内核则将其设计为二层结构、四项职能，人机协同，囊括除营销外的所有企业经营运作体系，如图 4.19 所示。

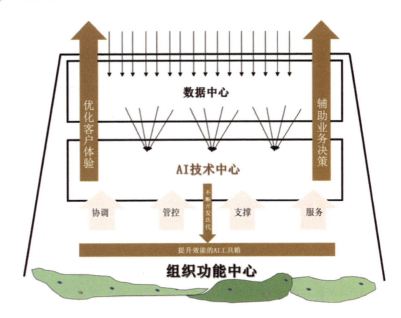

图 4.19　AI 组织形式之组织功能中心部分

组织功能中心三层结构：数据中心、AI 技术中心和各职能部门。

前端业务海量数据源源不断涌入数据中心，经特征处理汇入 AI 技术中心，AI 技术中心以实现优化客户体验、辅助业务决策为目标，直接赋能业务前端，且不断开发迭代 AI 工具箱，在资源协调、风险管控、技术支撑、以人为本类服务性工作方面提升组织效能，帮助各职能部门紧跟 AI 时代，迭代更新。

回顾第 1 章给出的 AI 价值创造现形公式：（数据＋算法＋场景）× 生态 = 价值，可以理解数据是 AI 的基础，是 AI 算法和模型建立的来源。没有数据，AI 将无法运作；而通过分析数据，AI 可以识别模式、规律和相关性，从而形成对未来情况的理解和预测，创造对企业而言有实际意义的价值。因此，AI 组织的组织功能中心中设置数据中心与 AI 技术中心，意义不言而明。AI 技术中心之所以被凸显出来，是因为其将成为 AI 组织功能中心的灵魂。

对于组织功能中心三层结构中的各职能部门，AI 组织形式二分图中没有给出具体名称，这是因为随着液态柔性前端的优化，决策和运营流程也需要随之调整，之前可能在企业内部有战略规划部门、市场部门、企管中心、质量监控部门等，但以后并不能保证其是否还需要作为一个部门单独存在。例如，人们熟知的职能部门：人力资源管理部门、财务部门、行政部门，在之前的组织设计中，这类部门往往不是组织设计的重点，独立存在。然而，随着 AI 技术中心的成熟，AI 工具箱的不断开发，当 500 份简历之前需要专业的招聘人员最快花 2 天时间审阅与判断，而今不到 10 分钟就能产出比肉眼阅读与人为判断更加精准的结果时，当人人都在 AI 辅助下成为组织某一模块的决策者时，职能部门就完全没有必要拆分得那么细，跨部门沟通障碍问题也会随之逐渐消融。

总之，组织设计无须纠结于部门设置，设置与取消某一部门都是应企业发展需要所做出的调整，是表现层；而内里则是要回答：组织功能中心除却数据中心、AI 技术中心外，还有什么功能需要发挥？

支撑、管控、协调、服务，是我们确认的四项职能。

（1）支撑是指为组织的顺畅运作提供不可或缺的资源供给与基础设施保障。数据是资源，财务资金是资源，人力资源也是资源，CPU（central processing unit，中央处理器）、GPU（graphic processing unit，图形处理器）、TPU（tensor proessing unit，张量处理器）等都是实现数据中心和 AI 技术中心的基础设施，而数据中心和 AI 技术中心最大的贡献就是为客户服务提供支撑，为更快更准做决策提供支撑。

（2）管控是为达到预期的结果，对组织各项活动进行监督、管理、控制。其具体包括对 AI 技术应用的管控，也包括传统意义上的其他风险管理、合规性监督、质量控制等方面。技术推动社会发展，在各行各业各个层面进展不一，可以预见，AI 替代方案出台会有先后，而有些管控或许会在法律层面就不允许以 AI 来替代。

（3）协调是组织内外合作的关键，无论 AI 技术的引入和发展走向何方，只要组织还需要多人存在，需要与产业上下游协作，那么就需要良好的协调来确保各方之间的资源分配、沟通顺畅、目标一致。

（4）服务是指为企业员工提供的以人为本类的服务，包括传统意义上的良好的办公环境、软硬件设备设施、各项福利，也包括通过技术实现如减少枯燥乏味重复劳动类的服务。这类服务或与支撑的功能边界模糊，但应切实存在。

综上，无论 AI 技术如何演进，支撑、管控、协调、服务始终是组织运作中不可或缺的要素，且这些功能相辅相成，所以将其定义为组织功能中心的四项职能。

企业构建稳健高效的组织体系时，应重点围绕这四大职能加以考量，而不应局限在具体部门的设置，局限在部门名称上。

【实践体会】

人机协同的组织功能中心

液态柔性前端的组织设计中，主要考虑人才来源和人员组合方面；而组织功能中心不以人员众寡而论，数据中心和 AI 技术中心以技术能力判断强弱，技术的强弱影响功能实现的效能，影响组织功能中心对人的依赖。

组织功能中心本身不断向人机协同方向发展，这是必然趋势，也是无论企业基础在哪里，起点是什么，即便是被技术发展和时代裹挟着，也要去往的方向。

在 AI 时代的技术进步下，各行各业都在警惕潜在的商业模式颠覆，这虽然会给企业家带来焦虑，但 AI 技术在组织效率提升方面的作用却是企业家普遍喜闻乐见的。

AI 组织形式二分图作为整合前瞻思考的大胆建模，给出的不是一个固有模式，而是一个"解题"模型，包括：

（1）"以客户为中心"灵活创造的液态柔性前端。

（2）三层结构四项职能的液态柔性组织功能中心。

（3）赋能业务前端、提升组织效能的 AI 价值核心。

希望该"解题"模型在 AI 时代能历久弥新。

【实践体会】

希望能撑到下一场革命

ChatGPT 横空出世之前，人们很难想象能够以如此自然流畅的方式进行人机交互。ChatGPT 的出现彻底颠覆了人们对 AI 的认知，其在语言理解与生成任务上的显著进步，大大超出了人们的预期，促使人们开始重新评估 AI 技术的潜力，也催生出许多关于新的应用场景和商业机会的思考。ChatGPT 为未来的技术发展和商业模式创新探索出新的路径，具有开创性意义。

2024 年开年，OpenAI 文生视频的发展速度、实现的效果再次超出人们的预期。国内各类应用紧随其后，如新浪科技报道，国内软件快手的自研大模型"快意"的综合性能已经超过 GPT 3.5，在多模态方面，快手文生图大模型"可图"的综合性能已经超过 Midjourney 5。

随着深度学习和自然语言处理的不断突破，ChatGPT 及其类似技术将迎来更加强大的版本。例如，对上下文的更好理解、更高效地处理长文本方面，月之暗面公司国产大模型产品 Kimi 在 2024 年 3 月 18 日公布了支持 200 万文字输入的内测邀请，即 Kimi 具备 200 万字长度的无损阅读能力，当时的报道称其长文本能力或已成为人类与 AI 交互的新守门员……再到 2025 年春节前后，DeepSeek 凭借其高性能、低成本、开源策略及跨行业应用场景的广泛适配性等多方面优势火爆全网，被视为具有重大战略意义的科技成果，并引发了行业生态的连锁反应。

总之，未来的模型必然更加智能、理解更为深入，能够更好地模拟人类思维和情感。

其实，除了 AI 外，目前人类还在多个技术领域进行着颠覆性的创新。例如，可以在原子、分子层面进行材料与设备的设计及制造的纳米技术，可能在电子、医疗、能源等领域率先带来革命性的变化；CRISPR（clustered regularly interspaced short palindromic repeats，成簇规律间隔短回文重复序列）技术的发展为基因编辑提供了一种高效、精准和廉价的方法，其可以用于治疗遗传性疾病、改良农作物、生产生物燃料等领域，有可能彻底改变医学、生物学和农业领域的研究与应用；BMI（brain-machine interface，脑机接口）技术实现了大脑与外界设备间的直接信息交流，既涵盖了大脑信号的精准捕捉，也涉及对外部设备的智能操控。当前，BMI 技术与神经科学的突破性进展正聚焦于为残障群体开辟新的康复途径，未来也可能向推动人类学习、记忆、认知能力的飞跃性提升方向发展。纳米技术、基因编辑技术、BMI 技术本身就具有颠覆性、革命性意义，当它们再与 AI 发展相结合，与量子计算和 6G 网络技术发展相结合……

未来充满无限可能，极具想象空间。然而，当这一切真正发生时，再回望我们当下所描绘的 AI 组织形式，我们确实无法保证其有效性。我们只能说：希望我们能撑到下一场革命的到来。但是，技术越是发展，我们越是认同"强个体崛起"这一大趋势。虽然组织的构建模式有可能需要创新和重塑，但是可以预测，组织与个人之间的关系会向以下几个方向演进。

（1）组织应将自己定位为平台，吸引愿景相同的"强个体"，促成彼此间的共生关系。

（2）组织需对产生共生关系的"强个体"保持开放性，共享信息，并协调资源助其发展。

（3）组织以优化自身沟通渠道来呵护"强个体"的创造力，以高效协同来提高效率。

（4）组织以人性化服务维护"强个体"的士气，以提升"强个体"的幸福感及对"强个体"持续赋能，强化组织自身的号召力与凝聚力。

4.4.5　脚踏实地：任务分解替代概率模型

> 【关键问题】

AI 组织进化，如何与 AI 技术发展建立起关联关系？

革新工作组织，畅想过后，AI 组织进化要脚踏实地。

在工作组织层面，AI 的价值核心在 4.4.4 小节中被非常朴素地表达为"赋能业务前端，提升组织效能"。赋能业务前端被拆解为两点：优化客户体验，辅助业务决策；提升组织效能则为持续开发与迭代高效能的 AI 工具箱，支持支撑、管控、协调、服务四项职能的实现。

AI 技术逐渐替代传统由人做的工作，实现职能的替代、岗位的重塑或再造，其动态过程间接导致的组织形式也只能是"液态柔性"的。因此，即便我们进行了大胆的设想，最终形成的仍只是一个解题模型，而无法精确预测其具体的形式。

业界关于 AI 对职业产生影响的研究多围绕就业展开，得出了诸多相关结论。例如：

（1）AIGC 必将加速新一轮产业变革，致使从事信息编写、内容创建、客户服务等工作的从业人员面临失业风险。

（2）AIGC 也催生与 AIGC 密切相关的就业岗位，成为推动数字职业规模扩大、结构优化及升级的重要驱动力，必将深刻改变从业结构。

另外，还有较新颖的视角。例如：

埃森哲《2024 生成式 AI 时代的工作模式、工作组织、工作者研究报告》：埃森哲商业研究院基于各国统计局和 O*Net 数据，就工作任务中"人机协作"工作量的区分，以及工作受到生成式 AI 影响的程度，做了 22 个国家、19 个行业的相关预估。其中，中国通过生成式 AI 实现自动化的工作时间占比 18%，将被生成式 AI 优化的工作时间占比 15%，如图 4.20 所示。

图 4.20　埃森哲关于各国生成式 AI 工作时间占比的研究（部分国家展示）

埃森哲关于各行业生成式 AI 工作时间占比的研究如图 4.21 所示。

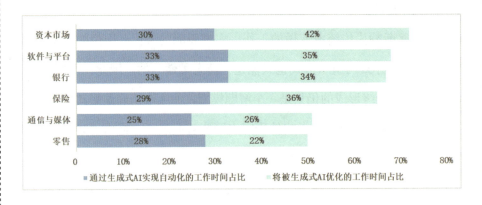

图 4.21　埃森哲关于各行业生成式 AI 工作时间占比的研究（前六行业展示）

从组织建设视角，这些数据有参考价值，但指导意义还不够理想。

清华大学《AIGC 发展研究报告 1.0 版》（2023 年 5 月）：AI 替代某个工作主要取决于以下要素：任务重复性、标准化程度、创新和判断能力的需求、数据依赖性、经济成本、交互复杂性，而每个工作的任务构成决定了最后的整体替代率。该报告将此研究成果设计为任务分解替代概率模型（图 4.22），还据此展示了"人数较多职业替代表"。

图 4.22　任务分解替代概率模型

　　任务分解替代概率模型的逻辑是 AI 能力范围内的职业岌岌可危，AI 能力之外的职业欣欣向荣。在 AI 技术未全面普及之前，高创造性、高情感性的脑力劳动及体力劳动职业替代率更低。例如：

　　（1）工厂工人的基本任务是操作机器、装配产品、检查质量等，因任务重复性和标准化程度高，故而整体替代率预估高达 80%，20% 较难被替代的是需要手工技能和判断的任务。

　　（2）办公室职员处理文件、管理日程、处理通信等基本任务 60% 将被替代，只有需要人际交往和判断能力的任务才需要由人来胜任。

　　（3）销售人员的整体替代率预估为 30%，因其基本任务是客户沟通、销售产品、维护客户关系，需要理解复杂的人类需求和建立人际关系。

　　虽然此为计算替代概率，但回溯到岗位的职责和工作任务本身，拆解后进行加权计算，维度全面、清晰，可直接转化利用到实际工作中。

【实践体会】

像过去评估岗位价值一般评估工作任务 AI 替代率

　　岗位价值评估是指依据预先设定且统一合理的规则与标准，对岗位在组织中的职责大小、工作难度、影响范围、工作条件、工作强度、任职条件等因素进行综合评价，确定岗位在组织内部的相对价值的系统性过程。岗位价值评估是企业构建更加完善的薪酬、绩效体系的基础工作。

　　工作任务 AI 替代率是指依据类似清华大学给出的任务分解替代概率模型中设定的要素，科学地、客观地对工作任务中可被 AI 替代的具体范围、被替代程度进行综合分析和评估，以确定特定工作任务在当前技术条件下的 AI 替代可能性，如图 4.23 所示。据此，可展开流程简化、组织架构调整、岗位重新设置、人力资源重新分配等一系列结果应用工作。

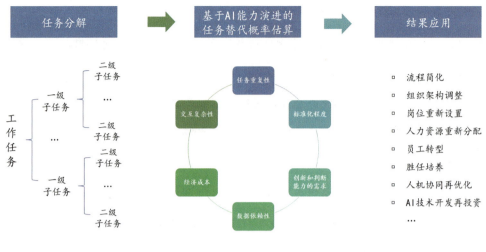

图 4.23 评估工作任务 AI 替代率

　　清华大学的研究中，任务分解替代概率模型中包含任务分解、细分任务替代概率估算和职业整体替代概率计算三个层次。其中，第三个层次指向三类职业区分，分别如下。

　　（1）第一类：可替代性传统职业，广泛涉足农林牧渔、批发零售、住宿餐饮、交通运输、仓储、邮政业等行业中任务重复性和标准化程度高的从业人员。

　　（2）第二类：互补型发展职业，整体替代率较低，工作任务的高度情感性与复杂性是其典型特征。其涉及科学研究、技术服务、文化、体育、娱乐、教育等行业中负责理解人的情感、管理团队、作出复杂决策、提供心理支持或需要复杂手眼协调和现场判断的从业人员。

　　（3）第三类：高潜力新兴职业，随技术发展逐渐变化，以人机协同提质增效为目的，顺应趋势，且以工作任务的高度协同与融通为典型特征，如 AI 训练师、人机交互提示词工程师、AIGC 监测师等。

　　本书之所以青睐并采纳这类模型，是因为其能够有效阐述技术发展与组织建设之间的内在联系，能迁移过往的知识与技能，把如何做变得不那么高深莫测，使实践方法更具可操作性，脚踏实地，完成 AI 组织进化。

4.4.6　与硅基人共担职责，共创额外产能

【实践体会】

锻造快速适应并能不断学习的员工队伍

自 ChatGPT 问世以来，生成式 AI 的崛起一方面预示着将大幅提高生产力，另一方面也引发了全球范围内的失业恐慌。2023 年，有实力的企业纷纷通过外部招聘具备新兴技术的专家来应对 AI 技术带来的技能空缺。然而，这一外部招聘策略很快暴露出局限性，AI 领域人才供不应求，且外部人才与企业的融合需要时间，能不能发挥出专家价值，短时间内尚未可知。

到了 2024 年，诸多企业开始反思这一策略，将重心更多转向内部员工的技能培养，力求通过提升现有员工的技能敏捷性和适应能力，构建一个自我进化的组织，以保障在未来的不确定性中保持竞争力。

企业逐渐认识到，**未来的成功仍在于拥有一支能够快速适应并不断学习的员工队伍，这才是企业长期可持续发展的关键。**

4.4.5 小节虽介绍了任务分解替代概率模型，架构起了组织进化与技术发展之间关系的桥梁，但如果将组织功能中心中的数据中心和 AI 技术中心的作用简单理解为对人类工作任务的替代，则是对这两大中心的严重低估。

企业投资打造技术基础设施，为的是优化当前业务，或构建或融入现代产业链技术生态系统，使企业在市场中保持竞争力，并争取通过保持前瞻性洞察和灵活性获得更多的市场份额，走出更长远的可持续发展之路。而这条路上不可能只有硅基人相伴，**碳基人与硅基人共担职责才是未来**，如图 4.24所示。

图 4.24　与硅基人共担职责

生成式 AI 极大地增强了传统 AI 和自动化技术作为生产要素的能力，赋予硅基人更强的创新性、灵活性与智能化，使得硅基人从自动化效率工具，成为与碳基人共同推动企业生产和创新的重要力量。

当前全球市场正朝着高度定制化、个性化的方向发展。一方面，劳动力成本不断攀升，熟练技术工人短缺成为常态；另一方面，客户对产品的质量和交付速度要求不断提高，传统依靠人工完成大量重复性、精细化的操作不再具有竞争力。硅基人有利于企业在效率、精准度和灵活性方面突破局限，更好地适应市场的动态变化和激烈竞争。

人机协作带来的前景极为广阔。硅基人与碳基人协同工作的核心意义在于高效分工，利用各自的优势完成特定任务。硅基人在处理大规模数据、重复性任务和高精度操作方面具有优势，而碳基人则在战略规划、复杂决策、创造性思维、情感交流中占据主导地位。

因此，合理的责任分配是 AI 处理大量机械化任务和数据分析，而人类则专注于创意、沟通、复杂决策。制造业中的汽车行业和物流行业的仓储管理，都是人机协作提升产能的典型代表。例如：

（1）特斯拉是一个广泛部署机器人的企业，其利用自动化系统来实现生产线的高精度组装和测试，确保其工作过程的精准性和可靠性。AI 技术让特斯拉在制造过程中达到了高度的灵活性，可以迅速适应市场需求的不断演变。人类员工通常担当监控、管理与推动创新的角色。

（2）亚马逊公司通过机器人系统来运送和分类货物，该系统以极其高速的订单处理能力提升了仓储的运营效益。然而，对于人类职员来说，他们更侧重于烦琐的协调过程和决策制定。

随着 AI 在工作中的参与度增加，责任分担问题变得既复杂又让人期待。

解放人类非创造性劳动越来越彻底。在制造业普遍性场景中，如 AI 一开始主要是处理大量重复性、劳动密集型的任务；后续可能角色扩展至质量检测环节；接着可能通过实时监控优化生产调度，减少停工时间，提升生产效率；一步可能是依托实时数据分析能力助力企业优化生产流程，规避资源浪费及库存积压问题；再向后发展，可能就是助力企业预测市场需求，自动优化生产计划，确保产量与市场需求之间的精准匹配。与此同时，人类则从在一旁监督、协作转化为负责制定生产策略和解决不可预见的问题，最终成为创新的引领者，如图 4.25 所示。

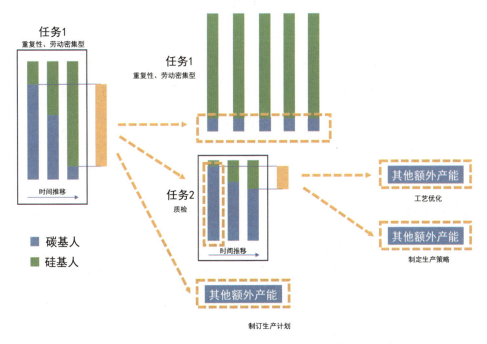

图 4.25　制造业普遍场景中的共创额外产能

通过图 4.25 的直观表达，不难理解以下结论。

（1）碳基人与硅基人通力协作，提升的是企业的整体产能。

（2）这一过程中，通过这种共担职责的模式，企业能够以更低的成本、更高的效率和更强的灵活性获得竞争优势。

（3）企业未来的竞争力，除资本和人力资源外，还取决于企业人机协作能力。

（4）因 AI 技术驱动的组织变革，工作流程与工作方式都在发生变化，与其被动应对，不如主动出击。

（5）硅基人在替代碳基人部分工作的过程中，也在推动碳基人工作能力的延展。

（6）碳基人只有尽快适应、快速学习，从被动接受任务的执行者变为主动参与创新和决策的合作者，与硅基人形成紧密协作，才能实现额外产能，共创新的价值。

（7）数智化技术应用帮助企业实现产能提升、成本下降，在未来市场中势必占据主导地位。

> **菲奥娜·西科尼（Fiona Cicconi），谷歌首席人事官：** 我们的目标是让 AI 真正惠及每个人——积累知识、有效学习、提高创造力与生产效率，并通过负责任地构建和部署 AI，让每个人获得成长。在工作中，应充分利用 AI 帮助员工和团队更加有效地开展工作，提升其影响力。不变的是，工作仍然会以人为本，这样员工才能充分发挥创造力，而创造力是人类独有的重要特质。

所有的初衷，都是让人类的未来更美好。

【实践体会】

液态柔性组织的畅想并非空穴来风

硅基人在替代碳基人工作的过程中，也在推动碳基人工作能力的拓展。也就是说，**企业的员工将从掌握一两个专业技能、深耕一两个领域，转型成为能同时掌握多项专长的多面手。**能够迅速学习新技能、适应新技术，并在不同的任务和项目中灵活应对挑战的员工，符合"强个体"特征。

AI 驱动下的组织变革，促使工作流程与工作方式发生改变。 未来的工作将不再围绕某个固定职位展开，而是更多地围绕项目和问题进行动态分配。企业的人员配置也将更加灵活，员工不再被局限于某一特定岗位，而是在不同任务之间灵活切换，以满足快速变化的业务需求。未来的企业真正需要的是一支能够快速适应并能不断学习的员工队伍，构建出能随时做好自我进化准备的组织。

"强个体"在不同项目间自由流动，根据任务需求快速调整自身技能，并通过持续学习保持竞争力。工作团队也因此有聚有散，不断重塑。液态柔性组织的畅想，并不是空穴来风。

硅基人替代部分工作 → 推动员工向多项专长转型 → 形成"强个体"。

AI 驱动组织变革 →向项目与问题导向的动态工作模式转化 → 组织更加灵活多变。

强个体特征 → 快速适应、持续学习，在不同项目间流动、灵活应对任务 → 团队不断重塑。

液态柔性组织 → 随任务需求变化不断快速反应、重塑、进化。

4.5　个体能力画像与绩效激励设计

AI 时代，组织向项目与问题导向的动态工作模式转化。具备适应性、灵活性和快速响应能力的敏捷团队能更加从容地应对这样的变化与挑战。在敏捷团队中成长的人员，思维活跃、技能多元且角色转换快，能力提升迅速，整体综合素质符合"强个体"特征，如图 4.26 所示。

图 4.26　敏捷团队示意图

继续畅想：未来，"强个体"在 AI 辅助下，一人可抵一家公司。

人效提升，将成为接下来 5 ～ 10 年里组织最重要的话题。

液态柔性组织中多为"强个体"及由"强个体"组成的敏捷团队。因此，接下来的要点分析将基于我们在互联网时代对"强个体"和敏捷团队绩效激励方面所积累的知识与经验，进一步思考和策划相应的模型与工具。

4.5.1　个人 π 型能力画像

> 【关键问题】
>
> 个体 π 型能力画像的构成要素有哪些？

这些年，企业乐衷盘点人才，做人才画像。通常来说，人才画像致力于全面描述员工的特质和能力，不仅包括其个人基本信息、教育背景、工作经历、过往绩效，更重要的是深入挖掘员工的专业技能、性格特质、工作动机、职业发展期待、团队中的角色定位及管理潜能，如图 4.27 所示。通过这些要素，企业可以优化人力资源配置，制订更有针对性的人才发展计划，提升整体工作效率和员工满意度。

图 4.27 企业为员工所做的人才画像

未来，人人都该主动为自己进行盘点，做自己的人才画像。项目有职责说明与能力要求，个人有人才画像，以便与项目的任务、目标、职责、能力要求相匹配。

个人 π 能力画像如图 4.28 所示。

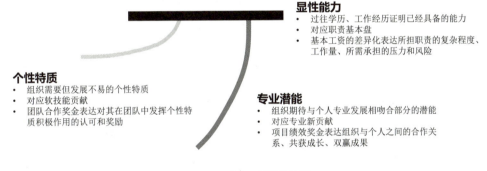

显性能力
- 过往学历、工作经历证明已经具备的能力
- 对应职责基本盘
- 基本工资的差异化表达所担职责的复杂程度、工作量、所需承担的压力和风险

个性特质
- 组织需要但发展不易的个性特质
- 对应软技能贡献
- 团队合作奖金表达对其在团队中发挥个性特质积极作用的认可和奖励

专业潜能
- 组织期待与个人专业发展相吻合部分的潜能
- 对应专业新贡献
- 项目绩效奖金表达组织与个人之间的合作关系、共获成长、双赢成果

图 4.28 个人 π 型能力画像

个人 π 型能力画像由显性能力、专业潜能和个性特质三部分组成。

1. 显性能力

图 4.28 中，最粗壮、颜色最深的横线代表显性能力，是过往已经取得的学历、证书、项目经验、工作经历能佐证的能力。这些是写入简历、载入档案的部分，也是用人单位遴选人才首先会看的部分。用人单位会对照岗位描述或者对照职责图谱和能力图谱初步辨识该人才是否符合基本能力要求，也因此预判其未来工作的复杂程度、工作量、所要担负的压力和风险，决定了用人单位给付的起薪。

2. 专业潜能

图 4.28 中，颜色稍淡，斜率较大的曲线代表专业潜能，是组织期待与个人专业发展相吻合部分的潜能。潜能是指个体内在所蕴含、尚未充分展现或有效运用的能力与潜在能量。潜能的开发和发掘是个人发展的重要环节，需要个人不断地学习、实践，并为此付出努力，同时也需要外部的机遇与支持。如果个人专业发展方向与组织所需要的、所期待的恰好吻合，工作内容蕴含成长与发展契机，则自然能够激发个体的满足感与成就感，那么正好对应激励双因子理论中的激励因子。

站在个人角度，获得外部机遇与支持，个人专业能力得以快速提升，未来还能转化为显性能力；站在组织角度，吸引这类工作动力和积极性充足的潜力人才也容易产生好的绩效。共获成长的双赢合作关系就此建立。

3. 个性特质

图 4.28 中，颜色最淡、斜率较小的曲线代表个性特质，是组织需要但发展不易的个人的个性特质。个人的个性特质多种多样，它们构成了每个人独特的性格和行为模式。例如，有人外向，喜欢与人积极互动；有人内向，倾向于独处和反思；有人喜欢探索和学习新事物；有人喜欢目标明确，条理清晰；有人勤奋自律；有人友好体贴；有人情绪稳定；有人敏感直率……这些特质在不同的人身上会有不同的强度，不同强度再组合，故而形成每个人独特的个性特质。

同时，个性特质会变化但难改变，即便主动想要改变，所需要的时间和精历也会相对长一些、多一些。

贝尔宾团队角色理论主张，一个高效团队应囊括智多星、外交家、凝聚者、推进者、专家、实干家、协调员、完美主义者、监督员九种关键角色，如果每一角色团队中均有恰当的人员与之匹配，则这样的团队个性特质互补且能促进彼此发挥优势，默契协作，实现高效能。

个性特质本身并无优劣之别，关键在于其与企业文化的契合度以及团队成员间的互补与和谐。一个人的特质若能与企业文化的核心价值观相契合，同时又能与团队成员形成良性的互动与协作，那么这种特质便是企业所珍视的，也是用人单位组建团队不得不考量的重要部分。

显性能力、专业潜能、个性特质三部分较为完整地展现了个人未来在敏捷团队中所能承担的职责、个人与团队共同发展的目标和将扮演的团队角色。

显性能力在上，尚未展现的和较难培养的专业潜能与个性特质在下，我们形象地将其组合为大家熟知的字母 π 的形式予以展现，取名个人 π 型能力画像，便于大家识记。

4.5.2　大道至简：OKR 足矣

> ➤【关键问题】
>
> AI 时代，依然适用的绩效管理工具有哪些？

【实践体会】

绩效管理，理念先行

任何时候谈绩效管理，以下两点都必须事先言明，达成共识，否则再好的模型、再好的工具，用不好，用错了，也是枉然。

（1）绩效管理的根本目的是激励员工付出超越职责的努力，实现与企业的共赢。

（2）工具本身没有先进落后之分，只有适用程度的不同。

第一点讲的是道，即需要确立科学的绩效管理观念。绩效管理不等同于绩效考核，后者实为绩效管理流程中的一个关键构成部分。全面的绩效管理应涵盖目标设定、计划编制、过程反馈机制、持续的沟通指导与结果的有效运用等多个环节，共同构成一个动态循环的管理体系。

绩效管理不是为了建立与加强控制，不是强调结果，不是专注量化指标，不是自上而下的监督，不是到点开评估会的一次性任务，员工不该是被动的，这些关注任务，着眼于过去的错误的"秋后算账"，统统都是对绩效管理的误解。

绩效管理的目标远在"使员工达到期望的绩效"之上，绩效管理关注的是人，关注的是未来的改善，看重价值、行为、目标，强调的是意愿，加强的是关系，是管理者定期或不定期、正式或非正式的反馈与辅导，是员工自愿积极主动参与其中，双方通过沟通来实现的管理过程。企业如果理念不正确，方向不明确，那么越是先进的绩效管理工具，越有可能被工具反噬。

第二点讲的是术，工具无罪，应知其善用。绩效管理工具各具特色，依据其评估特性可划分为多个类别。在相对评价法范畴内，包括简单排序法、间隔排列法、配对比较法、人物对比法以及强制正态分布法；绝对评价法则涵盖了目标管理（management by objective，MBO）法、平衡计分卡、关键绩效指标（key performance indicator，KPI）法以及行为锚定等级评价（behaviorally anchored rating scale，BARS）法；描述性方法则主要涉及360° 反馈评估法及关键事件技术法等。

对初创型小微企业来说，或许一年做一个 360° 评估即可；对于初具规模的企业来说，仅构建 KPI 库就很有价值和意义；对于已经有规范化管理基础、高层领导的更多时间是思考战略及通过管理来引导公司向更深层面发展的企业，恰逢其时的工具或许是平衡计分卡……

一般来说，完整的评估内容应该包含业绩评估、态度评估、能力评估、潜力评估。对照以上常见工具的特点，会发现将其加以组合运用可能更能达到企业所需。工具本身没有先进落后之分，只有适用程度的不同，因此要知其善用。

与组织结构设计类似，组织管理者应根据外部环境变化，企业的战略目标、文化价值观、业务需求和员工特点，创新和改进适合自己企业的组织架构，而不是简单地套用标准的模式或方法。同样的，绩效管理办法也应该是量身定制的、适用的、灵活的。

在流程和分工都比较成熟的行业中，项目管理方式往往以计划和流程控制为核心。随着时代的发展，在整体环境易变、模糊、复杂的情况下，越来越多的行业和企业需要通过频繁交付来尽早获得反馈，根据反馈及时调整计划，从而实现战略目标。在这种"快速试错"领域，敏捷方法能够发挥最大效用，敏捷团队更能从容应对时代挑战。

对于"强个体"和敏捷团队，推荐使用的工具是 OKR（objectives and key results，目标与关键成果法）。OKR 解析如图 4.29 所示。

图 4.29　OKR 解析

OKR 由英特尔公司发明，在谷歌公司发扬光大。OKR 被发明的初心是使整个组织的目标一致，突出重要的关键结果，帮助组织和团队提升绩效、增强协作和激发创新。其中，目标应是鼓舞人心、易于理解并且能够激发团队动力的，可以是明确的、具体的、有挑战性的定性陈述，描述想要实现的事情。关键结果作为衡量目标达成状况的具体量化指标，具备可度量性、明确性及时限性特征，旨在精确反映目标实现的进展与成效。通常是 3~5 个关键结果支持一个目标，描述将如何知道目标已经实现。

目前国内诸多互联网公司已在使用 OKR，还有更多企业在了解、学习、尝试使用 OKR 的路上。作为近几年被热捧的工具，OKR 其实有其特殊的适用基础。

（1）环境：整个企业必须有足够信任、公开、公平的文化氛围基础，因为践行 OKR 的要求是每个人的 OKR 公开透明，包括内容和评分。

（2）业务：适合通过创新或流程改造来提升人效的业务领域，如研发、管理层；而经营、生产这类通过时效控制来提升人效的偏运营的业务，除非遇到可列为专项的有挑战性的特殊任务，否则就工具而言，KPI 更适用。

（3）人员：适合喜欢挑战、有主动性、能够自驱的人员和团队，同时要由非家长型、非交易型领导风格的管理层来领导。领导者本身应灵活应变，擅长激励人心及管理变革。

对于一个真正的敏捷团队来说，其敏捷特征与 OKR 方法之间有许多天然的契合之处，具体如图 4.30 所示。

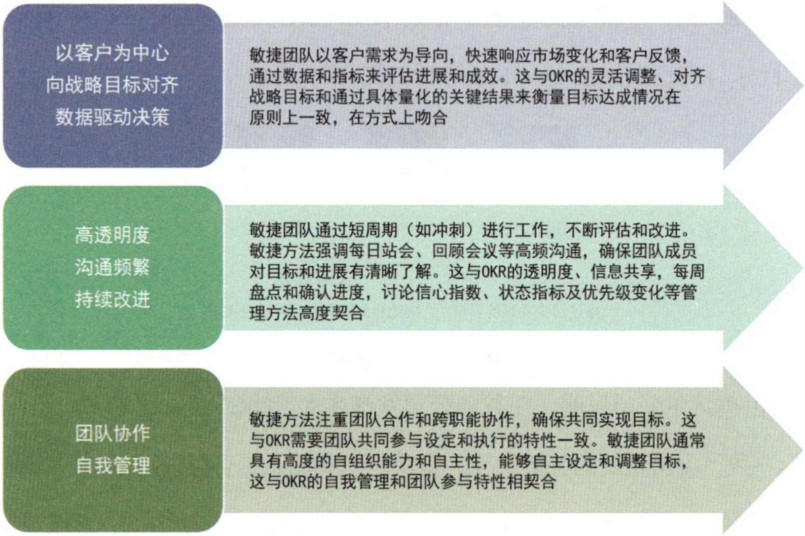

图 4.30　敏捷特征与 OKR 方法间的契合之处

敏捷团队的固有特征使其在执行 OKR 时能够充分利用自身优势，更高效地设定、追踪和实现目标。总之，通过以下步骤和策略，可以将敏捷方法与 OKR 方法结合，充分利用两者的优势，提升团队的绩效和目标达成能力。

1. 设定明确的 OKR

（1）至少每个季度设定一次具体的有挑战性的目标，目标与团队和组织的战略方向保持一致。

（2）每个目标再设定 3~5 个具体、可衡量的关键结果，客观反馈目标的实现情况。

（3）公开 OKR：确保团队的 OKR 对所有成员透明公开，促进信息共享和协作。

2. 将 OKR 嵌入敏捷迭代

（1）迭代规划：在每次迭代规划时，将 OKR 目标分解为迭代周期内的具体任务，确保每个迭代的工作内容都与长期目标和关键结果对齐，并且在每次冲刺中完成。

（2）每日站会：团队成员回答昨天做了什么、今天要做什么、遇到什么困难的同时对照 OKR，确保对关键结果的实现保持关注。

（3）定期沟通：根据项目大小、复杂程度、周期等要素决策复盘频次及周会、月会等定期沟通形式，确保团队成员对目标和关键结果的实现进展有清晰的了解。

3. 复盘、评估与改进

（1）根据数据分析结果和指标评估关键结果的实现情况，及时调整策略和行动计划，确保实现目标的路径最优化。

（2）在 OKR 周期中需要开展阶段性检查，同时结合目标冲刺评审会，在周期过程中确保路径正确，能根据需要及时调整策略和任务优先级。

（3）复盘和改进环节是 OKR 绩效机制的重中之重，每次冲刺结束后，团队需要对客观情况进行分析对比，制定改进措施，实时记录阶段性成果、关键个人贡献。

（4）项目结束时团队要进行全面复盘，总结经验教训，针对评估目标和关键结果的实现情况，团队进行集体决策，为项目成效赋分。

通过上述步骤和策略，即可将 OKR 与敏捷方法相结合，帮助团队实现快速迭代和灵活响应变化，始终保持对战略目标和关键结果的聚焦，从而实现更高效的项目管理，更好地达成目标。

判断组织是否适合推行 OKR 的最基础的判断如下：

（1）产业节奏变化飞快，目标制定无据可依，需要频繁变更，其频繁程度缩短为一个季度甚至更短。

（2）出发点在于促进员工团队协作，与组织目标、团队目标对齐，不是把员工设定的 OKR 视作绩效考核的约定，不是为了"绩效考核"换一个新手段。

在 AI 时代，对于"强个体"和敏捷团队的绩效管理，OKR 或许已足够。

4.5.3　精益求精：倒 π 绩效激励模型

> **【关键问题】**
>
> 倒 π 绩效激励模型的主要构成要素是什么？如何理解？

在 MBA 课程中，可以得到如下关于绩效和激励的定义及诠释。绩效管理是企业或组织为达成整体目标而实施的一种系统性方法，其涉及目标设定、员工及部门绩效评估、反馈机制的建立以及激励机制的应用。此过程旨在确保员工行为与工作成果紧密契合组织的战略愿景与核心价值观，同时激发员工个人潜能，促进其持续进步与职业发展。通过科学有效的绩效管理，企业能够激发员工的工作热情，提升整体工作效率，为实现长期发展战略目标奠定坚实的基础。

因业务复杂、职能庞大、文化等因素，对于已在绩效、激励方面深耕多年的企业，我们提供另外一种视角，为企业的绩效激励精益求精提供参考。个人 π 型能力画像在人才识别和适配度甄选上可以发挥作用，相应地，绩效激励也可以围绕"π"来展开。这里将其设计为"倒 π"形式，如图 4.31 所示。

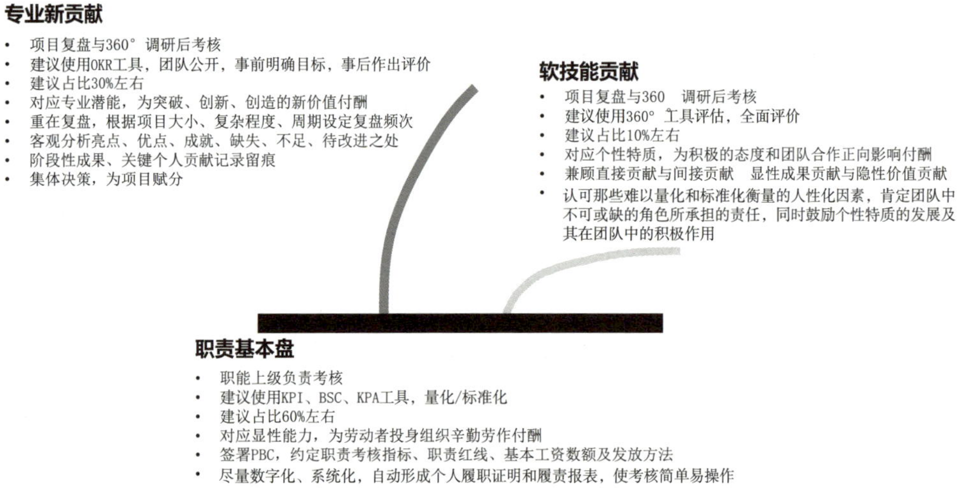

专业新贡献
- 项目复盘与360°调研后考核
- 建议使用OKR工具，团队公开，事前明确目标，事后作出评价
- 建议占比30%左右
- 对应专业潜能，为突破、创新、创造的新价值付酬
- 重在复盘，根据项目大小、复杂程度、周期设定复盘频次
- 客观分析亮点、优点、成就、缺失、不足、待改进之处
- 阶段性成果、关键个人贡献记录留痕
- 集体决策，为项目赋分

软技能贡献
- 项目复盘与360 调研后考核
- 建议使用360° 工具评估，全面评价
- 建议占比10%左右
- 对应个性特质，为积极的态度和团队合作正向影响付酬
- 兼顾直接贡献与间接贡献 显性成果贡献与隐性价值贡献
- 认可那些难以量化和标准化衡量的人性化因素，肯定团队中不可或缺的角色所承担的责任，同时鼓励个性特质的发展及其在团队中的积极作用

职责基本盘
- 职能上级负责考核
- 建议使用KPI、BSC、KPA工具，量化/标准化
- 建议占比60%左右
- 对应显性能力，为劳动者投身组织辛勤劳作付酬
- 签署PBC，约定职责考核指标、职责红线、基本工资数额及发放方法
- 尽量数字化、系统化，自动形成个人履职证明和履责报表，使考核简单易操作

图 4.31 倒 π 绩效激励模型

1. 构建初衷

国家法律法规明确规定，企业有向员工支付薪酬的法定义务。同样地，与外部人员建立合作关系，也普遍通过签订具备法律约束力的合同来确保双方权益。当企业支付薪酬或履行合约时，实质上是在为劳动者的知识、技能、经验、时间以及他们对组织的贡献买单。简而言之，这是一种对劳动者能力的认可与回报。

　　因此，在设计绩效激励方案时，首先从个人 π 型能力画像出发，深入考虑每个维度能力的实际发挥情况，以及这些能力如何转化为对组织的具体贡献；然后，选择适宜的绩效管理工具来监控和评估贡献，并合理设置各维度的权重配比；最后，目标是确保绩效激励方案能够落地实施，既公平合理，又能够激发劳动者的积极性和创造力，这是构建倒 π 绩效激励模型的初衷。

2. 职责基本盘

　　对应个人 π 型能力画像显性能力的是职责基本盘，每个人投身组织都有职责所在，承担职责，投入时间精力，即便多数是一些日常工作，但也因此保障了组织的基本运作，企业应该为此付酬。

　　绩效管理发展至今，很多企业对应岗位职责设置 KPI 已较为成熟，一般可以沿用。KPI 作为一种被人们熟知的绩效管理工具，在明确目标、量化评估、聚焦关键、便于沟通等方面的优点非常明显。KPI 数据的收集与分析，让评估标准、绩效评估过程保持透明度，可使被评估者清楚了解自己的责任，帮助管理层精准有效决策。

　　不过，基于我们多年为企业提供绩效、薪酬、激励咨询的经验，以下几点建议供参考。

　　（1）对于已经度过生存期、人员规模超百、有一定规范化管理基础、需要向更深层面发展的企业，可利用平衡计分卡全面展开绩效设置，评估和衡量组织的绩效，与 KPI 组合使用。

　　平衡计分卡平衡的是财务类与非财务类指标、成果评价类和驱动因素类指标、外部评价类和内部评价类指标、短期评价类和长期评价类指标这四个方面的关系。平衡计分卡全面系统、逻辑清晰，前期导入虽然稍费精力，但长期来看非常值得。因为其可以打开各级管理者的视野与格局，促进各部门之间的协作，形成一致的战略执行步调，让整个组织能力再上台阶。

　　（2）将 KPI 与 KPA（key performance action，关键绩效行为）结合使用。

　　为解决非业务部门难以进行量化考核的难题，在企业管理实践和学术研究中逐渐形成和发展出 KPA 这一绩效管理工具。KPA 旨在通过明确界定关键绩效任务，识别并确定影响绩效成效的核心要素，设定一系列关键行为标准，对行为及其产生的结果进行考核评估。

这里所提出的结合使用，不仅仅是为了解决非业务部门难以进行量化考核的难题，更是想用 KPA 来拓宽绩效管理思路。在某些组织中，员工往往将绩效管理与绩效考核混为一谈，而绩效考核又被等同于扣分制度，进而扣分被误解为变相减少工资和奖金。有时，绩效管理体系的设计存在缺陷，导致管理者感到困惑。即使下属在本职工作中表现出勤勉且无明显过失，管理者仍要面临扣分的困境，难以执行。此外，不断提高所谓的绩效指标，或在某些职责上过分提高标准，并不现实。

在确定基本职责时，应与员工的显性能力相匹配，并与薪酬结构中的基本工资相对应。这一部分属于员工正常履行职责的范畴，通常不因履职情况而扣分。但是，如果确实有渎职行为，履职出现重大差错，则必须扣罚。这种情况下，建议通过与劳动者事先约定"不可接受的关键绩效行为"，明确规定每一条"不可接受的关键绩效行为"的扣分标准来解决。

例如，若行政专员遗失了公章，或系统维护人员丢失了备份数据，以及未能在两小时内解决系统宕机等问题，某些系统维护人员可能会质疑：数据备份与我们何干？宕机两小时解决简直是笑话。对我们来说，五分钟内未能恢复系统就已构成重大事故。对此，可以理解的是，不同情况下不可接受的关键绩效行为可能包括丢失备份数据、系统宕机恢复时间的长短，或其他相关事项。是否应将这些行为纳入系统维护人员的职责基本盘中，视具体单位的背景而定，需要具体问题具体分析。我们在此仅作举例说明，重点强调的是两个方面：事先明确约定以及制定明确的扣分标准。

（3）职责基本盘在整个绩效维度考核权重的占比建议为 60% 左右，可根据企业性质、业务周期、职责本身的内容和标准要求不同进行调整。

很多企业会差异化设置岗位收入中的基本工资和绩效奖金占比，如销售人员基本工资占比 50%、绩效奖金占比 50%，行政人员基本工资占比 80%、绩效奖金占比 20%。类似地，这里也只是给出了一个笼统的职责基本盘权重比例，为的是和专业新贡献、软技能贡献的占比形成对照，表达本书的设想与倾向。

（4）规范签署 PBC（personal business commitment，个人绩效承诺书），将上下级达成一致的 KPI、KPA、考核频次与方法等形成正式的书面化协议，签字确认。

职责基本盘的管理与考核由职能上级负责，但建议通过数字化、系统化手段，让职责基本盘的数据收集和分析自动化、智能化，自动形成个人履职情况的证明和相关报表，使考核简单易操作，将职能上级的精力释放以投身 KPI 设定、不可接受的关键绩效行为约定、绩效跟踪、过程反馈、绩效改进辅导上。

3. 专业新贡献

对应个人 π 型能力画像专业潜能的是专业新贡献，现将其放到敏捷团队的绩效激励中进行说明。

组建敏捷团队通常是以应对具有挑战性的工作任务为目标，并通过专项形式来推进这些任务，投身于敏捷团队的每位成员都在为突破、创新而努力，每一份成果都是在为组织创造新价值，薪酬是对敏捷团队的认可与肯定。

（1）评估专业新贡献，OKR 最为合适。OKR 聚焦关键结果，确保战略目标一致，实现信息透明化，构建高自主性的组织协调机制，灵活调整优先级，及时进行进度盘点、确认和反馈成果，这些做法对充分发挥"强个体"的专业潜能非常有利。

（2）对于敏捷团队成员个人在专业新贡献板块的绩效考核，建议在整个绩效维度考核权重的占比为 30% 左右，30% 是相对职责基本盘的 60% 和软技能贡献的 10% 而言的，具体可调整。

30% 要与项目全面复盘后集体决策赋分情况强关联，以突出"个人好还不够、**团队目标达成团队好才是真的好**"的理念。如果对团队成员个人的考核做得足够细致，可以将组建团队时的职责标准和能力要求再次拿出来对照运用。每个人进入团队时本就约定了自己的职责担当，有能力评估，项目复盘时可以同时个人举证、集体评估每位成员在该项目过程中做出了哪些贡献，做到了什么程度，对应到项目目标、职责标准和能力要求，进行客观评价，赋分以产出一个相对客观的分值。有时，有些企业会将项目奖金直接划拨给团队，由团队自行进行内部分配，但很多情况下人均分配并不合理。采用类似这样的方法则可以很好地解决该问题，实现按照在团队中的实际价值贡献取酬。

（3）专业新贡献的30%对应的是项目绩效奖金，发放奖金的时机建议在软技能贡献评价完成后。

4. 软技能贡献

对应个人 π 型能力画像个性特质的是软技能贡献，组建团队时可参考贝尔宾团队角色理论，力求成员间的互补与和谐。

企业应同样珍视那些虽然技术水平不是最强，但总能跳出框架思维、提供新视角的智多星；珍视那些在大家埋头赶路时喜欢抬头张望的外交家；珍视在讨论解决方案时各执一词、进入胶着状态下，能够出来维护和谐、化解冲突的协调者；珍视那些在压力和紧迫的时间限制下，仍能冷静确保细节不被忽略的完美主义者……

这类个性特质在团队的发挥难以进行量化和考核，但其对团队高效合作、目标达成具有很大作用，故本书将其归到软技能贡献中。

有必要公平公正地评价软技能贡献，为团队成员积极的态度和给团队合作带来的正向影响付酬，以表达对在团队中不可或缺角色担当的肯定、对人性化的认可、对优秀个性特质的珍视。

（1）软技能评估带有主观判断，360°评估法作为一种多源性评估系统，是为数不多的能对定性指标进行相对科学、系统地考核的方法，因其综合多方视角，能尽量还原被考核者在团队中产生的影响、带来的价值，故而推荐使用。

（2）对于敏捷团队成员个人在软技能贡献板块的绩效考核，建议在整个绩效维度考核权重的占比为10%左右。

（3）软技能贡献奖金的发放建议是项目复盘后，与占比30%的专业新贡献一起，以项目绩效奖金或团队合作奖励的名义与方式付酬。

加入软技能贡献评估，则兼顾了直接贡献与间接贡献，兼顾了显性成果贡献与隐性价值贡献，肯定了团队合作中积极发挥作用的整体价值贡献。

【实践体会】

360° 评估法，难，也不难

360° 评估法的优点也是其缺点，**反馈质量可能参差不齐，充斥着矛盾和混淆**。要避免这类问题，就应掌握 360° 评估法的关键实施步骤和注意事项。

根据被考核者的职责和能力要求、团队角色需要，设计 360° 调查问卷。**调查问卷要避免"是""否""对""错"类笼统询问，尽量使用行为描述。**

例如，考核积极主动性，假设分高、中、低三个分数段，低分段可描述为缺乏主动思考，不安排不工作，需要督促才能完成本职工作；中分段可描述为能按时完成工作任务，工作质量能达到基本标准；高分段可描述为对工作有预见性，能主动思考，成果质量经常超过基本标准，且能主动为团队分忧，不计较承担更多责任。

在内外部、上下游中选择与被考核者紧密合作的对象 5~8 位，作为对被考核者的评估反馈者。一般来说，直属上级、直属下级、本部门平级人员、跨部门协作人员应普遍覆盖，如果职责上需要与客户打交道，也可以请多个客户代表作为调研对象。

有些组织除了让直属上级或者人力资源管理者来决定参与调研反馈的对象之外，还授权被考核者提名 1~2 位评估反馈者，似乎只要调研反馈对象多几位就能避免引入"私交"美化评估结果的情况。这种做法一是让员工感受到信任，二是评估结果会更容易被接受，所以值得提倡。还有一些组织为了更准确地收集反馈，在 360° 评估实践中针对不同的调研反馈对象，在问卷设计上稍有不同，每份问卷都站在反馈对象角色与被考核者合作的角度出发。这种做法在信息的全面性、准确性上有明显的优势，但无疑问卷设计和分析的工作量巨大，是否需要这样做，需要综合考量调研规模与成本，实践中考核高管会更大概率采取如此做法来获得更高的精确度。

同时发放调查问卷给本人及评估反馈者分别填写，并限时收回。作为考核的组织方，其往往还会**针对得分特别高和特别低的情况辅以访谈调研，以了解**

得分高低的关键事件。

统计调研结果形成评估报告，发送给被考核者及其直属上级。**组织直属上级及被考核者的沟通会议，根据结果商议下一步个人成长计划**。通常而言，自我评价与他人评价之间的对比可归结为两种情形：一是两者评价相一致，无显著差异；二是存在评价偏差，评价间存在明显分歧。评价无偏差说明自我认知与他人评价一致，评价高，说明能力获得广泛认可；评价低，说明可能真的在工作上有困难，亟待改善。评价有偏差时，上级管理者需要首先倾听被考核者自己的想法，若是自我评价过低，则应该鼓励、给予信心，并谈谈发展方向和所需的支持。若是自我评价过高，则应分析是其高估自己还是因为能力没有被合作伙伴看到，前者可沟通工作标准和要求，帮助考核者自我觉察不足；后者则协商如何更好地与他人交互，提高工作透明度。

一支优秀的敏捷团队要具备持续优化与进化的能力，360° 评估不会周、月这样高频次开展，所以团队管理者要充分利用每一次 360° 评估结果，站在个人、团队发展角度分析和引导团队走向卓越。

4.5.4　以人为本，在大道至简与精益求精中取得平衡

> **【关键问题】**
>
> 绩效激励在 AI 时代的组织需要重点考虑哪些方面？

绩效管理，理念先行。绩效管理的根本目的是激励员工付出超越职责的努力，实现与企业的共赢。

工具本身没有先进和落后之分，只有适用程度的不同。

绩效激励在 AI 时代的组织需要重点考虑以下几个方面。

（1）绩效激励应与创新文化氛围相匹配。创新文化是 AI 时代的核心文化，应建立鼓励员工创新，促进知识共享和协作的文化氛围，绩效激励的措施均应服务于此。

（2）绩效激励应顺应人机协同的趋势，鼓励人才与技术结合。AI 技术的普及和应用可以优化与改进很多传统的工作流程，结合 AI 技术，发挥人、机的各自优势，可以更高效地产出绩效。对于那些能够创造、改进和运用 AI 技术的员工，应该给予认可，配套适当的奖励。

（3）绩效激励应既尊重员工的个性化发展，又重视跨界交流和团队合作。一个人走得快，一群人走得远，AI 时代的组织绩效激励，为具备卓越探索精神与快速成长能力的人才构筑了舞台。AI 时代的创新大概率还需要跨领域、跨部门合作，因此 AI 时代的组织绩效激励更要认可和奖励那些跨界交流、团队合作为组织带来更多价值的人。

AI 组织建设的"全人化"思维，投射到绩效激励方面（图 4.32），就是：

（1）道：以人为本。

（2）术：在大道至简与精益求精中取得平衡。

图 4.32　以人为本的绩效激励

4.6　投资员工，迭代赋能模式

4.6.1　未来工作者应有的认知与心态

▶【关键问题】

　　未来工作者应有怎样的认知与心态？

埃森哲《2024 生成式 AI 时代的工作模式、工作组织、工作者研究报告》中，曾引用美国某消费品与服务企业市场营销经理的一段话：

生成式 AI 能够帮助我们更快更好地完成现有工作。作为创意领域的从业者，我会负责各类文案的撰写工作，我觉得生成式 AI 并不会完全替代我的工作。但是，我能够用这些技术制作图片、图表或吸睛的标题，根据特定条件制订项目计划。我仍然是掌舵者，而 AI 更像是帮我快速高质量完成工作的工具、搭档、下属。

这段话透露了未来工作者的认知与心态。认知指人类对外界信息的接收、加工、存储和使用的心理过程，包括感知、注意、记忆、思维、语言理解和解决问题等多种能力。心态指个体对某一事物或情境的心理倾向和态度，反映了个体对外部环境和自身情况的情感与评价，包括积极性、消极性、开放性、封闭性等特征。例如，在工作中，面对新任务，员工持积极心态时乐于接受挑战并负压前行，员工持消极心态时则可能会退缩或逃避；而员工根据信息作出的决策则是认知的体现。认知和心态的区别如下：

（1）认知侧重于思维过程和信息处理，关注的是如何理解和应对环境。

（2）心态侧重于情感和态度，关注的是个体对自我和环境的感知与评价。

面向 AI 技术的迅猛发展，未来工作者应有的认知与心态各有三个方面，如图 4.33 所示。

图 4.33　未来工作者应有的认知与心态

1. 认知

（1）**信息辨识能力**：能够以批判性思维分析信息、辨识信息的真实性与有效性的能力。

（2）**知识整合能力**：具备一定跨学科专业知识基础，能够将不同领域的知识进行整合的能力。

（3）**转化应用能力**：具备对新知识的快速学习能力并将新技术创新性应用到复杂问题解决上。

2. 心态

（1）**拥抱变化的开放心态**：对 AI 技术发展和因此发生的组织工作新方式持开放态度，勇敢尝试新事物，在不确定性中快速调整个人目标和策略，适应新的工作环境和要求，灵活应对挑战。

（2）**积极的自我认知心态**：认识自身的价值所在，锚定自身的独特性与创造性，通过人机协作创造出更大价值。

（3）**持续学习与成长心态**：对变化保持好奇心和求知欲，乐于实践新技术，敢于试错，善于总结，实现个人与组织的共同成长。

4.6.2　AI 时代优秀人才比以往更珍贵

> ▶【关键问题】
>
> 企业生命周期各阶段人才瓶颈情况如何？
>
> AI 时代企业人才瓶颈问题主要包括哪些方面？

【实践体会】

企业生命周期各阶段都可能遭遇人才瓶颈

企业在其生命周期的各个阶段均可能遭遇人才发展的制约，具体如下。

（1）初创期：企业常面临全能型人才的稀缺挑战，即难以觅得既擅长产品开发，又具备市场营销与财务管理等综合能力的复合型人才。

（2）成长期：**管理层可能显现出能力瓶颈，即现有管理团队的管理效能难以匹配企业快速发展的步伐。**

（3）成熟期：创新能力可能下降，创新人才难寻难留，高管在带领变革上可能出现能力瓶颈。

各个阶段都可以有针对性地解决方案，通过灵活的用人策略、内部人才培养、引进外部专家等措施有效应对人才瓶颈，推动企业持续发展。 例如：

（1）技能缺乏：可制订相应的技能提升计划，与专业技术院校、培训机构、设备供应商等合作，定期更新知识，开展技术交流活动。

（2）人才流失：可及时优化激励机制，设计更合理的职业发展通道，为人才规划成长路径，提供个性化的成长方案。

（3）领导力不足：可持续开展管理培训，训练管理技巧，提升领导水平，加强管理层绩效评估和反馈机制，促进管理人员不断改进。

AI 时代来临，尽管很多讨论都集中在 AI 对人类工作的替代上，但优秀人才的价值却越发凸显，好的人才变得更加珍贵。

毕竟，为企业制定长期战略、管理和引导变革、将不同领域的知识和经验结合创造新的技术应用、提出新的理念、设计独特的解决方案，目前 AI 还未能完全替代人类。虽然 AI 能够自动化许多任务，但其开发和优化仍然需要具备深厚专业知识与技能的高级技术人才。不可否认，AI 的确在许多方面提高了效率并替代了一些工作，但其同时也提升了对高技能、高素质人才的需求。这些人才不仅能够在技术层面上掌握 AI 或者灵活应用 AI，更能够在战略、创新、管理、客户服务、技术开发等方面为企业提供不可替代的价值。因此，优秀人才在 AI 时代不仅没有丧失重要性，反而变得更加珍贵。

目前来看，AI 时代的企业人才瓶颈问题可能出现在以下四个方面。

（1）数据和 AI 高级技术人才不足。

（2）既懂 AI 技术又懂业务的跨领域人才匮乏。

（3）部分员工适应技术变化、创新思维、实际场景中应用 AI 技术能力欠缺且持续学习的动力与能力不足。

（4）推动文化转型和实施变革管理的领导能力有待提升。

总的来说，企业的发展瓶颈往往出现在人身上，越是技术先进，最终推动和落实技术、消化技术对企业发展影响的，还是人。突破人才瓶颈，充分发挥 AI 与人类智慧的综合优势，关键在于赋能，即深入挖掘并释放人才的潜能。因此，本书把人才赋能作为基石设计的要素之一。

但令人遗憾的是，埃森哲给出了比较消极的调研数据。

> 埃森哲《2024 生成式 AI 时代的工作模式、工作组织、工作者研究报告》：尽管 94% 的员工表示他们为应用生成式 AI 学习新技能做好了准备，但只有 5% 的企业在积极对员工进行大规模的技能重塑培训。

4.6.3　投资重心：新质 AI+ 人才种子

▶【关键问题】

新质 AI+ 人才指的是哪四类人才？

人才是新质生产力形成的来源，是推动新质生产力发展的力量。AI 人才是 AI 浪潮下企业的关键资源，决定着企业是否能够实现相关战略的实施落地。

目前 AI 人才的概念在企业内已经泛化，不再特指 AI 专业技术人员，还涵盖具备 AI 基础知识、场景应用技能和经验的人才，能够利用 AI 技术为业务赋能的人才等。但多数企业对 AI 人才定义模糊，导致组织在人才引进、培养和使用上缺乏明确的方向和策略，也制约了企业 AI 战略的纵深发展。

为了帮助企业有效地理解和规划 AI 人才队伍建设，这里将新质 AI+ 人才分为四类，从底层到顶层依次为技术支撑人才、业务整合人才、应用实践人才和组织领导人才，从而构成人才体系，如图 4.34 所示。

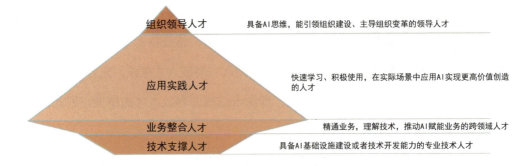

图 4.34　新质 AI+ 人才种类

1. 技术支撑人才

新质 AI+ 人才中的技术支撑人才是指具备 AI 基础设施建设或者技术开发的专业技术人才。技术支撑人才要么具备构建和维护 AI 基础设施的能力，包括但不限于能完成数据中心建设、网络架构设计、计算资源调配等具体工作，能确保 AI 系统稳定、高效运行；要么熟练掌握各种 AI 算法和模型，能针对企业具体需求进行 AI 应用定制化开发，或者将 AI 技术与传统的软件、系统、数据库相结合，为企业的产品、服务或流程、运营等进行 AI 赋能；要么以上两者兼备。

2. 业务整合人才

新质 AI+ 人才中的业务整合人才是指既精通业务，又理解 AI 技术，还乐于推动 AI 赋能业务的跨领域人才。其核心目标是实现 AI 技术与企业业务、运营的融合，为企业带来实实在在的价值提升。业务整合人才要么成长于技术部门，具备深厚的 AI 技术背景，同时具有敏锐的业务洞察力，能够识别 AI 技术在企业中的潜在应用点，进行业务建模；要么成长于业务部门，深刻理解企业业务模式与流程，能判断 AI 技术在实际工作中的应用场景和价值点，能提供数据支持并进行效果评估，能促进业务部门与技术人员之间的沟通和协作，助推 AI 项目实施。

3. 应用实践人才

新质 AI+ 人才中的应用实践人才是指能快速学习、积极使用，在实际场景中应用 AI 实现更高价值创造的人才。

在企业内部，AI 应用群体构成了最为庞大的用户基础。应用实践人才虽然不是技术专家，也可能仅能在某些特定场景及细微之处为 AI 应用的开发与优化提供反馈，但若此群体未能得到有效培养与发展，那么企业的 AI 组织建设无疑不能视作成功。

4. 组织领导人才

新质 AI+ 人才中的组织领导人才是指具备 AI 思维，能引领组织建设、主导组织变革的领导人才。其核心职能除日常运营管理外，还包括战略制定、资源调配、风险决策、创新推动、品牌塑造等多个方面。能洞察 AI 技术对行业生态和商业模式的影响、能带领企业将 AI 战略落地的领导者，是企业适应新时代发展的关键。

新质 AI+ 人才作为企业的核心资源，是构造企业未来竞争力的关键力量，对于新质 AI+ 人才的挖掘与培养，犹如构造 AI 组织的基石。

在培训资源有限的情况下，人才投资的重心应放在新质 AI+ 人才种子选手身上，着眼于未来，从源头上发现具有以上潜能的各类型青年人才，通过针对性的培养和实战训练，让他们成长为能够引领或推动企业 AI 发展的关键力量。

4.6.4　瓶颈人才的引进与赋能策略

> **【关键问题】**
>
> 瓶颈人才哪些宜引进，哪些宜培养？

新质 AI+ 人才赋能的整体策略是"敏捷"。根据赋能目标和培养重点，制订分阶段实施计划，协调企业内部各部门和外部合作伙伴，整合资源，共同推进新质 AI+ 人才梯队建设方案的落地，建立持续改进机制，根据反馈和评估结果，不断优化赋能策略，迭代实施计划。

细化目标对象实施策略，主要围绕瓶颈展开。针对 AI 时代企业可能存在的突出的人才瓶颈四方面问题，在其破解重点及实施策略上有以下建议。

（1）数据和 AI 高级技术人才瓶颈的破解重点在于引得进来、留得住。

1）承诺深度参与企业重点开发项目等发展机会，提供有竞争力的薪酬和福利，吸引和保留这类专业技术人才。

2）为这类专业技术人才设计清晰的职业发展路径，提供晋升和发展机会，使他们有归属感，对未来充满信心。

3）建立容错机制，鼓励创新尝试，接受失败也是学习的过程，减少探索新技术和开发应用失败的心理负担。

（2）既懂 AI 技术又懂业务的跨领域人才瓶颈的破解重点在于培养要出"组合拳"。

1）选准对象，展开双轨制培训计划，即为技术人员提供业务知识培训，帮助他们理解公司战略、业务流程、变革要点；为业务人员提供 AI 技术的基础培训，包括数据挖掘、数据分析、算法设计、机器学习等内容。

2）组建项目组，安排双导师，或者轮岗。组织业务专家和技术专家高频交流，进行项目辅导，促进双向学习，增强培养对象的跨领域经验和视角。通过在真实场景中应用 AI 技术解决实际业务问题，增强实战经验。

3）必要时利用掌握最强业务知识、最新关键技术的外部专家资源，参与或指导项目，加速跨领域人才培养进程，提升培养质量。

（3）适应技术变化、持续学习类 AI 应用人才瓶颈破解重点在于以输出倒逼输入。

1）将技术与业务融合，确保 AI 技术的应用与公司总体业务战略一致，争取通过类似业务案例展示 AI 技术的潜在价值。要求不同专业领域的人员共同参与 AI 建设项目，沟通解决方案并承担部分工作职责。即便是没有机会参与 AI 建设项目的人员，也要求其参与测试，给出反馈。

2）营造 AI 文化氛围，保持企业已建、在建 AI 相关项目的透明度，给员工了解 AI 技术影响和用途的机会，建立对 AI 的正确认知和积极态度。树立 AI 技术应用标杆，传播应用技巧。督促全员使用企业认可与提供的 AI 工具。

3）创建学习平台，根据员工和组织对相关经验的需求，组织培训课程和分享会，邀请专业人才和跨领域人才分享知识与经验，促进深度学习与交流。

（4）文化与变革类组织领导人才瓶颈问题的破解重点在于知行合一。

1）采用多元化教育模式持续性学习，为管理层量身定制全面且深入的变革管理与企业文化建设培训内容，深化管理层对于文化塑造与变革管理的理解与认知。

2）以文化建设与变革管理为研究课题，管理人员组成课题小组，在理论培训基础上，结合企业实际情况，研讨制定文化建设与变革管理体系的建设方案，确保课题成果兼具完整性、实用性和高效性，足以支撑企业战略目标的顺利实现。

3）文化建设与变革管理体系付诸实践是关键。要求管理人员在实际工作中拆解落地实施步骤，于实践中检验和完善管理体系，得真知，提升文化与变革管理能力。

【实践体会】

赋能计划：分阶段实施、项目制管理、差异化内容、多样化方式

（1）**分阶段实施**：人才赋能体系的构建与完善非一日之功，敏捷迭代思想下，将其拆分成几个阶段落实更加科学。每个阶段的具体目标和任务可调整优化，但当下的执行目标和任务应该明确，并制订计划有序推进。

（2）**项目制管理**：要解决人才瓶颈，宜设立专项，由专人负责，分析需求，制订计划，调配资源，推动与跟踪赋能进展，及时发现和解决问题。

（3）**差异化内容**：目标人群不同，赋能内容和赋能方法应该不同，简单梳理即可差异化展现，见表 4.4。

表 4.4　赋能内容与方法的差异化示例

新质 AI+ 人才	主要赋能内容	主要赋能方法
组织领导者	• AI 战略与愿景塑造 • AI 文化建设 • AI 应用场景模拟 • AI 风险探讨 • AI 技术选型及实操指南 • AI 组织变革管理	• 研讨会 • 现场培训 • 专家咨询

续表

新质 AI+ 人才	主要赋能内容	主要赋能方法
应用实践者	• AI 基础知识 • AI 业务思维 • 数据素养与工具使用 • 人机高效协同：引导 AI 精准执行 • 变革适应 • 敏捷方法	• 文化宣传和引导 • 定期培训与研讨 • 在线课程 • 内部导师 • 体验式学习
业务整合者	• AI 模型构建原理 • AI 应用场景挖掘 • AI 项目管理与沟通协作 • AI 工具与平台使用 • 数据挖掘、分析、决策	• 工作坊 • 专题研究 • 在线课程 • 定期培训与研讨
技术支撑者	• AI 基础设施建设系列 • AI 技术开发系列 • 传统技术开发系列	• 在线课程 • 技术认证 • 开发竞赛 • 专题分享 • 开放式技术交流环境

（4）多样化方式：项目宜综合使用多种赋能方法提升赋能效果。随着在线学习技术的成熟和在线学习习惯的养成，混合式学习方式结合了线下课堂的互动性和在线学习的便捷性，能提供多样化的学习体验，灵活性高。例如，首先在线预习基础理论知识；然后组织线下培训与研讨，加深理解并与实际工作相关联；最后带着研究课题回到实际工作中，尝试解决问题，在实操中巩固和应用所学。这样的赋能效果会更有保障，为企业所乐见。

4.6.5　赋能新思考与新创造之 AI+PBL 模型

➢【关键问题】

AI 时代人才赋能有什么好方法？

【实践体会】

传统企业大学的黯然谢幕

据《华尔街日报》2024 年 4 月 14 日报道，通用电气近日出售了位于纽约哈德逊河边的克劳顿村。培训领域资深人士都知道，GE 的克劳顿培训中心曾是全球企业大学的标杆，在企业盛行多年的很多培训技术要么起源于克劳顿，要么因克劳顿的最佳实践而得以全世界传播。但随着人们逐渐接受和习惯视频会议及培训，克劳顿也黯然谢幕，标志着过去人们所熟知的企业大学时代的结束。

今天，随着 AI 技术的进步，可以预见的是在教育培训领域必将迎来颠覆式创新。仅结合现有的 AI 技术，赋能工具智能化和个性化指日可待。例如：

（1）在培训平台或公司内部知识库中集成 AI 助手，全天候 24 小时提供学习和咨询支持，回答与学习内容相关的问题，提供学习资源的即时帮助。

（2）虚拟导师通过自然语言处理（natural language processing，NLP）技术，提供个性化的学习指导和反馈。

（3）更快速开发出 VR 和 AR 培训，通过逼真的模拟环境，提供身临其境的学习体验。

（4）基于学习者的需求和进度，智能学习平台自动推荐个性化的学习内容，并实时反馈和评估学习成效，根据学习者的表现动态调整学习内容和难度。

……

这些赋能工具的创新可以帮助企业大幅提升培训效果，帮助员工在 AI 时代迅速提升技能和知识水平，而未必需要像过去那样花长时间等待内训师队伍组建、内训师成长成熟、内训师在百忙之中抽空进行学习资源的开发、组织录制课程或者线下授课。

除了令人期待的赋能新工具外，赋能运营团队还有必要在思维上先"敏捷"起来，如此才能执行好新质 AI+ 人才培养的整体策略——敏捷。

例如，确定赋能方针、构建赋能体系、制定赋能策略、实施赋能计划、评估赋能效果，这五个方面共同构成了经典的系统全面的赋能体系搭建框架。另外，赋能体系也完全可以进行迭代更新。

AI 应用技术该全员普及就全员普及，开发更适合企业的 AI 应用，再及时传播、主动培训，赋能运营团队要以"敏捷"行动完成赋能体系的完善。

综合以上及前两节内容，总结 AI 时代背景下的赋能新思考，重要的是以下四点内容。

（1）指日可待的智能化、个性化创新赋能工具。

（2）赋能运营团队的"敏捷"思维与行动。

（3）AI 技术发展下企业人才瓶颈破解重点与实施策略。

（4）新质 AI+ 人才赋能计划的分阶段实施、项目制管理、差异化内容、多样化方式。

基于以上思考，企业人才赋能项目将会在较长一段时间内，以 AI 为主题的"AI+"项目或者赋能方式上"+AI"的项目为主流。综合这两类主流项目，本书提出了 AI+PBL 赋能模型来帮助企业设计开发人才赋能项目，落实人才赋能体系建设。AI+PBL 赋能模型如图 4.35 所示。

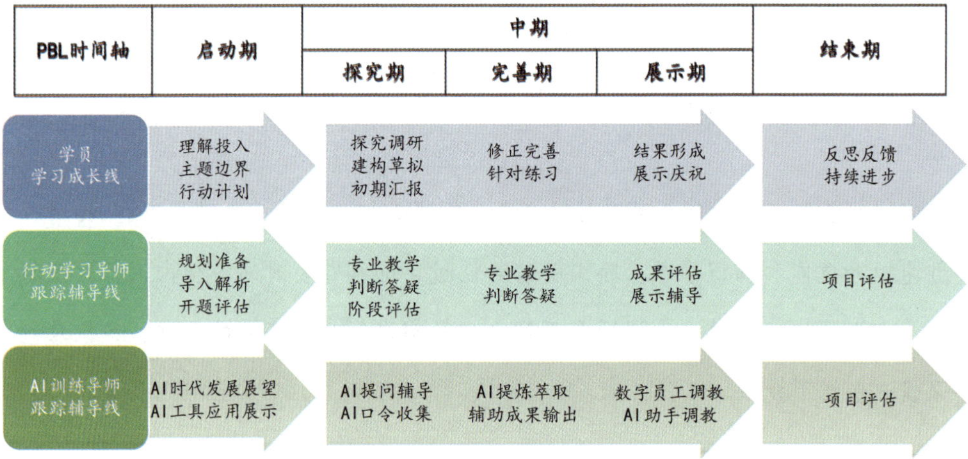

图 4.35　AI+PBL 赋能模型

PBL 是一种以学员为中心的教学方法，通过让学员参与实际项目来促进深度学习和知识应用。PBL 其实是结合了建构主义学习理论和行动学习项目设计的一种赋能方法。在企业中，如果不仅仅是追求单一知识点或技能的突破，而是在能力培养上存在多元化需求和多维度考量，那么 PBL 应成为设计赋能项目的首选策略。

按照 PBL 时间轴，学员学习成长线被划分为启动期、中期和结束期三个阶段。

（1）启动期是 PBL 的前期准备阶段，要理解学习项目，为学习项目选定主题，界定主题边界，制订行动计划。当然，该阶段还会得到行动学习导师在主题选择、行动计划方面的指导与帮助，AI 训练导师这时也将介绍 AI 时代发展展望、展示 AI 工具的应用等来铺垫和引导学员在整个学习项目中结合 AI 来更快地解决问题，成长提速。

（2）中期又分为探究期、完善期和展示期，探究调研、建构草拟、初期汇报、修正完善、针对训练、结果形成、展示庆祝等一系列流程分布其中。读者如果熟悉行动学习，应该能立即发现二者之间毫不违和。

（3）结束期，作为学员自身可反思反馈以持续进步，作为参与项目的导师则应该进行项目评估并给出报告（通过评估总结指导未来）。

从赋能对象上看，企业如果稀缺数据中心、AI 技术中心的高级专业技术人员，那么从人才策略上建议倾向于"请进来"，因为高级专业技术无法在短时间内速成，需要扎实的理论知识和丰富的项目经验来塑造。除了数据中心、AI 技术中心的高级专业技术人员外，绝大多数管理人员和组织其他职能人员只是 AI 技术的应用者，结合自己领域专业知识用得好的就是跨领域专家，这同样是组织的财富。企业要帮助员工成为这样的人，人机协同，提升效能。所以，将 AI+PBL 赋能模型展开，有 AI 训练导师跟踪辅导线，就是要帮助员工掌握易上手的 AI 应用基本技能。在惯用搜索的时代，似乎人人都会用百度，但还是有百度信息获取效率和成果上的差异。同样地，与生成式 AI 对话的质量，掌握提问技巧的和没有技巧的人，其得到的结果也确有差异，但这种技巧稍有引导即可速成。专属 AI 助手 / 数字员工的训练稍有难度，如果有需求，也可以得到 AI 训练导师的指导与协助，以使未来常态工作提质增效。

总之，AI+PBL 赋能模型可以帮助有危机意识且愿意学习的人不被会用 AI 的人淘汰。

4.7　非闭环，继续螺旋式上升

本节将组织体系建设描绘成螺旋式上升的非闭环过程，目的是凸显组织不断适应变化、逐步改进、持续发展的特点。组织受外部环境、市场竞争、技术发展等因素的影响，需要不断适应和调整，以应对变化。尽管组织可能会经历周期性的挑战和困难，但总体趋势向上，不断进步和发展。

良性的组织应是不断积累经验、学习、反思、持续发展的，即使达到了某个阶段目标，仍然会继续努力，不断创新和改进，以保持竞争优势。**组织的不断演化、逐步改进、持续发展，决定了组织体系建设不该是封闭式的成果，而更应该是一个开放的、动态的过程，应该持续地关注和不懈地努力。**

4.7.1　完善系统机制，完成阶段性建设

> ▶【关键问题】
>
> AI 组织的系统机制建设要时刻注意哪些是与否？

关于系统机制，这里可以理解为在企业内部构建的用于促进信息流通、协作与沟通，以及规范员工行为的所有体系和规则的统称。

系统机制是对企业运作、互动协作和影响因素的系统性认识和理解。

顶层设计的系统机制是总述，目的是鼓励人们采用系统思维看待问题和挑战，更加深入地理解企业的运作机制，从而能优化资源配置，提高效率，识别和管理风险，实现有效的管理，提升组织的竞争力、适应性和持续发展能力。

中坚设计中的流程、架构、职责和基石设计中的绩效、激励、人才、赋能、组织能力建设都涉及机制建设。

对身处企业内部的个人而言，通过系统性的视角理解机制，最直接的帮助就是可以更好地找准自己的角色，发现工作的价值。

【实践体会】

企业系统机制可以不同

不同企业的系统机制可能会有所不同，受到行业特点、规模大小、组织结构设计、所处地域的文化背景及阶段性战略目标等诸多因素的影响，企业的机制设立各有侧重。例如：

（1）制造业的企业可能会更加注重生产流程和质量控制的机制建立与优化。

（2）科技公司可能会更加关注创新文化和技术研发方面的机制建设。

（3）初创企业可能更关注产品创新和市场开拓机制。

（4）成熟的跨国公司可能注重建立全球统一的质量管理体系，但也不得不考虑不同国家和地区的法律法规、文化差异和市场需求等。

……

尽管企业的系统机制都致力于优化运营和管理，但具体内容和实施方式仍会因企业的特点不同而存在差异。识别差异，找到共性，并在共性的基础上发现和对比差异，可以帮助企业更好地设计和实施系统机制。我们基于自己的经验，将企业管理机制进行了系统化梳理，示例见表 4.5。

表 4.5　企业管理机制示例

管理领域	管理机制
战略与规划管理	战略规划与执行管理
	业务规划与发展管理
	市场定位与竞争策略
	创新与技术规划
客户与市场关系管理	客户关系管理
	销售与营销管理
	品牌建设与推广
	市场调研与分析

续表

管理领域	管理机制
品质与客户体验管理	产品质量与安全管理
	客户服务与投诉处理
	用户体验与满意度提升
	反馈与改进机制
运营与流程管理	供应链管理与优化
	生产与制造管理
	项目与运营管理
	质量管理与持续改进
⋮	⋮

为确保管理机制能够适应变化和达成预期目标，需要注意以下五点事项。

（1）机制建立需要做到系统思考并注重细节，不重复建设，不留空白，没有矛盾冲突。

（2）机制目标制定应做到明确、具体、可衡量、可达成，要在较长周期内足以应对变化和挑战，能配合组织的整体战略目标，同时要有灵活的调整机制。

（3）机制设计和实施过程中要注意用户和相关利益方的反馈机制，充分考虑资源需求，进行合理的监管和分配。

（4）机制中设置的流程要简洁、清晰，兼顾可行性与执行效率，同步设计监测、反馈、评估、风控、持续改进环节，以确保机制的稳定与安全运行。

（5）机制的落地实施务必加强内部沟通，组织相关培训，提高员工认知，让新机制得以遵循。

AI 技术发展引领、推动组织变革，整体思考，系统机制作为组织体系建设顶层设计部分，要抓住以下四个方面。

（1）充分理解企业发展转型与战略目标的设定是如何受到 AI 技术发展与应用的影响的？为此又该做哪些管理方式的革新？**新的机制是否体现了对战略和管理革新的理解与决策？**

（2）充分理解 AI 技术如何帮助企业在决策上实现数据驱动，在具体运作中如何做到管理更加自动化、智能化，研产供销各环节如何因为 AI 技术得以提高效率，**新的机制对 AI 技术作用的发挥是保障还是阻碍。**

（3）人机协同工作模式是未来必然的发展趋势，对本企业而言，人与机器的优势可以如何做到充分结合？为员工成长提供了哪些支持？**机制方面是否做到了人机关系平衡，增强"全人化"？**

（4）先进技术的开发与应用是否兼顾企业数据的安全与合规？该如何建立健全的安全和隐私保护机制？

综上，顶层设计的系统机制致力于帮助组织以全局视角，让机制体系与战略对齐，更好地应对已预见的挑战，为企业长远发展提供应对策略与应对措施的框架，实现各个部分的协同优化，持续性支撑企业的稳定、高效发展。**系统机制建立后会保持稳定，但其只是阶段性相对稳定。因为 AI 组织体系建设本身就是螺旋式上升的非闭环过程，系统机制自然也要持续发展。**

4.7.2　组织变革不新鲜，组织变革不容易

> **【关键问题】**
> 组织变革的成败要素有哪些？

【实践体会】

组织不仅会变，且要主动求变

组织本身具有动态性。下面介绍几家知名企业过去较为重大的组织结构调整情况及其高管在组织设计与调整方面的重要观点。

1. 腾讯公司

（1）2012 年，腾讯公司将原有的事业群重组为互动娱乐、移动互联网、网

络媒体、社交网络四个事业群，以及企业发展、技术工程、法务、财务、人力资源五个职能部门，对外宣称是为了更加适应移动互联网的发展趋势。

（2）2016年，腾讯公司进行大规模的组织架构调整，成立了腾讯平台与内容事业群（Tencent Platform and Content Group，PCG）、腾讯云与智慧产业事业群（Tencent Cloud and Smart Industries Group，CSIG）以及腾讯技术工程事业群（Tencent Technology Engineering Group，TEG），对外宣称是为了推动公司的智慧化战略转型。

（3）2021年，腾讯公司再次宣布进行新一轮的组织架构调整，在原有的七大事业群基础上进行重组整合，对外宣称是为了更好地适应数字化时代的发展趋势，以及更好地服务用户需求。新成立的腾讯云与智慧产业事业群将整合腾讯云、互联网＋、教育、医疗、智慧零售、安全和LBS（location based services，基于位置的服务）等行业解决方案，推动产业的数字化升级；腾讯平台与内容事业群则将整合社交平台、内容产业，与技术深度融合。

腾讯公司董事会主席兼首席执行官马化腾强调了组织进化的重要性，他认为**只有不断进化才能不被淘汰，每一次的调整都不只是专注于眼前业务，更是立足于长远发展**。

2. 阿里巴巴集团

（1）2019年，阿里巴巴集团将原来的淘宝、天猫、聚划算等事业群整合为大淘宝事业群，同时成立了新零售技术事业群和海外电商事业部等新部门。

（2）2020年，阿里巴巴集团组建了针对个人、企业用户的事业群，原事业部提升为子公司，并成立面向企业用户的B事业群和面向个人用户的C事业群。

（3）2021年，阿里巴巴集团从"中台战略"升级为"多元化治理"，新设中国数字商业和海外数字商业两大板块，推进产业深度融合，拓展产业布局广度，将海外商业业务整合为一个完整板块。

（4）2023年，阿里巴巴集团全面实行控股公司管理，以"1+6+N"组织架构剧变，引发业界关注。

原阿里巴巴集团董事会主席兼 CEO 张勇对组织设计一直有自己的思考：**通过生产关系的更新，驱动生产力的释放，以组织创新驱动业务创新。**

3. 华为公司

（1）1998—2007 年，华为公司转变直线职能型组织结构为矩阵型组织结构。在这一过程中，华为公司开始实施多元化战略，并组建了多个产品线和服务线。

（2）2007—2011 年，华为公司进行了"集成产品开发"和"集成供应链"的改革，这些改革旨在打破部门之间的壁垒，提高组织效率。

（3）2011 年以来，华为公司逐渐形成了"云、管、端"的组织结构，将公司划分为若干个业务集团，并设立了战略与发展委员会、人力资源委员会等机构，建立了职能平台部门，包括财经、行政管理等，以支持各业务集团的发展。

（4）2021 年以来，华为公司大到为了支持好伙伴、服务好客户，陆续成立了 20 家正式军团，涉及煤矿、公路、港口、光伏、电力、机场、健康等多个行业，将作战能力下沉到地级市；小到 2023 年 10 月 1 日—2024 年 3 月 31 日期间官宣胡厚崑当值轮值董事长职务，这都是华为公司组织结构调整的体现。

华为公司创始人任正非认为：**组织是企业的灵魂，组织调整是企业发展的基础，组织要与业务发展相适应，要随着市场的变化和需求的变化进行优化，要建立灵活的、扁平化的、流程化的组织，以提高组织的决策效率和战斗力。**

正如德鲁克（Peter F. Drucker）所言：没有唯一正确的组织结构，只有普遍适用的组织原则。

在我们为企业做管理咨询时，常常在岁末年初协助企业调整组织结构。事实上，很多好的企业，一年不止进行一次组织调整，两三个月就调整一次也不足为奇。这和很多人对于组织结构要保持稳定的过往认知不太一致。

不仅如此，组织不但会变，还会主动求变。

美国心理学家丹尼尔·卡内曼（Daniel Kahneman）和阿莫斯·特沃斯基（Amos

Tversky）在心理学领域提出的前景理论（prospect theory）认为，人类的行为决策是基于对收益和损失的权衡，而不是基于绝对的收益或损失。通俗来说，就是人们更倾向于避免损失，而不是追求收益，因为损失给人们带来的痛苦感比收益带来的快乐感更强烈。

按照前景理论进行分类，并结合以上知名企业组织结构变化案例中所体现的影响要素和我们自身的经验，梳理得出了避免损失角度和追求收益角度的组织"求变"要素，如图 4.36 所示。

避免损失角度的"求变"要素	追求收益角度的"求变"要素
● 整体经济环境衰退	● 整体经济环境向好
● 惨烈的市场竞争	● 新的市场需求
● 企业营收下滑	● 新产品/服务上市
● 需要适应新技术	● 企业营收增长需加资源
● 降低风险	● 技术提升效率
● 确保合规	● 兼并或收购其他企业
● 被兼并或者收购	● 吸引与储备人才
● 人员流失情况严重	● 适应全球化经营
● 危机公关	● 满足社会和环境责任
……	……

图 4.36　组织"求变"要素

避免损失和追求收益的这些影响要素通常相互交织，导致企业不断评估和主动调整其组织结构，以提高效能、适应变化、增强竞争力、实现战略目标。

组织要适应变化、主动变化，组织变革的最佳结果是以组织的内生力量实现业务的良性增长。

可是组织变革知易行难，70% 的组织变革是失败的。

70% 这一数据来源于《财富》杂志的一项研究。知名咨询公司麦肯锡也有类似研究结果：在实施组织变革的过程中，只有 1/3 的组织能够成功地实现其目标，而 2/3 的组织会遭遇失败。

再来看另一组数据：根据美国哈佛商学院的一项研究，在实施组织变革的企业中，有 70% 的企业的市场价值得到了提升，而只有 30% 的企业的市场价值下降。根据英国牛津大学的一项研究，成功实现组织变革的企业中，有 84% 在变革实施后的五年内获得了高于行业平均水平的回报。

可见，组织变革的成功率虽不高，但成功实现组织变革的企业大概率能够获得更好的经济效益和市场价值。

【实践体会】

组织变革成败要素

对于计划进行组织变革的企业来说，准确分析变革的动因和目标、制订明晰的变革计划与实施策略，强化对变革进程的监督和管理，是确保变革走向成功的关键步骤。在此之前，充分了解组织变革可能遭遇的阻碍，掌握组织变革成功经验的共性要素，熟悉组织变革失败的常见原因，是进行组织变革的重要先决条件。

组织变革可能遭遇的阻碍，有来自个人的，有来自团队的，也有来自组织自身的。深度挖掘阻碍产生的原因，就不得不谈及突破舒适区。成功的组织变革必然需要个体、团队、组织愿意放弃已有的观念和行为方式，主动跳出舒适区，无惧挑战，迎接机会。

在舒适区内，人们因为了解、熟悉、可以预测、可以掌控而感觉舒适与自在。然而，当人们需要离开舒适区时，可能面对新的环境，需要接受新的观点以及学习新的技能，这些不确定性常让人感到不安和挑战。所以，当组织需要变革且准备展开变革时，某些组织成员会表现出抵触的情绪；当组织要采取新的策略、新的工作流程、新的技术、新的领导方式，打破组织成员过往习惯的思维方式和工作模式时，组织成员对是否适应与胜任的担忧，对威胁个人地位、权力、收入、角色的焦虑，就有可能转化为抵制变革的行为。

个人如此，团队类似，除以上关于经济利益、安全感、保守性、习惯性、求稳性等因素之外，团队还会因其固有规范、内聚力、相互依赖性、结构稳定性、专业连续性等因素遭到破坏而拒绝变革。

放大到组织，**组织同样有舒适区，过往组织内部体制、决策程序、组织文化和奖励制度等都有可能成为组织变革的绊脚石。**另外，组织常常具有维持原状和保持稳定成长的惯性，以一种惯性的力量制约组织的变革。

然而，无论是个人还是组织，通常需要逃离舒适区来实现成长与成功。识别这些阻碍是为了更好地消除这些阻碍，采取有效的措施，提升组织变革的成功概率。

知道组织变革阻碍的形成原因和表现后，仅仅做到清障还不足以支撑组织变革成功。组织变革的失败原因错综复杂。即便成功和失败原因各有不同，本节依然总结了组织变革成败要素，见表 4.6。

表 4.6　组织变革成败要素

成功共性要素	失败可能性要素
适应性和灵活性	• 对外部环境的快速变化反应迟钝
建立新文化	• 组织文化和价值观的冲突 • 内部利益争夺、权力斗争 • 员工感到迷茫
清晰的变革愿景和目标	• 为了改变而改变 • 缺乏清晰的愿景和目标
强大的领导力	• 高管缺乏远见或决断力 • 高管没有全力支持 • 高管不懂变革管理
跨职能团队合作	• 未获得员工的理解与支持 • 变革范围和进度不清晰
有效地沟通	• 缺乏宣传与沟通 • 没有鼓励参与
持续学习和改进	• 没有赋能员工 • 没有经验分享 • 没有复盘反思
坚定的决心和行动力	• 犹豫不决 • 缺乏持续性
建立紧迫感	• 缺乏紧迫感 • 没有激发员工积极性
创建变革联盟	• 没有创建有权力、有威望的指导联盟
计划并创造短期胜利	• 缺乏计划与执行 • 没有设定短期胜利目标

续表

成功共性要素	失败可能性要素
巩固取得的胜利并推动更多变革	• 没有认可和激励措施 • 没有及时推广或进入下一阶段
—	• 抗拒新技术 • 技术升级失败或太慢
	• 资源配置不足
	⋮

组织变革的失败往往不是由单一因素导致的，而是多个因素相互作用的结果。所以，组织变革不容易，AI 时代组织变革走向成功的路上更是布满荆棘。结合经典理论和我们过往管理咨询经验，第 5 章将深入探讨如何做好 AI 组织变革。

AI 组织变革模型

➤【关键问题】

AI 时代背景下，AI 组织变革项目是否有其独特性？

AI 组织变革应该制定怎样的变革策略？

AI 组织变革成败要素的重要性如何区分？

AI 组织变革应该采取哪些有助于成功的举措？

指导 AI 组织变革管理实践的解题模型是什么？

第5章
AI组织变革模型

AI组织建设的变革底色
- AI组织变革走出技术变革误区
- AI组织变革动态管理模型全貌

AI组织变革动态管理模型应用
- 发展驱动，坚持不懈打造变革文化
- 动态渐进，与AI组织体系建设保持节奏一致
- 稳扎稳打，五步推进第一个小循环
- 变革中期：循环要点差异分析
- 变革后期：稳固战果，清扫战场

5.1　AI 组织建设的变革底色

5.1.1　AI 组织变革走出技术变革误区

对现有状态进行调整、改进或彻底改造，以适应新的条件、解决问题或实现目标就是变革。

AI 组织建设要"体系化"，有"实施要点"，其本质是"变革"，变革需要"管理"。变革需要管理的原因在于其复杂性和对组织各方面的深远影响。

管理得好，变革过程顺利，资源高效利用，风险得到控制，业务平稳过渡，员工积极参与和支持，变革目标与组织战略一致，组织的变革能力和文化得到提升，变革效果显著且持久。

管理得不好，变革过程受阻，资源浪费或不足，风险未得到有效管理，业务运营中断，员工抵制变革，目标不明确或不一致，组织变革能力和文化建设不足，变革效果不佳甚至失败，给企业带来长期负面影响。

AI 组织变革项目有其独特性，针对独特性，若管理把控得当，则 AI 组织建设顺利实施，战略得以实现，在 AI 新时代取得竞争优势和业务增长；管理不善则可能导致项目失败，错失良机，浪费资源，动摇企业的市场地位，影响企业的长期发展。

组织变革失败率高达 70%，因此必须厘清项目独特性及相应的管理要点，以提升变革成功概率。

【实践体会】

AI 组织变革 ≠ AI 技术变革

变革成功的共性要素包括高层发起、支持、领导，明确的愿景和目标，新文化建设，有效的沟通，培训和技能提升等。如果是产品或服务结构化调整的变革要成功，则差异化要素体现在客户需求与市场分析、产品/服务创新与研发；如果是管控模式调整的变革要成功，则差异化要素体现在组织结构调整、流程优化、绩效管理，即厘清为什么变、变成什么样、变了会更好的理由。有效的沟通建立于此，培训和跨部门合作均围绕此展开。

技术变革差异化要素体现在持续的技术研发与创新、技术的先进性与竞争力。

然而，AI 组织并不仅是 AI 技术的研发者、推广者，也可以是 AI 应用的使用者、充分利用 AI 应用的获利者。相对从互联网＋转换成 AI+ 的企业来说，还在准备或者正在数字化转型路上的企业整体数量上更多，他们适应时代变化要下 +AI 的决心、要做的 +AI 改变更大。AI 组织变革只有能覆盖这类企业，才更有价值。所以，下面围绕 AI 组织体系建设"以创新为核心，以 AI 技术升级为驱动"，就其 AI 组织变革的独特性额外进行了如下分析（图 5.1）。

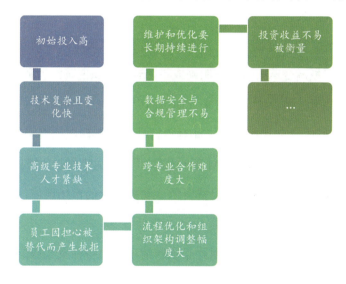

图 5.1　AI 组织变革独特性分析

（1）初始投入高：初始投入涉及硬件、软件、咨询与服务、项目管理、基础设施改造、数据和人力资源成本，需要在变革前充分预估投入，制定合理的预算和规划。没有高层的发起，变革无法启动。

（2）技术复杂且变化快：AI 技术涉及多学科，其中的算法和模型、数据处理、系统集成均较为复杂，且技术和算法更新迅速，新技术和工具不断涌现，要有高级专业技术人员参与创新和不断优化 AI 解决方案。

（3）高级专业技术人才紧缺：目前，市场上数据科学家、AI 工程师、机器学习专家等专业人才供不应求，企业选、用、育、留高级专业技术人才的激励手段不能单一依赖薪酬这项保健因子。

（4）员工因担心被替代而产生抗拒：AI 的高度自动化、智能化会引发员工对工作岗位被替代的恐惧，有效的沟通和培训是关键，文化建设需要尽早启动，维持稳定性的同时鼓励拥抱变化。

（5）流程优化和组织架构调整幅度大：AI 技术的应用和集成必然对原有流程产生影响，因此需要调整组织架构、重新定义角色和职责来应对变化。组织内大部分人员应走出舒适区，相对来说变革阻力更持久，耗时会更长。

（6）跨专业合作难度大：由于专业知识和工作重点不同，因此业务团队和技术团队在项目目标和衡量项目成功标准时就可能产生分歧。即便是技术团队内部，专业技术人员的专业领域、关注点不同，同样可能遭遇合作上的挑战。

（7）数据安全与合规管理不易：AI 技术通常需要与外部平台紧密合作，从生态系统获益的同时伴随着风险。如果管理不当，如导致用户数据泄露，不仅损害用户信任，还可能直接带来法律纠纷和经济损失。

（8）维护和优化要长期持续进行：鉴于数据和环境的不断演变，AI 系统部署后也需要持续地监控与优化，以确保其准确性与效能的持久性。

（9）投资收益不易被衡量：短期收益不太容易被衡量，需要长线投资，持续投入。

因此，AI 组织变革需要对组织的方方面面进行设计，只有这样，变革的成功率才能更高，才能让变革的实施更有保障。

5.1.2　AI 组织变革动态管理模型全貌

▶【关键问题】

AI 组织变革管理为什么要加"动态"二字？

为了指导 AI 组织变革管理实践，本书提出了 AI 组织变革动态管理模型。

AI 组织变革动态管理模型又戏称为"灯泡模型"，它已经巧妙地融入了 AI 组织建设探究总览图中，揭开总览图中的"变革管理"部分，可以展现其背后的完整"灯泡模型"，如图 5.2 所示。

图 5.2　AI 组织变革动态管理模型

AI 组织变革动态管理模型全貌如下：

（1）发展是企业主动求变的最核心驱动因素，AI 时代亦然。

（2）文化建设贯穿变革始终。

（3）AI 组织变革行动一环扣一环，扩大变革联盟，共识变革愿景，赋能变革行动，肯定变革成果，推广变革经验；再启动下一个循环：扩大变革联盟，共识变革举措，赋能变革行动……

（4）动态、渐进，与 AI 组织体系建设保持节奏一致。

（5）科学的组织变革管理是保障，可引领 AI 组织建设走出混沌。

AI 组织变革管理之所以是动态的，原因有二。

（1）强调变革管理是保障，应与 AI 组织体系建设节奏保持一致。AI 组织体系建设是螺旋式上升非闭环的动态过程，相应的变革管理也应该是动态的。

（2）为了体现变革管理要有灵活性，灵活性并不是放弃规划，而是结合技术新进步、员工反应、业务新需求，在变化的环境中适时适当调整，服务最终目标。

AI 组织变革管理动态节奏如图 5.3 所示。

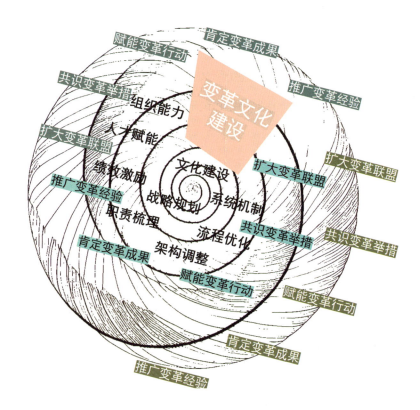

图 5.3 AI 组织变革管理动态节奏

5.2 AI 组织变革动态管理模型应用

5.2.1 发展驱动，坚持不懈打造变革文化

> **【关键问题】**
>
> 文化建设在组织变革中扮演什么角色？

AI 组织体系建设实施要点有二。

（1）战略规划，即企业发展规划。无论处于怎样的商业环境中，发展都是企业不变的主题，AI 技术迅猛发展推动我们进入的 AI 时代也不例外。发展战略是企业为了确保在全新的 AI 时代保持竞争力，主动制定的策略与行动计划。发展是

企业主动求变的最核心驱动因素。

（2）文化建设。文化建设应贯穿变革始终，然而，回望诸多企业的变革管理，均对文化建设的认知不足，没有意识到变革涉及的是员工观念和行为的深层次变化，没有意识到只有坚持不懈打造变革文化，才能确保变革在企业内部得到广泛理解和支持。这种认知不足重则导致变革失败，轻则出现变革效果不如预期。

【实践体会】

组织变革中的关键角色

若用军队出征的比喻来描述组织变革，如果将战略视作一名指挥官，那么文化建设在其运作中最关键的作用无疑是**政委**。

（1）指引和价值理念：文化建设为组织在转型时期指引了明确的道路和核心价值。在这种复杂和充满变革的情境下，坚定的价值观能够辅助员工明确他们的行为标准，确保他们的行为与组织的宗旨紧密匹配。

（2）增强凝聚力和向心力：文化建设通过共同的文化理念和价值观，加强员工之间的凝聚力和向心力。在变革时期，关注员工在变革过程中的心理和情绪状态，及时提供支持和帮助，可以转化为员工对变革的支持，增强员工自我调整的动力，推动变革顺利前行。

（3）减轻变革冲击：变革的不确定性和风险容易引发员工的焦虑和抵触情绪。文化建设通过塑造积极向上的组织氛围，减轻变革给员工带来的心理冲击，增强员工的适应能力和心理韧性。识别和解决这些阻碍因素，可使变革进程更加顺利。

（4）激发更多创新创造：优秀的组织文化总能维护好员工的创新意识，激发员工的创造力。文化建设可以通过提供支持和鼓励，激发员工的创新思维和创造力，推动组织在变革中不断解决新问题、应对新挑战。

（5）建立长期竞争优势：文化建设塑造出积极向上的组织形象，可以吸引更多的合作伙伴、客户和投资者，为组织的变革和发展提供有力支持。持续的、优质的文化建设能帮助组织形成独特的竞争优势，打下长期发展的坚实基础。

文化建设在组织变革中还是**排头兵**。战略一旦确定，文化建设先行，率先推进变革，树立榜样和典范，通过示范和引导，激励和带动其他员工积极参与变革。

文化建设在组织变革中还兼任**通信兵**，在组织内传递信息，保持信息的畅通和透明。文化建设通过宣传、教育、交流等方式，将变革的目标、意义、方法、步骤、进展、要求等信息传递给员工，减少员工对变革的误解和疑虑，增强员工对变革的信任与支持。

在变革的征途上，文化建设扮演着的角色，如同政委指引方向，排头兵引领前行，通信兵确保信息畅通。这种多重角色的扮演，使得文化建设成为变革过程中自始至终不可或缺的任务。要深刻理解并高度重视文化建设的重要性，坚持不懈地打造和培育变革文化，以文化的力量凝聚共识、激发动力、引领创新，确保变革的顺利进行和最终的成功。

5.2.2　动态渐进，与 AI 组织体系建设保持节奏一致

> **【关键问题】**
> AI 组织变革如何与 AI 组织体系建设保持节奏一致？

AI 组织体系建设，战略规划在先，即提供了组织变革管理的发展驱动。AI 组织文化的构建是一个渐进的过程，首要步骤在于鼓励员工积极拥抱变革。因此，变革文化自然而然成为 AI 组织文化的一部分，文化建设也贯穿于组织变革的整个历程。

知名的作家、演讲者和领导力顾问西蒙·斯涅克（Simon Sinek）在 2009 年的 TED（technology entertainment design，技术、娱乐、设计，一家致力于传播值得分享的创意的非营利组织）演讲中向大家详细介绍了黄金圈（golden circle）法则，该演讲成为 TED 历史上观看次数极多的演讲之一。黄金圈法则包括三个同心圆，分别是 Why（为什么）、How（怎么做）和 What（做什么），如图 5.4 所示。西蒙·斯涅克认为，成功的个人和组织是从内到外思考和行动的，具体内容如下：

（1）Why 是核心，指组织存在的目的、信念和驱动力，用于回答"我们为什么做这件事？"

（2）How 是中间层，指组织实现目标的方法和过程，用于回答"我们如何做这件事？"

（3）What 是外层，指组织提供的产品或服务，用于回答"我们做什么？"

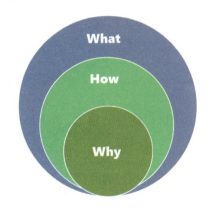

图 5.4　黄金圈法则

西蒙·斯涅克强调，关注和传播 Why 可以激发人们的情感共鸣，从而建立更高的忠诚度和驱动更深远的行动。这一理念在领导力、市场营销和品牌建设中被广泛应用。

该理念同样适用于变革管理。在变革初期立即开展的就是传播 Why，发现和吸纳足够多的早期接纳者——扩大变革联盟，共识变革愿景；然后传递 How——赋能变革行动；最后肯定变革成果，推广变革经验——传达 What。

早期接纳者还是 AI 组织建设中流程优化、架构调整、职责梳理的拥护者、践行者，理当被赋能、被肯定成果、被推广经验，即和绩效激励关联，继续赋能他人，组织能力得以增强，系统机制得以完善。

如此循环往复，动态渐进，组织变革管理始终与组织体系建设保持节奏一致。

【实践体会】

变革同营销一样，需要跨越鸿沟

美国的社会学家和传播学家埃弗雷特·M·罗杰斯（Everett M. Rogers）

1962 年提出的创新扩散理论（diffusion of innovations theory）指出，创新扩散过程涉及五类人群 2.5% 的创新者（innovators）、13.5% 的早期接纳者（early adopters）、34% 的早期大多数（early majority）、34% 的晚期大多数（late majority）、16% 的落后者（laggards），如图 5.5 所示。

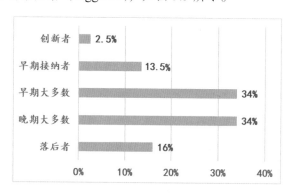

图 5.5　创新扩散过程的五类人群占比

该理论研究表明，**对新事物的接受速度，不同类型的人差异显著。**

知名商业顾问杰弗里·A·穆尔（Geoffrey A. Moore）在其经典著作《跨越鸿沟》（*Crossing the Chasm*）中提出了一个市场营销理论，即在创新扩散过程中，高科技产品从早期市场向主流市场的过渡，早期接纳者和早期大多数之间存在一个显著的鸿沟。

具体来说，就是占比达到 2.5%+13.5%，要向早期大多数的 34% 迈进时，很多高科技公司和产品突破不了占比，在这个鸿沟面前失败。究其原因，是早期接纳者愿意尝试新技术，尽管存在一定的风险和不确定性；而早期大多数则需要看到明确的证据和案例，证明新技术可以带来实际的效益并且是可靠的。

所以，**跨越鸿沟要有一定的市场策略和方法。**例如，建立适当的渠道，扩大市场覆盖范围；提供强有力的用户案例和推荐，证明产品的可靠性和价值。

AI 组织变革可类比为在组织内营销，面向的市场是组织全体成员，变革联盟扩散过程中同样会出现鸿沟，跨越鸿沟的策略和方法可借鉴该市场营销理论。

全范围的变革信息覆盖，尽可能地挖掘早期接纳者，不止停留在理念共识、愿景共识，还要适当做到举措共识，在率先展开变革的过程中积累案例，证明变革的可靠性和价值，为扩大占比奠定基础。

5.2.3　稳扎稳打，五步推进第一个小循环

> ➤ 【关键问题】
>
> 第一个小循环为什么重要？
>
> 第一个小循环中有哪些难点？如何解决难题？

继续以行军打仗打比方，第一仗关系到士气、信心、战略与战术的验证以及情报收集等方面的问题，还会对后续战斗产生深远影响，因此第一仗的胜败往往具有决定性的意义。其对应的就是变革文化建设的初期，变革成功可以增强企业全体对变革的信心，失败则需要付出更多努力来挽回局面。

所以，变革文化初期建设中，企业最高层管理者的重视不能仅仅停留在会议和提出口号上，更要投身于沟通和引导中，亲自参与"造势"，完成从扩大变革联盟、共识变革愿景、赋能变革行动、肯定变革成果到推广变革经验的第一个循环，以此作为示范。

第一个小循环的实施步骤如下。

1. 第一步：扩大变革联盟

作为战略目标的确定者，企业最高层管理者非常清楚变革因何而起，肩负着明确变革方向、制定宏伟目标的重任。然而，仅仅最高层管理者对变革的初衷、背景以及愿景和目标有深刻的理解是远远不够的。变革需要整个组织的共鸣和协作，才能形成合力，实现突破。

在变革初期，即准备阶段，企业最高层管理者需要精心挑选并组建第一批变

革联盟。第一批变革联盟成员是变革的先锋队，他们的选择和组建非常重要。

首先，第一批变革联盟成员应当是对变革持开放态度、勇于接受挑战的管理者。这批管理者不仅自身要能够理解变革深意，还要能够快速响应和执行，参与变革文化的建设、变革机制的设定，将变革实实在在部署和落实在流程优化、架构调整、职责梳理、人才赋能等具体工作中。这批管理者在整个变革过程中作为精准定位在组织各处的"星星之火"，需要发挥引领作用。

其次，第一批变革联盟成员中应包含在关键变革领域中既有前瞻思维又有深厚专业储备的人才。AI 组织建设"以创新为核心、以 AI 技术升级为驱动"，必须有一批这样的专业人才，凭借他们的专业知识、技能、经验，在变革初期提供有力的支持。这批专业人才不仅要做技术的领航者，更应成为变革的推动者。他们的作用不仅仅局限于技术层面，他们在团队内也要有一定的话语权，更重要的是，他们要帮助组织在变革初期阶段取得"可见"的阶段性成果。这些成果是变革的见证，是激励整个组织在变革的道路上继续前进的动力。只有当人们看到实实在在的成果时，才能形成对变革的认同，才能以"小胜利"鼓励和激励更多的胜利，推动变革更加顺利地进行。

这些专业人才来自不同的领域，至少包括业务、技术和人力资源部门。技术和业务的结合是变革成功的关键，因此业务和技术专业人才的参与必不可少。人力资源部门如果有合适人选，那么在协调业务和技术人员参与方面，在共识变革愿景、赋能变革行动、肯定变革成果、推广变革经验等方面均能发挥重要作用。这是因为人力资源管理上的专业知识和一些共识、共创、赋能技术、技巧能够更高效、更有保障地推进变革，确保变革成果的优质、持久、稳定。显而易见，第一批变革联盟应吸纳多领域专业人才，以共同推动变革向前发展，并实现组织的持续创新和进步。

另外，正式或非正式团队中的"意见领袖"也是联盟构建不可忽视的一部分。要借助他们的影响力，带动更多员工参与到变革中来，形成更强的变革合力。正式或非正式团队中的"意见领袖"如果属于对新事物的接受速度比较快的"创新者""早期接纳者""早期大多数"，那么无疑是应该视作尽早争取的变革联盟对象。

综上，企业最高层管理者在选择第一批变革联盟对象时，需要综合考虑成员的能力、态度、经验及影响力等多方面因素，确保第一批变革联盟对象的质量。而要将这些对象转化为变革联盟成员，企业最高层管理者还需要躬身入局，执行接下来的步骤，才能将这批变革联盟成员打造成推动变革的强大动力。

2. 第二步：共识变革愿景

在变革初期，驱动变革向前迈进的关键一步就是要确保变革愿景和目标的准确传达，尽可能形成共识。对于该过程，建议将其划分为两个核心层面来推进，如图 5.6 所示。

图 5.6　共识变革愿景的两个核心层面

（1）全范围覆盖。要确保变革的信息准确无误地散布到企业的每一个角落。

变革不仅仅是一个概念或是一个口号，其涉及企业的未来方向和共同追求的目标，可能影响到每个员工的角色定位。因此，需要向全体员工详细解读变革的背景、目的、目标和即将实施的关键变革措施，需要通过多渠道多形式的沟通，如内部会议、电子邮件、企业内刊等，不断向员工释放这些信息，以全方位的沟通帮助员工了解变革的具体内容，让他们深刻理解变革的必要性和对企业及个人发展的长远影响。

只有通过透明、开放的沟通，才能有效减少员工对变革的疑虑和抵触情绪，增强他们对变革的认同感，进而参与到变革中来。这一层面的工作，实际上是变革初期文化建设的核心内容，其关乎整个企业能否形成对变革的共同理解和支持。

（2）小范围覆盖。重点围绕那些将成为变革先锋的第一批变革联盟对象，将他们实实在在地转化为变革联盟成员，以变革效果的直接体现者身份成为变革的推动者。

对于这批人，不能仅仅满足于让他们了解变革的背景、目的、目标和接下来的重要变革措施等信息，更要关注他们对变革的理解和消化情况。要通过深入地交流和讨论，了解他们对待变革的态度，以及对变革的期望和担忧。同时，还需要明确他们在变革中的角色和需要承担的责任，以及组织对他们的期望。在理念、愿景共识的基础上，共识变革举措。第一批变革联盟成员应该是率先实施变革的人员，最高层管理者要持续检核变革这一阶段的输出成果，确保第一批变革联盟成员不仅成为变革的拥护者，更成为参与者，成为变革成功的有力保障。这一层面的工作，强调的是通过深度参与体现对变革的认同，以共识为基础展开变革实施，关乎变革能否真正落地生根、开花结果。

需要注意的是，AI 组织变革动态管理模型中给出的是共识变革举措，其与共识变革愿景不同。变革初期，关键词是"愿景"而非"举措"，原因是这时先谈 Why，再谈 What 和 How 更为合适。对全体员工谈 Why，描述 What，但不急于深入 How 的层面；对第一批变革联盟成员更应该谈清楚 Why，共识 Why，如此才能共识 What 和 How。

综上，变革初期传达与共识变革愿景和举措的过程是一项系统而复杂的工作，需要最高层管理者既要有面向全员的宏观视野和策略规划，又要有对特定群体的微观关注，还要对变革措施的大面积落地执行做好铺垫。"变革力"这一表达企业高层管理人员能力的词汇，在变革初期的这些细节把握中逐渐具象化。

3. 第三步：赋能变革行动

第一批变革联盟对象经过变革愿景共识和变革举措初步共识，已然成为变革联盟成员，变革初期赋能变革行动的对象正是这批变革联盟成员。

变革若仅停留在美好的愿景上，未能在变革的具体举措上达成共识，未能将举措设想转化为脚踏实地的行动，未能将这些努力凝结为实实在在的成果，则为失败。

变革之路，需要组织有将目标转化为行动的智慧和勇气，更需要赋能变革行动，真正助力变革取得成功。这意味着需要为变革提供必要的资源和足够的支持与指导，让身在其中的每一个参与者都能感受到变革的力量，感受到变革的每一步走得稳健有力，从而更加积极地投身其中，共同推动变革前行。只有这样，变革的道路才会越走越顺畅，最终抵达成功的彼岸。

在推进变革的过程中，第一批变革联盟成员将遭遇两大挑战。

（1）尽管他们认同变革的必要性，但多数成员对于变革的具体路径、可能遭遇的困难及应对策略并不清晰。他们需要深入了解变革的蓝图，预见潜在的问题，手握有效的解决方案或者知道可以怎样获得帮助。

（2）作为变革的积极参与者，每位成员都需要在关键举措中贡献自己的力量。即便成员拥有卓越的专业能力，但面对变革带来的全新问题，如何创造性地解决，可能仍需要来自各方的支持与协助，而且变革本身应鼓励这样的沟通与协作。

因此，赋能变革行动，最基本的便是帮助这批变革种子选手、变革先锋无惧挑战，解决问题。对此，本书给出的赋能建议如下。

（1）第一类挑战破解之道：变革管理培训和共创变革指南。

1）变革管理培训。

①目标：提升变革联盟成员对变革管理的理解，增强他们应对变革挑战的能力。

②内容。

a. 变革管理理论：帮助成员理解变革的基本框架和步骤。

b. 变革心理学：了解员工在变革中的心理反应和常见问题，如抵触、焦虑、困惑等。

c. 变革管理技能：包括如何在变革过程中及时沟通反馈，如何识别和处理变革过程中的冲突和抵触情绪，如何激励和引导团队共同参与变革等。

d. 变革工具和方法：变革项目管理、风险管理、资源管理及变革进程的评估、反馈等可使用的工具和方法。

e. 实际变革案例分析：从成功的变革案例中学习成功经验和最佳实践；从失败的变革案例中发现失败原因，讨论改进措施。

③形式：沙盘模拟、角色扮演、小组讨论类形式较为合适。结合理论讲解和互动讨论，共同探讨变革过程中可能遇到的问题及解决方案，确保成员充分理解变革管理知识，掌握应对策略。

2）共创变革指南。

①目标：基于变革管理培训，共同制定适合组织特点的变革指南。

②共创步骤。

a. 前期准备：重点落在信息收集与需求分析，全面搜集与变革密切相关的数据和信息，对组织的现状进行深度剖析，明确存在的问题和短板。必要时进行内部调研和深度访谈，了解组织在变革过程中的具体需求和挑战。

b. 组织工作坊：汇聚变革联盟成员的智慧，通过头脑风暴的方式，共同探索可能的解决方案和实践方法，形成变革指南的初步框架。这一环节不仅能激发第一批变革联盟成员的创新思维，还能加强他们之间的沟通和协作，为后续的变革实施打下团队合作基础。

c. 分小组细化完善：在形成变革指南的初步框架后，分小组细化和完善，尽可能涵盖各个方面的具体操作细节，确保变革指南的实用性和可操作性。而后汇总继续讨论，进一步优化其内容，也可以邀请内部专家和外部专家对变革指南进行审阅和反馈，以保障指南的科学性为目标。

d. 试点实施：在部分部门或团队中试点实施变革指南，通过实际操作检验其效果，并收集实际反馈和数据。在试点过程中，密切关注试点范围内的变革动态情况，及时发现和解决问题，为后续的全面推广积累经验。

e. 调整改进：根据试点反馈，对变革指南进行调整和改进，进一步确保有效性和可操作性，并检核第一批变革联盟所有成员是否已理解和掌握变革指南的内容。

f.持续优化：在变革过程中持续收集反馈，总结提炼最佳实践，不断提升变革指南的质量和实用性。通过不断地优化和完善，将变革指南打造成推动组织变革的有力工具，帮助组织实现更加美好的未来。

③形式：共创。通过共创增强第一批变革联盟成员的参与感和认同感，确保制定的变革指南既有理论支撑，又能充分理解变革需求，符合组织的实际情况，从而提高变革的成功率。

（2）第二类挑战破解之道：强基共创定目标，联合跨界找方案，敏捷容错护创新。

简单来说第二类挑战就是第一批变革联盟成员在各自的专业领域内，面对企业发展涌现的新问题、新挑战时，可能遭遇的复杂难题。

面对这些棘手问题，如何提供有效的帮助成为关键。企业对比的第一反应往往是提供全方位的支持，包括资源的倾斜和各项支持措施。具体而言，资源支持涵盖了资金、人才、设备等多个方面，只要变革有需求就尽量提供。而在支持措施上，对于全方位、多角度地给予支持，多数企业除了已经谈到的资源支持之外，少有提供支持的章法与策略。然而，为了确保战略的有效执行，在变革初期，欲向第一批变革联盟成员索要标杆案例成果、索求可佐证变革可靠性成果之前，企业应该明确能为他们提供怎样的支持。

我们根据过往变革管理经验，将 AI 组织变革场景下，聚焦在关键变革领域中专业人才可能需要的帮助以及企业应尽量提供的支持，总结提炼成三句话，现逐一说明如下。

1）强基共创定目标。

强基和共创是两个关键词，如图 5.7 所示。

①强基。这里说的强基包括两个方面，一是强专业知识技术基础，二是强创新思维、创新方法这方面的基础。

图 5.7　强基共创定目标

a. 强基注重的是专业领域的深度挖掘和对前沿技术的掌握。每个领域都有其底层逻辑和最新的专业发展趋势、知识、技术，这些都可能是创造性解决新问题的基础。有时需要回归问题的本质，从源头重新思考，探索新的解决路径；有时需要借助新技术，以其独特的视角和力量攻克难题。该过程中，如果现有的专业人才在知识和技能上略有欠缺，那么企业应当积极寻找和提供学习资源，助力专业人才提升。

b. 创新并非盲目无序地探索。实际上，经过科学家的深入研究和不懈努力，已经涌现出众多行之有效的工具和方法，可以为企业的创新活动提供支撑和指导。各个专业领域在创新探索的路上也逐渐形成了惯用的创新理论与模型。例如：

- 产品设计领域常用设计思维和敏捷方法，以用户为中心，快速迭代，不断优化产品体验。

- 在研发和工程领域，TRIZ（theory of inventive problem sowing，发明问题解决理论）因提供了系统的解决问题的方法论而备受推崇。

- 在运营领域，六西格玛以帮助企业提升效率和质量为目的，以其严谨的数据分析和流程优化能力，提供创造性解决问题的思路与方案。

  ……

对于变革联盟成员来说，他们或许已经对这些经典的理论和模型了如指掌，甚至已经将它们内化为自己的问题分析和解决的方法、套路。但如果真的在创造性解决问题上遭遇阻碍，不妨温故知新，或者跨界吸收创新方法，有时"他山之石"也有助于找到灵感，产出创新解决方案。

②共创。其实，越是遇到问题，越是鼓励共创，这里的共创同"共创变革指南"的共创。

每个变革联盟成员都是独特的个体，拥有各自的专业背景和思考方式。因此，当成员围绕问题展开共创时，多元的交流与碰撞不仅能够汇聚来自不同专业的丰富视角和独特的思维模式，还可能激发出前所未有的创新。共创的过程，实际上是一次深度的、系统的集体思考。在正确引导下，有助于成员们打破既定的思维框架，以新颖独特的视角重新审视问题，从而发掘那些因思维固化所忽略的潜在解决方案。这种集思广益的方式，不仅显著提升了解决方案的实用性和前瞻性，更在无形中增强了团队的凝聚力和协作精神。

另外，共创的另一显著优势在于能够消除沟通障碍。在共创过程中，每位成员都有机会充分阐述自己的观点和想法，同时也能够倾听并理解其他成员的意见。这种全方位的沟通与交流，一方面确保每位成员对问题有全面深入的了解；另一方面促进了团队成员之间的理解和信任，有助于在后续的实施阶段使团队目标一致、步调统一，实现高效协作。

综上，强基共创打开了创造性解决问题的视野，让问题解决目标更加清晰，方法更加多元，激发了变革联盟团队的创造力与凝聚力，使问题持有者获得有力支持。

2）联合跨界找方案。

如果说强基共创定目标更多将创造性解决问题的支持视角放在内部，那联合跨界找方案的视角就是向外的。

联合和跨界是两个关键词，其中联合指联合同行、联合行业专家、联合产业上下游等；跨界指跳出行业，借鉴不同行业经验，进行多学科融合，开阔思路，寻找灵感，如图5.8所示。联合和跨界都是创新的手段，也都是企业能为专业人才提供的支持。

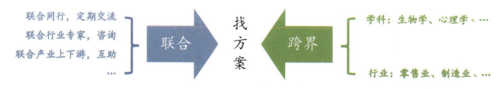

图5.8　联合跨界找方案

①联合。

a. 联合同行可以定期交流，分享经验和最佳实践，从而避免重复犯错，提高问题解决效率，甚至可以共同研发新技术。

b. 通过与行业专家的联合，以咨询或合作的方式，团队能够获取前沿知识和独特视角，有助于更深入地分析和解决问题。

c. 联合产业上下游，与供应商、客户等产业链上下游合作，能够更好地理解市场需求、技术应用场景和设备原理等，从而进行更加有针对性的研发和创新。

　　……

内部跨部门专家之间的交流虽然已经在一定程度上突破了思维定式，但由于他们长期在同一个组织中合作，因此思维难免趋同。这时，可将视角转向外部，行业内不同企业由于各自的定位和优势不同，因此能够提供多样化的见解和解决方案。同行交流很常见，实践证明，这类交流对企业自身问题的解决有一定的促进作用。

②跨界。在互联网蓬勃发展的那些年，有时真正的挑战并非来自行业内的竞争，而是其他行业的颠覆性创新。同时，这也带来了一个重要的启示：**关注外部的视角不能只局限在行业内，还要放眼产业及其他行业。特别要关注的还有科技领域的技术发展以及可能由此带来的商业模式上的改变。**专业技术领域的创新和创造性问题解决，同样可以借鉴其他行业的成功经验和技术。通过与不同行业、不同领域的专家交流，借助跨领域视角寻找创新解决方案，可以大大拓宽思维边界。例如：

a. 向零售业学习客户管理的最佳实践。

b. 向制造业学习流程优化技术。

c. 向生物学教授了解人脑机理。

d. 向心理学教授学习人类行为和动机的基本原理

　　……

在 AI 组织建设中：

a. 如果 AI 技术升级是要和客户关系管理相结合，则可以学习零售业在客户关系管理方面的已有策略，充分体验已经积累的技术，用于改进自己企业的用户体验和服务质量。

b. 如果战略上决定 AI 技术升级首先选择提高开发和运营效率，那制造业在精益生产和流程优化方面多年的经验积累值得借鉴。

c. 如果以 AI 技术的应用开发创新产品冲进市场，那多了解生物学在大脑功能的深入研究，了解心理学对人类行为和情感的深入研究，对产品的人性化服务设计、神经网络设计或许能提供一些新思路。

......

这种彻底打破行业界限的跨界交流，有助于获取新灵感，发现新的解决方案。企业应保持开放的态度，积极寻求与外部的合作和交流，避免闭门造车。

【实践体会】

企业资源对接和外部力量利用的常用方法

企业资源对接和外部力量利用的常用方法如下：

（1）建立定期的行业会议、研讨会、交流会等机制，帮助企业持续获取最新的行业动态、研究成果和技术趋势，避免信息孤岛，使团队成员保持对外部变化的敏感度。

（2）参加行业活动，为组织获取第一手的行业信息与资源；参与行业标准的制定，提升企业在行业内的影响力和话语权。

（3）与高校、研究机构、行业联盟等合作，高校和研究机构通常拥有前沿的研究成果和技术，通过合作可以加速项目进展，提高技术创新效率。除了传统的合作研发外，企业还可以资助高校和研究机构的研究项目，设立联合实验室，或者通过孵化器、加速器项目支持初创企业的创新研发，进一步扩大合作范围和深度。

（4）聘请外部顾问或专家，进行定期咨询和指导。外部顾问或专家可以带来更丰富的专业知识和实践经验，为团队提供指导和解决方案，弥补内部能力的不足。但是，在选择外部顾问或专家时，应注意其背景和经验是否与企业需求高度匹配。建立长期合作关系，定期评估顾问的贡献和效果，以确保合作的持续有效性。另外，还可以考虑建立一个外部专家网络，以便随时为项目提供灵活支持。

（5）引进外部培训资源，开展知识和技能转移类培训，帮助团队成员掌握最新的技术和工具，提高团队整体技术水平和创新能力。

（6）评估外部技术方案的成熟度和性价比，必要时直接采购成熟的外部技术方案，节省研发时间和成本，提高项目的实施效率。定期审查和更新技术选择策略，跟上市场需求和技术进步的步伐。

（7）构建开放式创新平台，吸引外部开发者、合作伙伴和用户共同参与产品的开发与改进。通过众包和开源项目，利用集体智慧和资源，推动创新和技术进步。

闭门造车可能导致技术和产品落后，错失新时代的市场机会。联合和跨界能带来多元化的视角和思维方式，帮助团队打破固有思维模式，激发创新灵感。通过联合和跨界，整合外部资源，还可能有助于分散技术与市场风险，节省时间和成本，提升创新效率和质量，提高创新项目成功率。

在联合和跨界交流中汲取各方智慧，找到更加高效和创新的解决方案，对专业人才来说也是非常有力的支持。

3）敏捷容错护创新。

支持创造性解决问题的视角，强基共创定目标偏内，联合跨界找方案偏外。目标清晰，方案合理，接下来最重要的就是实践、验证、取得成果。敏捷和容错是两个关键词，如图5.9所示。

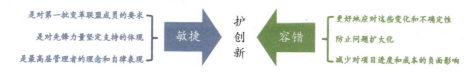

图5.9　敏捷容错护创新

①敏捷。未来，AI组织中多为敏捷团队。包括绩效激励等措施都紧紧围绕敏

捷团队管理进行开发、建模。变革初期，敏捷不仅是对第一批变革联盟成员的要求，也是组织对这支先锋力量坚定支持的体现，更是最高层管理者的理念和自律表现。

最高层管理者应以身作则，示范敏捷文化，建立透明的沟通机制，快速决策，及时调整，持续改进。最高层管理者应亲自主导，为变革联盟成员提供利于试验和创新的工作环境，与之保持高效的沟通，为其灵活调配资源，提供学习机会，集结内外部专家组织共创活动，经常鼓励和认可团队成员，提升团队士气和变革信心。敏捷性能够显著提升变革的效率和效果，倡导敏捷、示范敏捷，以实际行动支持变革联盟成员敏捷，最高层管理者理当身先士卒。

②容错。敏捷注重快速响应变化，迭代开发，持续交付价值。变革过程中，需求和优先级可能会频繁变动，甚至有时需求的理解本身也可能存在偏差。

建立容错机制可以帮助团队更好地应对变化与不确定性，确保即使出现错误或者需求调整，也能够及时纠正并继续推进项目。

良好的容错机制将关注的视角放在如何帮助防止问题扩大化，如何帮助减少对项目进度和成本的负面影响上，而不是追究谁的责任，如何处罚。

整体上，良好的容错机制有助于减小项目风险，提高项目的稳定性。

总之，敏捷和容错不仅仅是一种方法、机制，更是一种管理和文化上的重要支持，能够使团队应对变化时不畏手畏脚，在过程中持续提升项目交付质量和价值。

赋能变革行动的关键在于为变革联盟成员提供必要的资源、支持与指导，确保他们能够创造性解决问题并取得成功。变革管理培训和共创变革指南有助于提升成员对变革的理解与应对能力，同时促进团队协作与创新思维。强基共创定目标，联合跨界找方案，敏捷容错护创新，细化了专业领域创造性解决问题的支持策略和具体举措，让赋能变革行动落在实处。

4. 第四步：肯定变革成果

变革初期，一旦取得变革成果，应及时给予肯定。在整个变革过程中，同样要做到阶段性肯定变革成果，这是一种有效的变革管理策略，好处显而易见。

（1）肯定变革成果能够显著提升员工士气。当看到自己的努力和贡献得到认可时，人们会感觉受到重视和激励，产生成就感和自豪感，进而增强对变革的支持和参与热情。变革是一个长期而复杂的过程，容易出现疲劳和懈怠。通过对阶段性成果的肯定，企业可以保持变革的动力和紧迫感，确保变革工作持续推进，不断取得新的进展和成就。

（2）阶段性肯定变革成果可以鼓励员工在变革过程中不断改进和创新。当员工看到自己的工作得到认可时，他们会更有动力探索新的方法和思路，持续优化工作实践。

（3）肯定变革成果是阶段性评估和总结的正向反馈。这种反馈机制能确保变革方向的正确性和变革措施的有效性，避免走弯路或犯错误。通过这种良性循环，企业能够不断提升变革质量和效果，实现持续改进。

（4）增强其他员工的信任与对变革的信心。通过展示和分享变革取得的成果，员工能够看到变革的实际效果和进展，消除对变革的疑虑和不安，增强变革信心，从而愿意参与到变革中来。如此，不断地"跨越鸿沟"，将变革引向胜利。

企业应在变革过程中积极运用肯定变革成果这一策略，确保变革的顺利实施和长期成功。

肯定变革成果，最容易想到的是表彰和奖励。例如，在公司内部的大会或公告中公开表彰在变革中表现突出的团队与个人，给予他们物质奖励，或提供针对性的培训机会、晋升机会等。这似乎是为变革单独立项展开这类动作，但其实建议和 AI 组织建设实施要点中的激励绩效完美结合、一脉相承。

在探讨如何有效推动组织变革的过程中，OKR 作为一种管理工具，其应用和实施策略显得尤为重要。以下是关于 OKR 在变革管理中的具体应用和优势的详细说明。

（1）变革联盟成员响应变革的具体工作，即专业新贡献。

（2）挑战性工作任务组建敏捷团队，以专项形式推进。OKR 中，O 应是振奋人心、易于理解并且能够激发团队动力的，可以是明确的、具体的、有挑战性的定性陈述,描述想要实现的事情;KR 是用于衡量目标实现程度的具体的、可衡量的、有时限的指标，通常是 3~5 个关键结果支持一个目标，并明确描述目标实现的标准或指标。

（3）OKR 的公开透明性与敏捷方法相结合，通过周期性的回顾和评估，与变革流程并无本质区别。这主要是为了加强示范作用，特别强调将认可变革成果作为变革管理策略的一部分。

5. 第五步：推广变革经验

肯定变革成果是变革方向正确性和变革措施有效性的正向反馈，可以提升变革联盟成员的士气，增强其他员工的信任与对变革的信心。肯定变革成果的目的其实还可以放大，即已然在推广变革经验。

通过推广变革经验，成功的方法和策略得以分享和传播，整体变革的效率和效果得以提升。由此可见,肯定变革成果和推广变革经验二者之间相互促进、相辅相成，同为变革文化建设的一部分，均对变革的可持续性和最终成功具有重要作用。

推广变革经验是辅助变革成功和持续改进的重要环节。通过建立分享平台、定期举办分享会、案例分析与培训、编写变革手册、设立导师制度、利用多媒体工具、设立奖励机制以及建立反馈机制，企业可以有效地传播和应用变革经验，提升整体变革的效果和效率。这些策略不仅能够帮助员工更好地理解和适应变革，还能促进企业文化的建设和长远发展。

【实践体会】

变革经验的萃取与推广

有段时间流行的网络语是"重要的事情说三遍"。现实工作中，**真正重要的事情说三遍都未必能确保传达有效**。为了确保变革成果和最佳实践能够在整个组织内传播和应用，多次、反复必不可少。另外，为了提升覆盖面，做到更加广泛深入地传播，也为了避免枯燥，引发反感，建议采用多种形式推广变革经验。常见的推广变革经验的形式如下：

（1）建立内部知识库和企业社交平台，通过这些平台收集和分享成功案例、最佳实践和解决方案，方便员工随时查阅和学习。

（2）定期举办经验分享会和研讨会，邀请变革项目的关键人物分享他们的经验和见解，通过面对面交流促进员工对变革的深入理解。

（3）将变革经验纳入培训课程，通过工作坊和案例分析，模拟练习，帮助员工掌握变革中的最佳实践。利用视频、音频教程等多媒体工具，直观、生动地讲解变革中的关键步骤和成功经验。

（4）编写变革手册和在线文档，将变革过程中的成功经验和常见问题记录下来，作为指导材料供员工参考。

（5）设立变革导师制度，通过一对多或者一对一的辅导和指导，帮助其他团队更快适应变革。

（6）设立奖励机制，激励员工敢于说出困惑，积极分享经验，反馈变革心得，提出改进建议。

萃取变革经验，并根据推广需求，选择案例、课件、视频、指导手册等适当载体，进行针对性的开发和应用，见表 5.1。

表 5.1　变革经验的开发与推广

推广形式	匹配载体	萃取和开发方法
内部知识库和企业社交平台	案例、文档、帖子	通过定期总结变革项目中的成功案例和最佳实践，将其整理成文档和帖子，上传到内部知识库和企业社交平台。确保内容结构清晰，易于搜索和阅读
经验分享会和研讨会	演示文稿、报告、视频	记录经验分享会和研讨会中的重要内容，制作演示文稿和报告。对重要会议进行视频录制，供无法参加的员工观看。制作内容时，注重案例分析和实际应用的讲解
培训课程	PPT、案例、工作坊材料、练习材料、手册、视频和音频教程	从实际变革项目中萃取典型案例，编写详细的案例分析报告。编写工作坊流程课件及练习材料，在工作坊中进行互动练习，帮助员工深入理解和掌握变革中的最佳实践。制作音频、视频教程，制作网络研讨的 PPT 和录音，详细讲解变革中的关键步骤和成功经验，方便员工在方便的时候学习

推广形式	匹配载体	萃取和开发方法
变革手册和在线文档	指导手册、PDF 文档	编写变革手册，记录变革过程中的关键步骤、成功经验、常见问题及解决方案。将指导手册制作为 PDF 文档，上传至在线文档管理系统，确保所有员工都能方便地访问和查阅
变革导师制度	指导手册、辅导计划	变革导师的指导手册包含变革过程中需要注意的事项和最佳实践。变革导师制订辅导计划，根据被辅导者的具体需求，提供针对性地指导和支持
奖励机制	公告、表彰材料、调查问卷、报告	列出在变革过程中表现突出的团队和个人，制作荣誉证书和公告。在内部会议或公告栏公开表彰，树立榜样，激励更多员工积极参与变革和经验分享。设计调查问卷，定期收集员工对变革经验推广效果的反馈。根据反馈，分析推广中存在的问题和改进建议，及时调整策略，优化举措，确保员工的意见能够得到重视

通过变革经验的开发及多样化的推广形式，多次、反复传播，即可将成功的变革经验更多应用于工作实践，有助于提升整体变革的效果和效率，提高变革成功概率。企业最高管理层在变革初期应亲身经历这些过程，切忌虎头蛇尾，要集变革经验的萃取者、开发者、推广者为一身，完整完成变革初期的小循环。

万事开头难，如果变革初期的小循环能取得良好成效，接下来的变革实施中期和后期就会顺畅很多。

5.2.4 变革中期：循环要点差异分析

> 【关键问题】
>
> 变革中期与初期的差异在哪里？

本小节继续以行军打仗作为变革的隐喻，在变革中期更深入地理解其动态过程。首先，第一仗的成功打响不仅可以极大地提升士气与信心，更是对既定战略与战术的一次有力验证。这场胜利带来了初步的战果，对这些战果进行表彰，将宝贵的经验传播出去，为后续的变革之路奠定坚实的基础。

进入变革中期阶段，就如同将行军打仗作纵深推进，此时需要通过一个个的循环，攻克那些看似坚固的堡垒。这一阶段的循环完全可以参考变革初期：扩大变革联盟、共识变革愿景、赋能变革行动、肯定变革成果、推广变革经验。但这里需要在细节上进行微调，变革中期的循环变为：扩大变革联盟、共识变革举措、赋能变革行动、肯定变革成果、推广变革经验。

进入变革中期的循环中，首先要做的依然是扩大变革联盟。

第一批变革联盟成员如同种子般撒播开去，他们是那些敢于冒险、勇于创新的先驱，他们是创新扩散过程中 2.5% 的创新者和 13.5% 的早期接纳者。他们的成功实践为后续的变革者提供了明确的证据和案例，让更多的人看到了变革的可靠性、可行性。于是，那些原本持观望态度的占比 34% 的"早期大多数"开始逐渐加入进来，他们被变革初期的成果所吸引，被变革的愿景打动，因认同的人员规模的扩大，再进一步影响到 34% 的"晚期大多数"，变革联盟队伍就这般在变革中期逐渐壮大。

过程就是如此，但要让"早期大多数"和"晚期大多数"达成共识并非易事。在变革初期，更多的是宣传变革的愿景，让所有人看到变革的必要性，看到未来的美好前景。但到了**变革中期，则更需要**就具体的变革举措达成共识。因为对于已经开始产生信任的"早期大多数"和"晚期大多数"来说，了解自己要做什么、做到什么标准，比仅仅了解变革的愿景更加重要和直接。只有当他们明确了自己的目标和任务，才能更好地投身到具体的实践中，通过自己的努力获得成果，从而进一步验证变革的必要性和可靠性，如此才是真正的信服。

因为变革中期更重要的是与他们就具体的变革举措达成共识，所以在变革中期的循环中将"愿景"二字改为了"举措"。又因为变革中期的循环更加频繁和密集，在整个变革循环中占比最多，为了强调这一阶段的核心任务和目标，所以 AI 组织变革动态管理模型中的用词是"举措"而非"愿景"。

变革中期的"赋能变革行动"虽然字面上没有变化，但与变革初期相比，该阶段的赋能除了继续执行变革初期已然开启的赋能项目外，重点要指出的是赋能对象要增加新加入变革联盟的成员，而针对这部分变革联盟成员，**建议由第一批变革联盟成员担当师资主力，展开内训**。第一批变革联盟成员变革经验经萃取、提炼，开发的材料是变革中期赋能变革行动的"原始积累"，是推动变革中期赋能变革行动的关键力量。第一批变革联盟成员变革经验的推广，就是打响变革中期赋能变革行动的"第一枪"。

从价值和意义的角度来说，变革初期的赋能主要是为变革奠定基础，通过培训和支持使第一批成员了解变革愿景，建立变革文化，形成统一的变革思维和管理办法。

初期赋能强调敏捷和快速响应，确保在变革启动阶段成员能够迅速适应和调整。

变革中期赋能的重点在于扩大变革联盟的规模和影响力，将初期的成功经验传递给新成员。

随着变革的深入，中期赋能更注重持续改进和优化，增强团队协同和资源整合能力，提升变革效率。

利用第一批变革联盟成员作为师资主力的优势并不是单方面的。对赋能对象来说，内部成员将之前积累的经验和教训进行有效传递，避免自己再走弯路，这样的导师更容易获得信任与认可，更容易促进团队融合与协作。换个角度，其实赋予第一批变革联盟成员培训新成员的责任，也是对他们的一种肯定和激励，能增强他们的归属感、成就感，有利于提高变革联盟团队整体士气。

落地实施，这里再补充如下几点建议。

（1）第一批变革联盟成员掌握的变革管理理念和方法，通过日常工作和参与赋能变革行动予以体现。在关注变革中期赋能对象的学习成长的同时，不要忽视对第一批变革联盟成员从理论到实践落地具体行为的观察、反馈和辅导。

（2）从统筹第一批变革联盟成员萃取经验产出学习资源开始，到制订系统的培训计划，到组织一场场线上／线下学习活动，跟踪学习效果……工作量很大，工作要求很高，最好能派专人负责，责任到人。一般来说，人力资源部具备人才发展专业能力的人员适合担此重任。

（3）在培训过程中，不仅要传授初期的成功经验，还要结合变革中期的新挑战和变化，及时收集新成员的意见和建议，不断优化培训内容，调整赋能策略，注重持续改进，确保实际效果。

总之，变革中期的赋能行动需要结合变革初期的经验，并注重新成员的培训和支持。第一批变革联盟成员化身师资主力，不仅能够有效传递经验，还能增强变革团队的凝聚力和士气。通过统筹开发学习资源、制订系统的培训计划、执行导师制度、组织经验分享、收集学习反馈等一系列举措，我们不仅能激发员工的积极性与创造力，还能增强组织的适应力与竞争力，为变革目标的实现奠定坚实基础。通过赋能，企业可以尽其所能地确保变革联盟成员在不同阶段都能获得充分的支持，整个组织可以更高效、更创新、更和谐地应对变革挑战，从而达成变革目标，最终实现持续发展和长远成功。

肯定变革成果、推广变革经验是持续性的重要工作。在变革中期，肯定变革成果和推广变革经验不仅有助于巩固初期的成功，还能激励团队继续努力，推动变革深入。通过及时表扬和奖励、系统化经验总结、定期经验分享和内部培训交流，可以有效地推广变革经验，这些方面与变革初期在做法上并无不同。这里要着重注意以下几点。

（1）继续保持变革信息的透明度，让所有成员了解变革进展和成果，增强参与感和认同感。评价和奖励要有约在先，确保公平公正，避免引起内部不满和矛盾。

（2）根据不同层级、不同职能的需求，制定差异化的推广和培训方案。变革中后期还可以针对不同成员的实际情况提供个性化的支持和指导，帮助他们更好地理解、转化、应用变革经验。

（3）鼓励团队成员不断反思和总结，根据实际情况动态调整，不生搬硬套，持续改进，确保变革经验能够真正落地和应用，推动变革的深入和优化。

（4）不断深化变革文化建设，以此激发员工的自主性和积极性，构建信任和认同感，增强应对变革的信心。

（5）通过持续的文化建设确保目标统一，协同共进，高效执行。

变革如同行军打仗，需要精心策划、步步为营。变革前期，企业最高层管理者躬身入局开创局面；变革中期，第一批变革联盟成员为主力，渐进式地吸引更多联盟成员的加入与投身变革，经由一系列循环的圆满执行，势必取得显著成效。

5.2.5 变革后期：稳固战果，清扫战场

> **【关键问题】**
>
> 变革后期如何稳固战果？
>
> 变革后期清扫战场具体要做什么？

变革后期，关键词是"稳固战果，清扫战场"，即维护变革成果，同时全面审视变革过程中的遗留问题，逐一解决清理，为这一段变革历程画上圆满的句号。

1. 稳固战果

稳固战果措施很简单，即"标准化、留住人"。

将变革中验证有效的措施纳入企业的标准流程和管理制度中，让这些成果能够长期、持续地指导工作，直至下一场变革后的优化与更新。

将变革过程中的优秀团队和个人留住尤为重要。能快速适应并创造性解决变革产生的新问题的团队与个人，除去专业技术能力不说，这些团队与个人在大局观、高责任感、高执行力、积极主动、团队协作、适应能力、持续学习能力方面均得以验证，是组织的财富。

变革过程中将肯定变革成果、推广变革经验作为部分激励手段，变革后期则应为团队与个人从更长远的角度制订绩效激励计划，一些常见的激励措施见表5.2。

表 5.2　变革后期常见激励措施

激励措施	内容举例
职业发展规划	职业发展通道、高潜人才培养计划、个性化发展计划、目标设定与反馈、培养与跟踪
持续学习与培训	高级培训课程、学习津贴、构建知识分享平台 / 频道
跨部门交流与合作	跨部门轮岗、团队合作项目
参与决策和创新	决策参与、创新项目
领导力发展	领导力培养计划、高管互动、导师制度
工作环境和福利激励	股权激励、期权计划、荣誉称号、荣誉墙、长期健康与福利计划

2. 清扫战场

变革后期，清扫战场表述出来也很简单，即"拉一把、清彻底"。

根据创新扩散理论，人群中总有 16% 左右的落后者对新事物的接受速度比较慢。变革后期，如果组织内依然存在这样的落后者，则建议"拉一把"。

首先，了解这些落后者对变革持抵触态度的原因，是缺乏信息、技能不足还是对新方法不信任，或者是其他原因。在了解原因的基础上进行个性化分析，制定有针对性的干预措施，如提供心理辅导，帮助落后者应对变革带来的压力和不适应，减轻他们的焦虑和担忧，提供专门的学习资源，指派一对一辅导老师等。

如果这些措施仍无法改善其适应性和产生绩效，特别是那些在组织内唱衰变革、阻碍变革、产生负面影响的人员，那么组织有必要适时采取措施，进行人员优化调整。

"清彻底"提醒的是变革过程中不可避免地会遗留一些问题，通过调查、反馈、研究，识别这些问题并成立专项小组，集中资源和力量解决这些遗留问题，保证变革得以彻底实施。另外，这些遗留问题的解决经验也应该总结、提炼、传播，同样要"标准化"，以长期、持续地指导工作。

最后，变革胜利在望，文化建设的巩固和深化必不可少。变革形成的新文化仍然需要时间来巩固，企业可通过评估与反馈机制优化和调整文化建设措施，巩固变革成果，将变革过程中形成的积极因素传承下去，打造独特的变革能力与文化优势，为未来的新变革树立标杆、奠定基础。

　　总之，变革后期是巩固成果和为未来发展奠定基础的阶段。通过"稳固战果，清扫战场"，巩固和深化变革文化，企业将具备更强的竞争力和持续发展能力。

第6章

AI 组织需要的人才

【关键问题】

CEO 还是组织的必需品吗?

AI 组织的人才结构将呈现怎样的趋势?

AI 组织中人员的核心角色与职责关键点是什么?

AI 组织中硅基人为什么不可替代?

第6章
AI组织需要的人才

AI组织的人员组成与结构趋势
- CEO数字分身日益普及
- 转型期的人才冰激凌结构
- 成熟期的瘦身松树结构

碳基人才核心角色与职责说明
- 三大核心角色：商业领航者、功能支撑者、价值创造者
- 每个角色的四个职责关键词
- 每个角色都需要培养领导力

硅基人不可替代的角色领导力
- 硅基人负责管理，碳基人负责领导
- 三大核心角色对应三大角色领导力
- 面向AI技术发展的领导力行为表现

6.1　AI 组织的人员组成与结构趋势

6.1.1　CEO 数字分身日益普及

越来越多的 CEO 开始为自己打造数字分身，其核心动机包括三方面：创新营销策略、增强社交媒体影响力和提升管理效能，如图 6.1 所示。

图 6.1　CEO 打造数字分身的动机

若 CEO 的数字分身能起到以上作用，我们不禁思考 CEO 各项职责与工作任务在 AI 技术发展下，可能发生怎样的变化，见表 6.1。

表 6.1　CEO 数字分身的替代 / 辅助潜力

工作分解	AI 替代 / 辅助方式	任务重复性	标准化程度	数据依赖性	交互复杂性	创新 / 判断能力需求	经济成本	数字分身替代 / 辅助潜力
制定战略	使用 AI 分析市场数据、竞争动态及行业趋势，提供决策支持	低	低	高	高	高	中	辅助支持
文化塑造	AI 可协助提供建议，但最终愿景与使命的设定需要由 CEO 决定，文化建设需要 CEO 参与其中	低	低	低	高	高	低	辅助支持

续表

工作分解	AI 替代 / 辅助方式	任务重复性	标准化程度	数据依赖性	交互复杂性	创新 / 判断能力需求	经济成本	数字分身替代 / 辅助潜力
推动创新	AI 和数字化工具可以提供自动化与创新支持，可以加速转型过程	低	低	高	高	高	中	部分替代
市场研究	AI 在数据分析、产品趋势预测方面有巨大潜力，但创造性和决策仍需人工干预	高	中	高	中	高	中	部分替代
决策参与	AI 可以提供基于数据的决策支持和风险评估，但最终决策依然由 CEO 作出	中	中	高	中	高	中	辅助支持
监督运营	AI 与自动化系统可以监控运营效率，分析关键指标，提出优化建议	高	高	高	中	中	中	高度可替代
风险管理	AI 可以进行风险预测、危机模拟、应急预案的制定与执行建议	中	低	高	中	中	中	部分替代
预算制定	AI 可以进行财务预测、预算编制、自动化报表生成、风险分析等	高	高	高	低	中	低	高度可替代
利润管理	AI 系统能够实时监控财务数据，自动分析现金流、资本结构，提供建议	高	高	高	低	中	低	高度可替代
团队管理	人才的选用育留可通过 AI 系统提供支持，但领导力和人际交往需要 CEO 亲力亲为	高	低	中	高	高	低	辅助支持

续表

工作分解	AI 替代 / 辅助方式	任务重复性	标准化程度	数据依赖性	交互复杂性	创新 / 判断能力需求	经济成本	数字分身替代 / 辅助潜力
公共关系	AI 可以通过自动化报告生成，会议工具提供信息和沟通支持	中	中	中	高	高	中	辅助支持
⋮	⋮	⋮	⋮	⋮	⋮	⋮	⋮	⋮

CEO 还是组织的必需品吗？逐一分析后，可得出如下结论。

（1）**高度可替代部分**：主要集中在数据分析、风险评估、财务管理、运营监控等领域，AI 和自动化工具能够提供高效的数据支持、预测和决策辅助。

（2）**部分可替代部分**：主要是重大决策和需要人际交往领域，如战略规划、组织发展、对外事务等层面的工作，虽然 AI 可以提供大量数据支持和趋势预测，但最终决策依然需要由高层领导作出。

（3）**无法替代部分**：包括领导力、企业文化建设、与股东及政府的沟通、创造性决策等，这些依赖于人类的感受、价值观和复杂的情感判断。

组织内每一个岗位均可参考任务分解替代概率模型进行分析。随着组织内 AI "浓度" 的不断增加，工作流程、组织架构随之调整，组织的人才结构也会相应发生变化。

AI 组织建设的不同时期呈现出的人才结构不同，构建 AI 组织的转型期，人才结构为冰激凌型；待 AI 技术越来越成熟，AI 组织步入成熟期，人才结构为瘦身松树型。

6.1.2　转型期的人才冰激凌结构

▷【关键问题】

转型期人才结构为何呈冰激凌型？

AI 组织从 0 到 1 转型阶段，AI 技术还在发展，组织也普遍摸索前行，尤其垂直领域的 AI 应用，必然在试点中前行，只有切实有效才会逐步推广。**就目前硅基人的能力而言，说它们可以替代员工还为时尚早，逐步增强辅助能力的说法更为妥帖。**

转型期新质 AI+ 四类人才是各家企业的人才瓶颈，市场上的人才争夺战不可避免。随着战略和组织变革的推进，人才赋能的成果初现，各家企业会逐步锻造出自己的一支能快速适应并能不断学习的员工队伍。假设不计算与硅基人共创的额外产能，仅考虑原产能情况下，人才结构将呈现为冰激凌型，如图 6.2 所示。

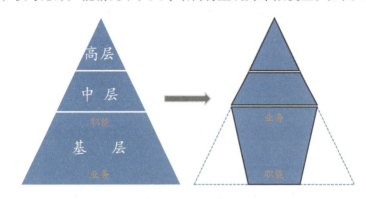

图 6.2　AI 组织转型期的人才结构变化

（1）摒弃传统高层、中层、基层的管理层视角的金字塔结构人才分类，冰激凌结构中的尖顶部分由能引领企业发展、主导组织变革的领导人才和具备 AI 高级专业技术的专家构成。这类人才虽重要，但因成才周期长，转型期内的人才市场供应必然不足，即便企业希望扩大这类人员规模，也可能可遇不可求。

（2）中间梯形部分则指精通业务、理解技术，推动 AI 赋能业务的跨领域人才，新质 AI+ 人才分类中的"业务整合者"。

（3）底部梯形部分多数是新质 AI+ 人才分类中的"应用实践者"，是能快速学习并在实际场景中让硅基人辅助自身工作的人才。

（4）与原金字塔型人才结构对比，空白部分是指"硅基人"替代"碳基人"工作职责的部分。

（5）由于生成式 AI 在内容上的生产力大幅提升，因此职能人员的结构性萎缩最为明显。

6.1.3　成熟期的瘦身松树结构

于企业而言，不论是因何原因重新作出战略规划，都期待以更低的成本、更高的效率和更强的灵活性取得竞争优势。AI 时代的企业竞争力还取决于企业人机协作能力，从初衷来说，期待的是员工与硅基人通力协作，提升企业整体产能。

于员工而言，需要借助 AI 的力量，成长为能够快速学习、在不同的任务和项目中灵活应对挑战的人才，从掌握一两个专业技能，深耕一两个领域，转型成为能同时掌握多项专长的多面手，在液态柔性组织中随时可创造价值。

在此，以仅考虑原产能、不计算与硅基人共创的额外产能为前提，人才结构将呈现为松树型，如图 6.3 所示。

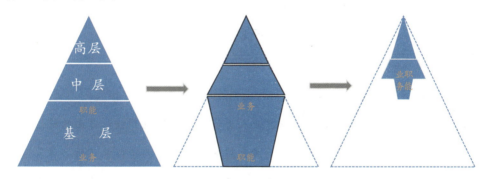

图 6.3　AI 组织成熟期的人才结构变化

这里重点介绍冰激凌型向松树型发展过程中的变化，具体如下：

（1）成熟期，伴随着硅基人能力提升，AI 应用在组织内全面推广，原产能中各类型碳基人人员规模均有缩减。

（2）原产能的整体人员规模减小，组织领导类人才可以相应减少。

（3）AI 基础设施已然搭建，配置技术运维人员辅助 AI 高级技术专家管控硅基人，AI 高级技术专家也可以投身其他需要 AI 技术的创新工作。

（4）自动化水平提高，硅基人助手越来越得力，业务和传统职能之间的工作界限可能消除。未来，只有部分"以人为本"的职能类工作需要碳基人亲力亲为。

（5）组织内的核心角色需要重新定义，没有基层、中层、高层的界定，未来人才的职业发展起点也不再有从基层做起的说法。

6.2　碳基人才核心角色与职责说明

6.2.1　三大核心角色：商业领航者、功能支撑者、价值创造者

> ➤【关键问题】
>
> 未来组织的人员一定是正式员工吗？
>
> 未来组织的正式员工扮演怎样的角色？

【实践体会】

更加灵活、多元的人才合作模式

未来组织的人员一定是正式员工吗？

我们预测并认同，未来组织内未必都是企业正式员工。相应地，**组织也会审慎控制长期正式员工的数量，以适应人力资源市场日益开放和自由的特性。**

未来，个人会在新技术的加持下成为越来越凸显个人价值的"强个体"。在这样的背景下，一部分人群可能不再倾向于长期固定于某一企业作为正式员工，而是选择更加灵活、自由的职业生涯路径。组织外的人员，凭借其独特的知识、技能、经验、经历、资源等能力，成为补足团队的关键力量，从而与组织产生紧密的链接。这种链接可以超越传统的雇用关系，呈现出更加灵活、多元的合作模式。例如，项目制、阶段性、远程协作、外包等。

这些合作模式在当下已屡见不鲜，只是未来或成为与正式雇用一样的主流。

更复杂一点，**进入 AI 时代，数字员工既然可以成为组织资产和生产要素，**

那么未来组织与"强个体"的合作未必不是和他开发的智能体、创造的硅基人、数字分身展开合作。

成熟期的 AI 组织内部的正式员工，即碳基人才，主要承担三大核心角色，从中心位置向外扩散，分别是为商业领航者、功能支撑者、价值创造者，如图 6.4 所示。

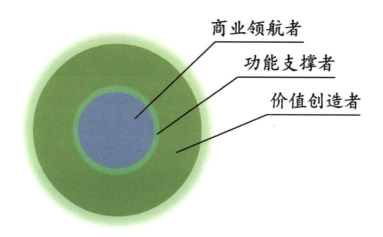

图 6.4　碳基人才三大核心角色

图 6.4 虽为环形，但其整体意义与瘦身松树型人才结构保持一致。

（1）商业领航者多为 AI 组织从 0 到 1 转型期的组织领导者和 AI 高级技术专家转化而来，人才密度较高，以应对未来商业世界的复杂挑战。

（2）功能支撑者多为 AI 组织从 0 到 1 转型期的"业务整合者"和"应用实践者"转化而来。然而，随着数据中心和 AI 技术中心的基础建设日益稳固，即便是在垂直领域的 AI 应用也已广泛普及，这导致对传统人力资源的需求减少。由于功能支撑者的实际人才密度并不高，因此形成了一个相对较小的群体，他们位于商业领航者和价值创造者之间。

（3）价值创造者以示，一是因为由他们直接接触外部客户，扩大组织对外影响力，是组织的"液态柔性前端"；二是隐喻价值创造者团队中有被吸引而来的"为组织所用，但不被组织所有"的人才。

暂且从如何在未来的人才市场环境中吸引人才和让人才为己所用的角度分析以上三种角色。

（1）商业领航者负责引领企业的愿景、价值、创新及变革，他们通过深刻的思考和前瞻的视野，解决人才内心对于"为何参与这家企业的发展，以及这一选择是否与自身发展需求相契合"的疑问。

（2）功能支撑者作为组织与人力资源市场之间的桥梁，他们代表着组织的文化、能力和形象。他们的作用在于解决人才对于"这家企业是否具备实现其愿景的能力，是否值得投入时间和精力"的疑问。

（3）价值创造者是那些为企业创造业绩，负责团队作战、项目管理和促进绩效提升与人员成长的正式员工。他们是人才在实际工作中朝夕相处的伙伴。

这三种角色共同作用，形成组织吸引和留住人才的结构。通过以上单一视角和简单的分析，已然可见这三类角色在职责方面有各自独特的承担与侧重点。

6.2.2　每个角色的四个职责关键词

> **【关键问题】**
>
> 三大核心角色的职责是什么？

商业领航者是组织的灵魂人物，他们的职责在于思考和说明：我们是谁，我们为什么而存在，我们要去向哪里，我如何带你们到达目的地。

从本书设计的 AI 组织形式上看，功能支撑者处于组织功能中心，承担组织中的协调、管控、支撑、服务职能。**功能支撑者对外是组织文化、能力、形象的代言人，对内是组织流程、架构的缔造者**，要联结各种资源，协同多类团队，为合作消除障碍，为组织把控风险。

价值创造者负责项目管理、团队协作，以实际行动产出绩效，实现业绩目标。

将三大核心角色的以上职责分别凝练成四个词八个字，如图 6.5 所示。

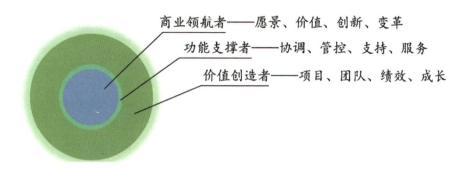

商业领航者——愿景、价值、创新、变革

功能支撑者——协调、管控、支持、服务

价值创造者——项目、团队、绩效、成长

图 6.5　碳基人才三大核心角色的职责

用管理惯用的语言进行解析，见表 6.2。

表 6.2　碳基人才三大核心角色的职责解析

角色	职责	职责解析
商业领航者	愿景	设定企业愿景，指引未来方向
		推动战略调整，引领愿景实现
		持续传播使命，激发团队动力
	价值	传递企业价值，规范组织行为
		塑造企业文化，走持续发展路
		倡导社会责任，确保技术伦理
	创新	探索商业模式，打破行业边界
		支持各类创新，推动创新应用
		鼓励开放合作，拓宽发展路径
	变革	勾画发展蓝图，领导创新项目
		设计变革路径，规划变革步骤
		引领组织变革，监督变革执行
功能支撑者	协调	协助组建团队，推进项目实施
		展开团队协调，促进多方合作
		识别潜在问题，优化资源配置
	管控	规划关键流程，设定执行标准
		监督项目进度，把控项目质量
		管理项目风险，确保目标达成
	支持	提供资源支持，支撑业务运行
		支持技术开发，参与平台维护
		解决技术难题，储存后备力量

角色	职责	职责解析
功能支撑者	服务	提供内部服务，协同服务客户
		响应专业咨询，提供内部资源
		提升服务质量，确保内外满意
价值创造者	项目	组建项目团队，制定团队目标
		设计项目方案，负责项目实施
		解决项目难点，确保客户满意
	团队	凝聚团队成员，明确成员分工
		构建协作机制，保障沟通顺畅
		鼓舞团队士气，激发团队潜能
	绩效	设定绩效目标，明确评估标准
		跟踪绩效过程，辅导高效执行
		开展绩效沟通，持续提升绩效
	成长	设计成长路径，提供发展机会
		帮助适应变化，持续提升能力
		鼓励持续学习，迎接新的挑战

6.2.3　每个角色都需要培养领导力

> 【关键问题】
>
> 管理与领导力有何区别？
>
> 未来的 AI 组织更需要管理还是更需要领导力？

管理与领导力两者在组织中密切相关，但并非相同概念。"管理是科学，领导是艺术"揭示了管理和领导之间的本质区别与联系。

管理是一门科学，其可以通过设计计划、配置组织资源、指导下属人员及监控工作进度来达到组织的既定目标。其科学价值在于人们可以借助数据收集、深入分析以及实际证据来进一步检验并完善管理的理论与方式。

领导力是艺术，因为领导往往更侧重于确立一致的目的与核心价值观，塑造组织氛围，激励员工内在潜能，以及在创新和创造等层面进行工作。领导之艺术在于需要根据各种情境、员工和机构的需求，灵活地采用多种领导策略和方法，带领整个组织走向正确的方向，以适应市场的变迁和复杂的外部环境。

二者虽有区别，但又相互依存，相互促进，难以拆分。领导是管理的灵魂与动力，**管理是领导的基础和保障**。在实践中，需要将管理和领导相结合，既要注重科学的管理方法和原则，又要注重艺术的领导风格和技巧，这也是二者常被混淆的原因。

将管理与领导力进行更加细致的区别与对比，见表 6.3。

表 6.3 管理与领导力的区别

区别维度	领导力	管理
核心目标	• 基于商业分析和判断，制定战略目标，激发和引导他人的热情和积极性，推动变革和创新	• 确保组织的运营效率和效果，保持稳定性和秩序，实现组织目标
职责表现	• 动员和激励团队成员 • 制定愿景与战略 • 发起和推动组织变革	• 制订和执行计划 • 分配任务和资源 • 监控进展并纠正偏差
关注重点	• 长期愿景与战略 • 组织文化 • 人才结构与发展	• 日常运营 • 短期目标 • 流程和制度的执行
风格和方法	• 更加注重鼓舞和激励 • 通过个人魅力和愿景感召团队	• 更加注重结构和流程，通过制度和规范来确保工作顺利进行
变化和应对	• 主动推动变革，适应动态环境，寻找新机会	• 保持系统和流程的稳定，确保组织在变革中的有序运行
关系处理	• 建立信任与合作 • 关注人才培养与发展规划	• 强调正式的上下级关系 • 通过规则和制度进行管理
决策方式	• 能集思广益，鼓励多方参与决策，灵活应变	• 倾向于自上而下做决策，遵守既定政策与程序
效果评估	• 成功在于能否激励团队，实现变革，提升组织的创新能力和长期发展	• 成功在于能否达成既定目标，维持高效的运营和管理流程，确保组织的稳定和可控

回顾 AI 组织体系建设路径，战略规划、文化建设、系统机制、流程优化、架构调整、职责梳理、绩效激励、人才赋能、组织能力等实施要点，以及本书设计

开发的那些"解题公式"，会发现绝大多数内容聚焦于科学的"管理"层面。6.2.2 小节在解析三大核心角色的职责时，仍然没有就管理和领导力进行拆分。但是，对于领导力，确实需要进行研究和强化，以确保 AI 组织建设在决策与执行中都能更加周全。

1. 从人才特性上看

凸显个人价值的"强个体"崛起，影响着组织的管理方式。谷歌公司曾经定义组织的关键职能为：让一群聪明的创意者在一起，**敏锐捕捉客户需求，以愉悦的心态和充沛的创造力，致力于产品的创新开发与服务的优化提供**。在谷歌公司看来，Smart Creatives 就是"不要你管，只要你营造氛围"的一群人。

显然传统的等级制度、常规的流程、命令与控制不适用于这群人，甚至会适得其反，但这群人需要自由、互动、透明、平等的环境。

观察国内新生代员工的情况，他们初入职场时的物质基础普遍比"70 后""80 后"坚实，以物质奖励为主的外部刺激对他们的影响相对较弱。潜意识里，他们更多追求的是能激发他们内在驱动力的工作内容，他们期待在工作中被尊重，能够深度参与，拥有更多的自由，拥有思考和创造的空间，与个人期待的发展步调吻合。顺应时代趋势，只有领导力才能够真正释放与激发"强个体"的效能。

2. 从组织形式上看

AI 组织形式经探讨，有解题公式，但无固定答案。传统岗位可能合并与消失，组建液态柔性的敏捷团队，人员配置未来还不能依赖于正式的雇用关系，重在强调合作共赢，实现人力资源的优化配置。这样的 AI 组织形式"形散神不散"，单纯依赖管理手段显然不足以应对复杂多变的局面。

在人才的吸引与凝聚、目标的达成、组织的成长等方面，采用**"领导力 + 管理"相结合的综合策略才能更好地解决问题**。

组织内的正式成员、三大核心角色、均应发展领导力，而且这三类角色因职责方面各有独特的承担，故而领导力发展的侧重点也存在差异。

6.3　硅基人不可替代的角色领导力

6.3.1　硅基人负责管理，碳基人负责领导

▶【关键问题】

碳基人负责领导方面已经有哪些思考和探讨？

CEO 的数字分身，高度可替代部分集中在数据分析、风险评估、财务管理、运营监控等领域，是管理；无法替代的部分包括企业文化建设、与股东及政府的沟通、创造性决策等依赖于人类的价值观、感受和复杂的情感判断方面，是领导力。

CEO 岗位尚且如此，未来可以断言，但凡管理，多可交由硅基人负责；但凡领导，"以人为本"之处，尚需碳基人亲力亲为。

实际上，众多顶尖咨询公司、高等教育院校及知名企业的职业经理人对于领导力的探讨内容颇为丰富，有深入剖析领导力在 AI 时代重要性的，有着重探讨哪些领导力要素在 AI 时代背景下最为关键的等。例如：

（1）媒体 AI 国际商业评论介绍了 Egon Zehnder 与 Kearney 两大知名咨询公司 2024 年 1 月 30 日联手发布的一份关于 AI 时代领导力的研究报告，该报告认为领导者需要具备深刻理解 AI、战略思考、数据驱动的决策、创新思维、跨部门协作、变革管理以及道德伦理等关键能力。

（2）2023 年 8 月 26 日，清华大学经济管理学院举办"第六届清华领导力论坛——全球视角下的中国领导力"实践分论坛。论坛重点探讨 AI 给企业管理与领导力带来的机遇和挑战。其中，胡佳教授关于 AI 时代领导力要素的观点主要集中在"人机协同、效率与创新"方面。

（3）2024 年 5 月 31 日，在中欧国际工商学院成立 30 周年之际，由中欧 AI 与管理创新中心主办的"AI 启未来：商业世界新引擎"——2024 中欧首届人工智能未来领导力论坛在中欧上海校区成功举办，700 余位全球顶尖学者、行业领袖与政策制定者共同探讨 AI 对商业世界的重要影响与未来趋势。BCG（The Boston

Consulting Group，波士顿咨询公司）全球资深合伙人魏杰鸿在"解锁 AI、生成式 AI 魔法创造商业奇迹"的主旨演讲中建议，企业领导者不仅要优化数字化的流程，更要勇于创新商业模式，聚焦核心技术创新与安全合规，以及员工技能提升，以前瞻策略和实际行动驾驭 AI 浪潮，开拓未来商机。

（4）《颠覆：AI 时代的企业管理方式大变革》[作者 [西] 乔迪·卡纳尔斯（Jordi Canals）等] 中，第 7 章是关于 AI 和未来的领导力发展。该章作者弗朗兹·休坎普（Franz Heukamp）归纳总结 AI 时代的关键领导属性，认为企业领导者需要了解 AI 模型的基本知识，了解组织转型，需要成为优秀的决策者，会判断和学习，需要具备批判性思维，掌握一些具体的分析技能，能推动组织变革，进行人员培养和协调合作，需要具备有道德、无偏见、谦逊、平易近人、灵活并能适应不断变化环境的个人行为属性与个性。

......

无论是过去还是当下，同行们的探索始终充满智慧，带给我们启示，更是我们借鉴、参考、学习的对象。同时，我们也谨慎地辩证思考，以期在吸取精华和反思中促进自身的成长与进步。

在领导力模型的构建上，面向"形散神不散"的 AI 组织形式，我们对现有的经典模型进行了深入分析。例如：

（1）领导梯队模型虽然对管理层级进行了细致的划分，在实际应用中可能过于复杂，但其对领导力培养的指导意义仍在。

（2）领导力五力模型的普适性很好，却缺乏足够的区分度，领导力发展不可能一蹴而就，那么在制订领导力培养计划时还需要自行解读不同基础不同阶段重点发展哪一方面及达到什么程度。

最终，我们坚定地将目光投向 AI 组织的三大核心角色，力求开发与之相匹配的领导力模型，以期该模型能引领 AI 组织在未来的发展中取得突破。6.3.2 小节即对角色领导力模型展开说明。

6.3.2　三大核心角色对应三大角色领导力

➤【关键问题】

可以通过哪些关键词诠释角色领导力？

对应职责，商业领航者需要具备商业领导力，功能支撑者需要具备组织领导力，价值创造者需要具备项目领导力，如图 6.6 所示。

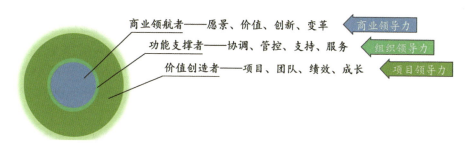

图 6.6　角色领导力模型

在创建商业领导力、组织领导力、项目领导力时，我们与组织能力"杨三角"进行类比连接。

（1）商业领航者的商业领导力解决的是组织成员"愿不愿"的使命问题。

（2）功能支撑者的组织领导力解决的是组织成员"能不能"的治理问题。

（3）价值创造者的项目领导力解决的是组织成员"会不会"的目标实现问题。

进一步拓展角色领导力内涵，见表 6.4。

表 6.4　角色领导力内涵拓展

角色领导力	内涵关键词	说明
商业领导力	商业智慧	敏锐捕捉经济政策与行业市场的动态信息，精准洞察行业发展趋势和宏观环境的变化规律。结合企业内部的关键财务数据，对业务的优势和劣势进行准确判断，为制定具有前瞻性的战略目标和规划奠定坚实的商业分析与判断基础
	战略决策	结合内外环境，全面深入地思考和分析企业发展问题，准确把握企业发展方向，形成清晰而具有指导意义的战略思路。具备制定战略的能力，能够果断而正确地作出关键决策，为企业的发展指明方向

续表

角色领导力	内涵关键词	说明
商业领导力	创新求变	拥抱变化，追求创新，通过变革的方式，不断对企业的产品服务与技术进行革新，适应市场的变化，领导组织变革，重塑商业模式，积极开拓，追求卓越，最终引领企业实现突破式发展
	激励人心	擅长激励人心，以身作则践行企业价值观，通过阐述愿景和使命，激发他人工作热情。具备变革魄力，具备吸引人才、激发他人潜能、引导他人增强组织忠诚度和敬业精神的能力
	诚信正直	以诚信正直为品格基石，坚守诚信原则，言行一致，获得员工和合作伙伴的信任。以品格赢得广泛的尊重和认可，为企业树立良好形象
组织领导力	全局意识	始终以企业整体目标和策略为依据，安排与协调自己及他人的工作。创造有利于员工充分发挥潜能的环境，建立有效的策略、体系和流程，吸引、发展、任用和留住人才，为企业发展提供强有力的人力资源保障
	纲举目张	善于把握事物的发展规律，能在处理问题时迅速抓住事物的关键所在，带动其他环节的发展，推动全局工作取得突破性进展
	资源整合	关注经营目标，有机整合企业内外部多种资源，通过共同目标实现战略资源联盟。以开放的心态主动与优秀资源建立合作关系。通过合作关系促进资源共享和优势互补，实现共同成长。清晰辨识组织发展对人才的需求，有效识别并培养高潜力人才，持续提升团队能力，为企业建立并巩固人力资源竞争优势
	齐心协力	善于识别情境、沟通协调、处理冲突，并能够通过感知情绪和影响他人，促进团队的和谐共处和高效运作。关注组织成员的需求和利益，激发他人的积极性和创造力，共同实现组织目标
	自律包容	以自律和包容为行为准则，对自己要求严格，率先践行企业价值观。尊重并欣赏他人的差异性，积极营造和谐、开放、包容的工作氛围
项目领导力	目明志坚	展现出清晰明确的目标和坚定不移的意志。明确任务和目标，决定要做的事情就坚持到底，不受外界干扰和诱惑。以目标为导向，推动项目的顺利进行和高效完成
	引领前行	理解企业战略，能带领团队实现目标，在团队成员困惑时给予指导和帮助，始终是团队的指路明灯，为团队的发展提供方向和指导
	激励奋进	擅长激发团队成员的斗志和潜力，激励团队成员奋发向前，帮助团队成员突破困境和瓶颈，勇往直前。关注团队成员的成长与发展，提供必要的支持和帮助

角色领导力	内涵关键词	说明
项目领导力	团结协作	通过有效沟通和协作机制促进团队成员之间的互相支持和帮助,凝聚团队成员的力量和智慧,发挥团队的合力作用,共同实现项目目标
	尽心尽责	以身作则,严谨细致,关注项目的细节和关键环节,展现出高度的责任心和敬业精神,尽职尽责地完成每一项工作任务,确保项目的整体质量,确保效果达到预期目标

表 6.4 对每个角色对应的领导力都用了五个关键词诠释其内涵,并就每个关键词代表的含义进行了更加深入的说明。

(1) **商业领导力**:没有商业智慧,不能正确作出战略决策,不敢创新求变,无法激励人心,自身缺乏诚信正直的品质,任何一点都影响着企业是否能创建成功,能否在竞争中找到生存的根基并延续下去。

(2) **组织领导力**:从"功能支撑者"这一角色名称及其"协调、管控、支撑、服务"职责来看,很容易与 AI 组织形式中的组织功能中心关联。从角色到领导力,都是以组织功能中心为定位进行的设计与开发。对于组织领导力的"组织"二字,理解时需要在名词和动词之间进行切换。全局意识和纲举目张是上承商业领航者的商业意图、战略规划、变革管理的消化吸收,体现在为"协调、管控、支撑、服务"设计的流程、架构、规章制度中,组织(名词)存在的意义得以显现。毕竟只是有人不能算作组织,这些人有目的地按照一定方式相互联系、协作才构成组织。资源整合、齐心协力下接价值创造者的战略执行、项目管理、团队协作,践行在"协调、管控、支撑、服务"的履职之中,组织(动词)怎么做因此具象化。

(3) **项目领导力**:战略的执行离不开项目的具体落实,项目无处不在。价值创造者最重要的就是项目领导力,目标明确,坚信能成功,带领团队以饱满的士气、昂扬的斗志、科学的计划、合理的问题解决办法,团结协作,共同实现项目目标。当每个项目目标都能高质量地实现时,企业的战略目标自然水到渠成,愿景的实现也将指日可待。

6.3.3 面向 AI 技术发展的领导力行为表现

▶【关键问题】

> 如何定位目前 AI 技术发展阶段的领导力培养方向？

在"变与不变"的探究中，我们重新构建了一个新的领导力模型。同时，我们深刻体会到，AI 也在重塑领导者以及领导力。**现阶段 AI 未必会取代领导者，但未来可以肯定的是 AI 一定会取代不会应用 AI、不懂 AI 价值创造底层逻辑的领导者。**

当下，面对 AI 技术发展，不同角色领导力的行为表现如图 6.7 所示。

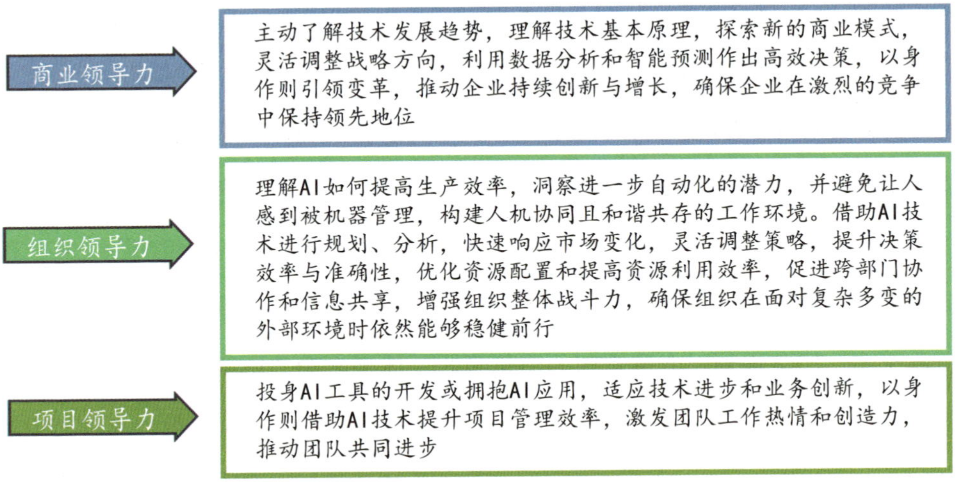

商业领导力 → 主动了解技术发展趋势，理解技术基本原理，探索新的商业模式，灵活调整战略方向，利用数据分析和智能预测作出高效决策，以身作则引领变革，推动企业持续创新与增长，确保企业在激烈的竞争中保持领先地位

组织领导力 → 理解AI如何提高生产效率，洞察进一步自动化的潜力，并避免让人感到被机器管理，构建人机协同且和谐共存的工作环境。借助AI技术进行规划、分析，快速响应市场变化，灵活调整策略，提升决策效率与准确性，优化资源配置和提高资源利用效率，促进跨部门协作和信息共享，增强组织整体战斗力，确保组织在面对复杂多变的外部环境时依然能够稳健前行

项目领导力 → 投身AI工具的开发或拥抱AI应用，适应技术进步和业务创新，以身作则借助AI技术提升项目管理效率，激发团队工作热情和创造力，推动团队共同进步

图 6.7 不同角色领导力的行为表现

对照这些行为表现，可以定位目前 AI 技术发展阶段领导力培养与发展的方向。

在企业文化建设的实践中，众多企业将"客户第一"作为其核心价值观。然而，行业特点不同、业务模式不同、发展愿景不同、商业领航人的标准要求不同，导致被广泛推崇的"客户第一"核心价值观在不同企业的语境下被赋予了独特的解释与应用。

"客户第一"这四个字简短却深邃，于各企业而言，承载着独一无二的内涵与使命。企业往往根据自身的业务环境、市场定位以及长远规划，将其转化为具体可行的行为准则与量化的标准要求，彰显出企业对于"客户至上"理念的深刻理解。

同样，领导力的塑造也需要遵循这一逻辑。前面给出了三种角色、角色理应承担的主要职责、对应的领导力，并对领导力内涵进行了详尽的说明。再下一步，分等级的行为表现描述就交给企业自行发挥。如何将这些理论应用于实践中，也需要根据企业自身的发展阶段、团队特点以及外部环境进行个性化的调整与深化。

AI 时代时刻充满着挑战与机遇。必须承认，在这样一个快速发展的时代，并**没有绝对的正确，也没有永恒的最好，只有在当下也许最合适的选择与解释**。我们只能怀着包容的胸怀，以求真务实的态度在实践的探索中审视各种经验与总结，辩证地对待各方的观点，包括本书的内容。

第 7 章

构建未来竞争力的"大咖"实践

第7章
构建未来竞争力的"大咖"实践

AI大模型增强组织竞争力

全员all in 的AI战略转型

AI 时代产学研的紧密合作

组织建设利于释放数据潜能

7.1　AI 大模型增强组织竞争力

▶ 访谈对象:

谢德刚:风向标智能科技联合创始人。从 20 世纪 90 年代开始从事软件开发工作,见证了互联网发展的历史。从 2000 年开始带领团队从事垂直领域 AI 应用的研究开发,AI 技术专家。

1. 您有 AI 专业技术背景,又在 AI 领域坚守创业达十年,您怎么看待大模型这次技术进步?

谢德刚:

AI 大模型从生产力工具来说,是对人类大脑智力的增强。人类的发明创造中,如汽车、飞机等,都是对人的移动能力的提高;人类发明起重机,让人们的力量能提高上万倍。这些发明包括计算机都是对人类能力的辅助,而大模型能够突破人脑智力的极限,能让人类大脑的智力水平进一步放大。将来的技术和科研领域的发展在大模型等技术的加持作用下能够有巨大的突破,所以这次技术进步对人类社会来说影响完全不同。

就组织而言,AIGC 生产力工具的应用未来会对绝大多数组织产生颠覆性的影响。除了产生巨大的经济效益之外,企业生产关系变化推动组织变化,推动企业岗位需求变化,推动就业市场变化,推动政治经济变化。

所以,从这个意义上来说,以 AI 大模型为核心的 AIGC 技术是一场史诗级的技术革命,一切才刚刚开始。

2. 就 3 ~ 5 年而言,您认为整体业态会发生怎样的改变?

谢德刚:

我们会进入新世界而不仅仅是新业态,我们的世界将是人机共生、"万物智能",

这很快就会发生，可能就 3 ~ 5 年。

这次 AI 技术带来的是一次史诗级的技术革命，这次技术革命的影响力可能比互联网更甚。互联网的到来催生了很多新的职业和岗位，而 AI 将会带来很多人机合作模式，这个生产力工具能提升几十倍几百倍的生产效率，所以对组织会有巨大的影响。

AI 技术，特别是 AI 大模型技术的语言理解和表达能达到甚至超过普通人类，以前服务只能人来做，现在服务可以由机器人来做。相信很快所有电子产品都会内置 AI 大模型，能与人类以自然方式交流。

像"00"后一出生就身处互联网世界中，被称为互联网原住民一样，未来 3~5 年后出生的孩子或许就是机器人陪伴的原住民，身边都是可以和他对话的机器，这将是他们习以为常的外部环境。

对企业来说，环境将发生巨变，必须进化适应环境。

3. 您的企业在 AIGC 战略转型过程中，有哪些因素使得你们在这么快的时间内能作出快速应对，并能顺利进行组织变革？

谢德刚：

企业的基因是很重要的。我们的企业相较于其他企业有较好的技术基因和组织基因，所以在实现 AIGC 进化的过程中会相对容易一些。

我们的企业成立之初就是做 AI+ 教育的，基因就是 AI，只不过过去在构造"小而美"模型还是大模型的选择上，从专业数据体量和开发成本角度考虑，我们选择的是"小而美"模型。大模型技术上的突破，让我们看到原来还可以这样玩，于是一方面我们开始在原有产品基础上进行升级；另一方面客户定制化的行业产品就直接基于大模型去做，这方面我们已经有了非常亮眼的成果产出。所以，总体上我们的转型做得非常平滑。

4. 您认为目前很多企业之所以没有启动 AIGC 战略转型或者转型不成功的原因是什么?

谢德刚:

企业自发进行 AIGC 的战略转型其实是一件不容易的事,即使领导层看到了这方面的趋势,想要进行变革,下层的阻力也会比较大。大部分企业还是需要来自外部环境的倒逼才能真正完成组织变革。

以技术服务外包行业为例,如果只是公司领导层觉得 AIGC 技术是一个趋势,让技术部门尝试用 AI 辅助编程来提升效能,那么得到的反馈很可能是:技术还很不成熟、错误多等。得到这样反馈的企业要么浅尝辄止,要么暂时搁置,想通过 AI 工具来减少人力成本很难。可若是有一天参加市场竞标,A 公司按照一年投入 500 个技术工程师报价 5000 万元,但 B 公司说同样的业务他们只需要投入 50 个技术工程师,因为他们有 AI 机器人协助开发,所以报价 1000 万元。当这样的场景发生时,A 公司就会被倒逼转型,组织变革不得不发生。

现在之所以很多企业还没有启动 AIGC 战略转型,并不完全是企业领导层看不到,很大一部分原因是环境还没有倒逼组织不得不发生变革。组织的变革是建立在生产工具和流程之上的,如果生产工具不变、流程不变,组织想要变革是很难的。

新技术会对原来的组织机构的工作方式、配置和流程产生重大影响,导致组织内人员的利益受到影响,也会与组织成员的观念、思维方式和工作习惯产生巨大冲突,这些认知差异和冲突会促使原组织类似于生物体产生"排异反应"一样,对新技术产生强烈的抵触情绪和抵制行为,导致转型难以成功。

5. 您的新书《企业 AIGC 进化论》谈的是如何用生成式 AI 实现企业效率革命吗?

谢德刚:

是的,这本书全面介绍了 AI 技术对人类社会、企业和个人的革命性影响,分析了当前经济环境下不同规模的企业利用大模型/AIGC技术的进化路径，详细介绍了AIGC战略转型从0到1的具体方法和成果。我们探讨的这些话题，也欢迎读者到这本书中进一步挖掘相关观点。

7.2　全员 all in 的 AI 战略转型

> ➤ **访谈对象：**
>
> 秋叶：秋叶集团创始人，秋叶品牌、秋叶PPT创始人，武汉工程大学副教授，实战网络营销专家，教育部首批入选万名全国创业导师。

1. 秋叶集团利用一年时间撬开了 1 亿元的 AI 市场，当初您是基于怎样的洞察，发现了这样的市场机会？

秋叶：

早在2018年，我就在《创业7堂课》这本书里写过这样一个问题：如果你所在的行业全部实现了AI，你会怎样应对？

2021年我认为AI是趋势，于是开发了企业职场技能内训课程包"AI职场加速器"，当时使用的是WPS的最新版本展示如何提升办公效率。那时WPS的AI功能远不如今天的ChatGPT强大，尽管课程口碑很好，但是生产力提升效果不够惊艳，很难征服企业。不过，2021年的利好是我拿下了"职场AI加速器"和"秋叶智能"两个商标，今天"AI"和"智能"这两个关键词都不能再注册商标。

2022年11月30日ChatGPT一出来，我就开始关注并体验，并马上意识到这一次与以往不同，AI具备了理解文档含义的能力，这也就意味着真正的AI时代到来了。能理解文档含义，不管背后的技术是如何实现的，但是从应用角度看，整个世界已完全不同，我意识到未来社会的运营逻辑会彻底改变。

基于这样的认识，在没有想清楚商业模式、产品形态、组织架构的情况下，我选择抢先一步，躬身入局。我相信只有投身于科技爆炸的进化过程中，才能找对答案。

事实也证明，抢先拥抱 AI，给秋叶带来了很多红利。

马云说，有人是先相信再看见，有人是先看见再相信，在 AI 这个赛道，我是前者。

2. 市场机会看准之后，您在业务上进行了哪些调整？

秋叶：

确定秋叶集团的未来是 all in AI 之后，我还得找到在 AI 时代的商业模式。

在 2023 年初，很多人做帮助大家体验 ChatGPT，还有很多人做最新的 AI 技术信息分享。直觉告诉我第一条路不具备可持续性；第二条路看起来轻，但是太容易被复制，缺乏门槛，而且交付周期都要承诺一年，容易把自己的时间精力套进去。

AI 刚刚出来时，人们最大的需求是第一时间学会怎样使用 AI。我认为这就是机会，因为秋叶的基因是教学，用通俗易懂的方式教会大家使用 AI，是非常有意义的事情。

教学方式上，由于 AI 迭代太快，做网课很容易过时，那么推出相对高客单价的 AI 训练营，用直播方式授课，随时更新课程内容，最符合市场需求。

2023 年 2 月，春节上班第二天我就要求停止一切非 AI 相关的产品开发，集中精力设计开发 AI 训练营，最终在 3 月 17 日成功推出产品。因为 3 月 16 日微软公司宣布在 Office 里集成 ChatGPT，这给我们意外带来了一波关注流量。曾经很多人担心教 Office 的秋叶会倒下，但是秋叶不但没有倒，还第一时间推出 AI 训练营，大家非常震撼，课程瞬间卖爆。

AI 训练营取得成功后，我马上启动 AI 图书研发。3 月 12 日要求立项《秒懂 AI 写作》，4 月开始准备《秒懂 AI 提问》，5 月启动《秒懂 AI 设计》，6 月《秒懂 AI 写作》上市，三个月出版 AI 图书，又通过图书赢得了一波市场关注，塑造出秋叶 AI 品牌。

5 月底时，我认为 C 端 AI 课程和图书会很快同质化，竞争会非常激烈，我们必须切入企业培训赛道，提前布局。我把公司最强的两位老师朱超和张莹调入企业事业部负责研发 AI 企业内训课程，6—8 月，包括我在内三个人一共只有 8 场培训，还有 4 场是靠"面子"换来的讲座。当小伙伴们怀疑我的判断是否有误时，我告诉他们 9 月业务就会爆发。其实这只是我的直觉，没有任何数据支撑我的判断，然而 9 月 10 日开始，企业培训启动了，果真需求不断，我们一路忙于交付，直到今天。

业务爆发后我的最大压力不是市场，而是如何培养足够多的合格老师、AI 课程服务人员。这个业务转型才刚刚开始，还远远没有达到及格线。

3. 您认为当初在组织调整方面做了哪些关键动作，最终帮助企业转型成功？

秋叶：

很多人问我秋叶 AI 转型快的原因。

我说第一个原因是我作为创始人，是我的坚决才能让团队相信公司是认真的。很多公司想拥抱 AI，结果创始人自己都不会使用 AI，玩不转 AI。而我用 AI 做图片，甚至岁末做了一个 AI 歌手"秋叶大叔"送给粉丝。大家看老板带头学，带头用，带头推广，效果自然就不一样。

第二个原因是我早在 2023 年 3 月就下发通知，要求全员应用 AI，必须在工作日志中提交结合业务用 AI 的案例，并在内部组织 AI 科技与狠活大赛，每年一届，2025 年是第三届。我认为 AI 终将走向超级智能，人类个体智慧无法和超级智能匹敌，就好像蚂蚁面对人，但是蚂蚁通过群体进化的方式，是可以超越人类个体的。所以，全员应用、全员进化、全员分享的文化，是 AI 时代组织建设的必然。AI 时代要求一个组织变成内部开放分享的学习型组织，这是必然趋势。

第三个原因就是凡是在工作中应用 AI 创造价值的人，要么得到物质奖励，要么获得职务晋升，大家看到公司在鼓励什么人，自然就知道了应该朝什么方向努力。

4. 组织架构、人员结构发生了什么变化？

秋叶：

做了内部岗位调动，我们的 AIGC 企业培训师从 2 个人扩充到了 6 个人，直接从其他岗位上调动了 4 个人过来。2025 年会继续做岗位调动，AIGC 企业培训师的人员预算是 10 个人，但因为 AIGC 培训需求在爆发，从外部很难找到既懂 AI 又会讲课的人，所以只能自己培养。正值 AI 推广之机，正值用人之际，组织架构和人员目前没有本质的变化。

我们只是用 AI 赋能员工更好、更快、更有创意地工作，为客户创造更多价值。我们认为不应该随便说用 AI 取代人，而应该是用 AI 放大人的工作价值，创造更大的收益，放大组织的产出。

5. 还有哪些举措是组织对业务转型的支撑？

秋叶：

最有价值的经验就是为大家创造了一种浸泡式文化。我把所有对 AI 感兴趣的同事拉入内部不同的群，每天分享 AI 信息，全员分享，看到好资料都可以在群里共享。我是每天贡献资料最多的人，只有持续不断地接收新信息、新玩法，才能做到持续迭代。

6. 企业目前因此受益情况如何？

秋叶：

虽然企业目前没有因为 AI 赢得暴利，但是秋叶整体在增员，秋叶的业务现金流持续稳定。更重要的是经过两年的积累，秋叶真的变成了一家有 AI 内核基因的公司，在真正的 AI 红利到来时，我们有能力接住，这一点很重要。机会永远留给有准备的人。

7. 构筑了怎样的未来竞争力？

秋叶：

如果企业、高校、政府需要 AI 培训，那么秋叶老师的口碑和性价比，以及规模肯定是目前业内头部。

如果要写不同的 AI 图书，秋叶的作者编辑团队也是业内头部。

如果要选用不同的 AI 软件，从大模型到工作台、数字人、智能硬件，秋叶推荐的合作伙伴肯定是又多又靠谱。

在 AI 认证、AI 培训渠道资源、AI 知识产品研发、AI 流量新媒体矩阵等多个维度，秋叶都让自己开始快速成为 AI 时代的内容定制头部公司。

我们具备了迎接未来挑战的能力和信心，这是最值得我们高兴的。

7.3　AI 时代产学研的紧密合作

> **访谈对象：**
>
> 姜庆超：华东理工大学教授，博士生导师。国家自然科学基金优秀青年基金获得者，德国洪堡学者、上海市浦江学者。IEEE 高级会员，中国自动化学会、中国人工智能学会、中国计算机学会会员，多个专委会委员，多个国际学术期刊编委。

1. 您的研究随着 AI 技术的发展发生了怎样的转变？

姜庆超：

我的研究领域原来是工业自动化，AI 为工业自动化带来了新的机遇。我现在基本从事 AI 在工业控制、决策、优化方面应用角度的研究工作，分为两大类，一类是 AI 在工程领域面向工业产品的一些开发需求；另一类是科学前沿领域的研究，因为从微观角度，原材料、物质组成、分子结构都会影响最终产品的质量。AI 确实在赋能工业控制的质量提升。

2. 以您的视角，目前 AI 相关的产学研项目呈现出怎样的趋势？

姜庆超：

至于增长趋势，我觉得 AI 会让各行各业发生变革。我们正处于这个趋势当中，也在努力跟上 AI 给我们带来的这种非常重大的变革变化。另外，AI 的潜力可能还没有被我们充分挖掘，未来还会有更多的综合性变革。

华东理工大学(以下简称华理)在各行业做得非常深入,AI 的发展离不开场景,所以我们目前在各个学院,包括生物、材料学院,都在联合研究 AI 能够在他们这个行业有怎样的应用,能给他们带来什么新的成果或者新的研究方法。华理的 AI 在赋能行业或者学科场景的发展方面做得很接地气,这是华理在 AI 方面非常大的优势。

华理 2018 年就开设了智能科学与技术专业,发展至今,主要包括两个方向,分别是 AI 和机器人。目前华理的相关专业学生就业非常不错,我们希望学生到实体行业如钢铁、化工、先进制造业,但目前通常会被信息服务业抢先一步挖走人才。

产学研具体项目可以举三个例子来说明:一是赋能医疗,AI 看病人影像、辅助医生写病历、辅助医生做一些病情诊断,这些已经有一定的普及程度了;二是赋能工业制造过程,应用在石化、钢铁行业,以实现节能降耗。例如,对于热力表单点测温,使用 AI 技术可能拍照就能红外线分析内部温度场的分布情况,能帮助我们更好地作出工业控制相关决策,如此带来的产量提升非常显著;三是生物制造领域,如微观尺度解析细胞代谢过程,以前是将细胞放到发酵罐里培养,每 40 小时要做一次实验,看到底能产出什么产品,而现在使用 AI 技术可以大大简化实验过程和工作量。这也就是为什么现在很多人在利用 AI 辅助药物设计。当然,我们院校也有非常多的这方面的合作。

3. 您认为 AI 对于企业的价值体现的是什么?对企业未来竞争力产生了怎样的影响?

姜庆超:

区隔那些新兴的行业,就传统行业而言,从企业管理和办公角度来说,AI 最大的价值就是简化办公流程。企业有很多工序都可以通过大模型集成,可以使用 AI 进行流程的优化。另外,我觉得 AI 对实业而言也是一个很大的机遇,企业要真正去做它擅长的,要么智能制造,要么就是利用 AI 开发新的产品。AI 在高精尖产品迭代上发挥了很大的作用,即便自己不具备这方面的开发能力,也必须要步步紧跟市场。

4. 企业面对 AI 时代，要储备什么样的人才，才能在竞争中保持优势？

姜庆超：

企业一定要有懂得一定 AI 技术的人才，但对绝大多数企业来说，他们更多要通过借助外部力量，采取外部合作来积极拓展自己这方面的能力。因为 AI 发展速度太快了，我主讲 AI 课程，但每个学期开学前我都要认真思考上学期讲的 AI 在当下还对不对，是否要更新讲义。即使是我们这样专业搞研究的人员去跟踪最先进的技术都是非常困难的，何况是要生产制造企业去储备专业的 AI 人才，太难了。

我认为绝大多数企业应该要有一定的 AI 相关学科、基础素质的人才，让他们积极与外部沟通协作，借助研究机构以及专门从事这一领域的一些公司，通过外部的力量积极提升自己。国内已经有一些头部企业积累了专家团队，从基础设施、算力、网络、芯片等全产业链覆盖，他们去做会相对容易很多，因此可以和他们合作。我国在这方面其实也非常有前瞻性，从机械化到电气化、到自动化，再到 AI，企业一定要利用好大环境和这样的历史机遇。

7.4 组织建设利于释放数据潜能

> **访谈对象：**
>
> 段林峰：QuestMobile CPO、移动互联网大数据专家、中国商业联合会特聘大数据专家，专精移动互联网、大数据商业化服务。曾荣获中国驻英国大使馆颁发的杰出贡献奖章，获得英联邦 PRINCES2 项目管理认证，精通数据管理智能商业系统设计与开发，专精数据挖掘与模型化商业量产、数据可视化与数据科学管理。

1. 在大数据挖掘与分析领域深耕多年，您对 AI 这轮技术革命目前感触最深的是什么？

段林峰：

在大数据挖掘与分析领域深耕多年，我对 AI 技术革命最深的感触在于其范式转变和生成式 AI 与传统挖掘的差异。AI 尤其是生成式模型，不再局限于数据的解析与总结，而是直接生成内容，突破了传统数据分析的边界。然而，这也带来了笼统性与精确性之间的冲突：生成式 AI 在广度和效率上有显著优势，但在深度挖掘和领域精度上却可能不如传统的定制化数据挖掘方法。这尤其体现在高精度、低容错率的场景中，如金融风控或医疗诊断。此外，AI 模型的表现高度依赖于输入数据的质量与多样性，如果数据本身存在偏差或缺陷，生成内容可能会"看似正确"却缺乏真实价值。相比之下，传统数据挖掘技术通过透明的算法逻辑，能够更直观地验证结果的可靠性和可追溯性。因此，我感受到的核心挑战在于：如何在生成式 AI 的广度优势与传统挖掘的精度优势之间找到平衡点，并确保技术始终为解决真实场景问题服务，而不是被技术潮流本身驱动。

2. 您认为在未来世界数据是一种怎样的存在？

段林峰：

在未来，数据将成为一种核心战略资源，类似于过去的能源和资本，其重要性不仅体现在经济活动中，还深刻影响社会结构与个人生活。数据的价值体现在以下几个方面。

（1）经济驱动力：数据将成为推动创新和经济增长的基础，赋能 AI、物联网、区块链等技术。

（2）智能决策支持：数据将成为决策的关键依据，通过分析和挖掘推动精准预测和高效执行。

（3）数字主权与伦理：数据的归属、使用边界及隐私保护将成为全球治理的核心议题。

未来，掌握和利用数据能力的企业和国家将在竞争中占据先机。

3. 企业该如何善用数据?

段林峰:

结合我对过去与大量企业交流的总结，企业想要真正善用数据，需要从战略目标、组织结构、流程再造和技术赋能四个方面入手，实现数据驱动的全面升级。

（1）明确战略目标：数据应用需要聚焦业务痛点，如提升运营效率、优化客户体验、预测市场趋势等，与核心战略紧密结合。

（2）优化组织结构：设立统一的数据治理部门，推动跨部门协作和数据共享，构建数据驱动文化。

（3）流程再造：在关键流程中嵌入实时数据采集和反馈机制，推动自动化、智能化，提高响应速度。

（4）技术赋能：借助大数据平台、AI和分析工具，优化数据的采集、处理、分析与决策闭环，挖掘新场景价值。

只有通过数据战略与组织流程深度融合，企业才能最大化释放数据潜能，增强市场竞争力。

4. 您能广泛接触到各行业，据您的了解，AI 对企业产生了怎样的影响?

段林峰:

AI 对企业的影响具体体现在以下几个方面。

（1）组织结构变革：AI推动了组织从传统的层级模式向更加扁平化、敏捷化的方向发展。通过自动化和智能化技术，减少了中间管理层，提升了效率和决策速度。

（2）数据驱动文化：AI的普及使企业逐渐从经验决策转向数据驱动决策，要求组织具备更强的数据分析能力，并建立统一的数据治理体系。

（3）岗位与技能重构：AI取代重复性任务，促使企业重新定义岗位需求，强调数据科学、AI开发、算法应用等新兴能力，推动员工技能升级。

（4）跨部门协作与整合：AI需要跨部门的数据共享和协同工作，如营销与

IT、生产与供应链的紧密结合，使组织更加以项目为导向。

（5）创新生态建设：AI 技术加速了企业内部创新机制的搭建，许多公司建立了 AI 实验室、创新中心或与外部技术企业合作，探索新的商业模式和场景应用。

总之，AI 驱动的组织变革不仅提升了企业效率，还重塑了企业文化、结构和未来发展路径。

5.（数据 + 算法 + 场景）× 生态 = 价值，这个 AI 价值创造现形公式有您的智慧贡献，您还有什么相关补充吗？

段林峰：

感谢认可这个公式！在其基础上，我想补充以下几点，以帮助进一步完善 AI 价值创造逻辑。

（1）数据质量方面：数据并非越多越好，高质量、真实且多样化的数据才能提升算法的可靠性与价值输出。

（2）场景可拓展性：单一场景的深度挖掘很重要，但多场景联动应用将放大 AI 的整体效能，助力生态成长。

（3）反馈闭环：通过在场景中不断迭代数据和算法，实现动态优化，构建持续进化的价值循环。

（4）人机协同层面：AI 的最终价值在于提升人类能力，通过设计良好的交互和协作，优化体验与效率。

整体来看，只有在生态协同和动态迭代的支撑下，才能使（数据 + 算法 + 场景）价值倍增。

6. 就企业要展开 AI 组织建设，您还有哪些建议？

段林峰：

企业在展开 AI 组织建设时，可以从以下几个维度入手。

（1）流程优化与设计方面：应重新审视企业的业务流程，在关键节点中嵌入

AI 能力，实现流程自动化与智能化，提升效率和决策质量。

（2）组织架构调整与优化：设立数据与 AI 专职部门，如"AI 实验室"或"智能化中心"，推动技术与业务的深度融合，打破部门之间的数据孤岛。

（3）在人才培养与招募上：培养跨学科型人才，特别是熟悉 AI 技术与业务的复合型团队，同时引入 AI 专家，增强技术实力。

（4）数据与技术平台的建设：构建企业内部的统一数据平台，提供可扩展的算法服务，为各部门 AI 应用提供支撑。

（5）组织文化与生态的建设：自上而下推动数据驱动和创新的企业文化，鼓励员工在 AI 赋能下进行场景创新，同时探索外部合作，共建 AI 生态。

最终，AI 组织建设的核心在于技术与业务的深度协同，实现战略目标的同时推动企业全面智能化升级。

参考文献

［1］ 中共中央马克思恩格斯列宁斯大林著作编译局.马克思恩格斯文集 [M].北京：人民出版社，2009.

［2］ 李开复.人工智能是新时代的"电力"[N].科技日报，2019-06-08.

［3］ 周鸿祎.不拥抱 AI 的公司 员工会被淘汰 [N].财联社，2024-09-18.

［4］ 红杉资本.生成式人工智能的未来：红杉资本年度报告 [R].2024-07-09.

［5］ 新氪度.AI 竞速时代：马云现身力挺 AI[N/OL].[2024-12-09].https://m.jiemian.com/article/12094571.html.

［6］ 百度百科.生成式人工智能（AIGC）的定义与应用 [EB/OL].https://baike.baidu.com/item/%E7%94%9F%E6%88%90%E5%BC%8F%E4%BA%BA%E5%B7%A5%E6%99%BA%E8%83%BD/59344747?fr=ge_ala.

［7］ 清华大学新闻与传播学院元宇宙文化实验室.AIGC 发展研究报告 1.0 版 [R/OL].[2023-05-16].https://www.cssn.cn/xwcbx/xwcbx_cmkx/202305/t20230516_5638438.shtml.

［8］ 华尔街见闻.高盛报告：生成式 AI 将影响全球 3 亿工作岗位 [N].哈尔滨日报，2023-03-30.

［9］ 周鸿祎.中国发展高层论坛 2023| 周鸿祎：中国发展人工智能大语言模型有优势 [N].中国经济网，2023-03-25.

［10］ 科技行者.2024 全球 AIGC 产业全景图谱及报告重磅发布 [EB/OL].[2024-11-16].https://www.ebrun.com/20241118/565986.shtml.

［11］ 国务院.新一代人工智能发展规划 [R].2017-07-08.

［12］ 丁磊 . AI 思维：从数据中创造价值的炼金术 [M]. 北京：中信出版社，2020.

［13］ 新华网 . 谷歌推出突破性量子芯片 [EB/OL].[2024-12-11].https://www.xinhuanet.com/tech/20241211/39cdb6b14d3047b4bee7974e27388e93/c.html.

［14］【美】彼得·德鲁克 . 管理的实践（珍藏版）[M]. 齐若兰，译 . 北京：机械工业出版社，2009.

［15］ 中国信通院 . 百丽时尚集团数字化转型典型案例 [R]. 2023-08.

［16］ 百度百科 . 全人教育（教育心理学）[EB/OL]. https://baike.baidu.com/item/全人教育 /3256873?fr=ge_ala.

［17］【美】史蒂芬·柯维 . 高效能人士的七个习惯（20 周年纪念版）[M]. 高新勇，王亦兵，葛雪蕾，译 . 北京：中国青年出版社，2010.

［18］ 百度百科 . 现代组织理论 [EB/OL]. https://baike.baidu.com/item/ 现代组织理论 /1708064?fr=ge_ala.

［19］ 国家标准化管理委员会等 . 国家新一代人工智能标准体系建设指南解读 [R].2024-07.

［20］ 上海市经济和信息化委员会等 . 关于推进本市新一代人工智能标准体系建设的指导意见 [R]. 2021-08-06.

［21］ 李建忠 . AGI 时代的产品版图和范式 [EB/OL].[2023-07-04]https://www.bilibili.com/opus/814350405455577089.

［22］ 新浪财经 . 周鸿祎：赴硅谷看 AI 创业的七个感想 [EB/OL].[2024-10-21].https://baijiahao.baidu.com/s?id=1813527131286968616&wfr=spider&for=pc.

［23］ 用友大易 . 2024 年 AI 在企业招聘中的应用现状调研报告 [R]. 2024-08-02.

［24］ Moka 与 36 氪研究院 . AGI 时代下的组织变革研究报告 [R]. 2023-06-28.

［25］ MBA 智库百科 . 企业生命周期理论研究 [EB/OL].https://wiki.mbalib.com/wiki/ 企业生命周期理论 .

［26］ 中国人民银行等 . 中国小微企业金融服务报告（2018）[R]. 2018-06-24.

［27］【英】查尔斯·汉迪 . 第二曲线：跨越"S 型曲线"的二次增长 [M]. 苗青，

译 . 北京：机械工业出版社，2017.

[28] 光辉国际 . 激活组织转型 [R]. 2021-07-08.

[29] 知本咨询国企产业研究院，张思雅 . 企业第二曲线的识别与培育 [R]. 2024-02-20.

[30] 张丽俊 . 组织的力量：增长的隐性曲线 [M]. 北京：机械工业出版社，2022.

[31] 百度百科 . 波特价值链 [EB/OL].[2023-05].https://baike.baidu.com/item/ 波特价值链 /3869601?fr=ge_ala.

[32] 任正非 .《华为基本法》全文 [EB/OL].[2023-05].https://baike.baidu.com/item/ 华为基本法 /7237692.

[33] IBM 商业价值研究院 . CEO 生成式 AI 行动指南：利用生成式 AI 推动变革 [R]. 2024-03-19.

[34] 第十一届中国网络视听大会组委会等 . AIGC 与数字人发展论坛综述 [R]. 2024-04-01.

[35] 北美十校联盟 AI 创新峰会 . 金沙江创投朱啸虎：AI 创业和投资逻辑 [EB/OL].[2024-04] https://www.bgcaijingpro.com/doc/68680.html .

[36] 36 氪 . 企业 IT，能被 AI "推一把"吗？ [EB/OL].[2024-10-17].https://baijiahao.baidu.com/s?id=1813157919008196494&wfr=spider&for=pc.

[37] 魏浩征 . 1+1+1=111 ？ 没错，这就是组织能力！ [N/OL]. 经济观察报，[2023-08-02].https://i.ifeng.com/c/8Rv7yJmEfHR.

[38] IBM. BLM 模型的战略规划与执行方法 [R]. 2020-02-06.

[39] MBA 智库百科 . 六盒模型 [EB/OL].https://wiki.mbalib.com/wiki/ 六盒模型 .

[40] 杨国安 . 组织能力的杨三角：企业持续成功的秘诀 [M]. 北京：机械工业出版社，2010.

[41] 吴太兵 . 万兴科技董事长吴太兵黑马论道：AIGC 时代，所有软件都需要重做一遍 [EB/OL]. [2023-05-29].https://t.cj.sina.com.cn/articles/view/5059529868 /12d924c8c001018v6f.

[42] 埃森哲大中华区战略与咨询事业部 . 2024 生成式 AI 时代的工作模式、工作

组织、工作者 [R]. 2024-08-13.

［43］安克创新 . AI 技术在企业中的应用与价值探索 [R]. 2023-08-15.

［44］三一重工股份有限公司 . 三一重工股份有限公司 2023 年度可持续发展
（ESG）报告 [R]. 2023-12-31.

［45］【美】拉斯洛·博克 . 重新定义团队：谷歌如何工作 [M]. 宋伟，译 . 北京：
中信出版社，2019.

［46］百度百科 . 去中心化 [EB/OL].https://baike.baidu.com/item/ 去中心化 /8719532?
fr=ge_ala.

［47］BCG 波士顿咨询 . 2024 未来已来：AI 组织进化论报告 [R]. 2024-08-13.

［48］国际数据公司、中国信息化百人会、中国信通院、中国人工智能产业发
展联盟、华为 . 智能体白皮书：共建智能体，共创全场景智慧（2020 年）
[R]. 2019-12-31.

［49］上海电信报 . 上海电信召开全面推进高质量发展工作会 [N/OL]. 上海电信
报，2024-02-22.https://mp.weixin.qq.com/s?__biz=MzA4MjY2Mjk0MA==
&mid=2653690465&idx=1&sn=54733187bcbbbbe42952c0182d7db70c&ch
ksm=845af912b32d7004fcd4ff6a97042a227dd5d999f5aca0b43032856b94b5f14
4979c3a3fbb38&scene=27.

［50］清华大学 . AIGC 发展研究报告 1.0 版 [R]. 2023-05.

［51］贝尔宾协会 . 贝尔宾团队角色理论及其应用 [R]. 2023-03-21.

［52］【美】约翰·杜尔 . 这就是OKR[M]. 曹仰锋，王永贵，译 . 北京：中信出版社，2019.

［53］联合伟世 AI 教育创新与产业研究院课题组 . 2024 年中国人工智能人才发展
报告 [R]. 2024-09-21.

［54］界面新闻 . 通用电气出售克劳顿学院园区 [N/OL]. 华尔街日报，2024-04-15.
https://baijiahao.baidu.com/s?id=1796379913584150412&wfr=spider&for=pc.

［55］腾讯科技 . 腾讯云与智慧产业事业群宣布新一轮架构升级 [N/OL]. 深圳特区
报，2021-05-17.https://baijiahao.baidu.com/s?id=1699972647324306322&wfr=

spider&for-pc.

［56］财联社 . 阿里巴巴启动组织变革：从集团统管业务全面转向"1+6+N"[N/OL]. 财联社，2023-03-28.https://baijiahao.baidu.com/s?id=1761608844597911671&wfr=spider&for=pc.

［57］澎湃新闻 . 孟晚舟卸任"接棒"的是他 [N/OL]. 江南都市报，2023-10-01.https://m.thepaper.cn/baijiahao_24811506.

［58］百度百科 . 展望理论 [EB/OL].https://baike.baidu.com/item/ 展望理论 /509070?fr=ge ala.

［59］【美】西蒙·斯涅克 . 从"为什么"开始：乔布斯让 Apple 红遍世界的黄金圈法则 [M]. 苏西，译 . 深圳：深圳出版发行集团，海天出版社，2011.

［60］【美】埃弗雷特·M. 罗杰斯 . 创新的扩散 [M]. 辛欣，译 . 北京：中央编译出版社，2002.

［61］【美】杰弗里·摩尔 . 跨越鸿沟 [M]. 赵娅，译 . 北京：机械工业出版社，2009.

［62］Egon Zehnder，Kearney. AI 时代的领导力：如何应对挑战与把握机遇 [R/OL].[2024-01-29].https://baijiahao.baidu.com/s?id=1789381873180390926&wfr=spider&for=pc.

［63］清华大学经济管理学院 . 第六届清华领导力论坛：全球视角下的中国领导力与 AI 的机遇与挑战 [R/OL]. 2023-07-03.https://www.sem.tsinghua.edu.cn/info/1022/34885.htm.

［64］中欧 AI 与管理创新研究中心 . AI 启未来：商业世界新引擎 [R/OL].2024-05-31.https://cn.ceibs.edu/media/events/24987.

［65］【西】乔迪·卡纳尔斯，【西】弗朗兹·休坎普 . 颠覆：AI 时代的企业管理方式大变革 [M]. 赵泽铭，译 . 北京：中国科学技术出版社，2023.